日本文化研究

荆苗苗 刘晓昱 张 华◎著

吉林出版集团股份有限公司

图书在版编目（CIP）数据

日本文化研究 / 荆苗苗, 刘晓昱, 张华著. — 长春：吉林出版集团股份有限公司, 2020.4
ISBN 978-7-5581-8307-2

Ⅰ.①日… Ⅱ.①荆… ②刘… ③张… Ⅲ.①文化研究－日本 Ⅳ.① G131.3

中国版本图书馆 CIP 数据核字 (2020) 第 047756 号

日本文化研究

著　　者	荆苗苗　刘晓昱　张　华
责任编辑	齐　琳　姚利福
封面设计	李宁宁
开　　本	787mm×1092mm　1/16
字　　数	264 千
印　　张	14.25
版　　次	2020 年 5 月第 1 版
印　　次	2020 年 5 月第 1 次印刷
出　　版	吉林出版集团股份有限公司
电　　话	010–63109269
印　　刷	炫彩（天津）印刷有限责任公司

ISBN 978-7-5581-8307-2　　　　　　定价：68.00 元

版权所有　侵权必究

前　言

文学作为人类文化的一种形式，与文化范畴内的各领域息息相关，同时文学又具有特殊性。

日本文学作为世界文学的一个重要部分，它已有两千余年的历史。在漫漫的历史长河中，日本文学经历了由自然发生到深受汉文学影响，再到恢复本国文学传统，最后到大力吸收西方文学理念和文学手法的发展历程。在其文学发展的进程中，日本始终坚持兼收并蓄，大力吸收优秀的外来文学和文化，使得日本文学在世界文学中一直占得重要的一席。

日本作为一个东方岛国在漫长的历史长河中走过了数千年。我国是日本的邻国，与日本有特殊历史渊源。如何尊重历史，客观地认识日本文化特征对我国来说有十分重要的意义。其文化虽然深受中国文化的影响，但其独特的地理条件和悠久的历史，又孕育出了自己别具一格的文化。

本书的作者以探究日本文学与日本文化为目的，首先介绍了日本文学的发展史，对日本文学的起源、发展及走向做出了介绍及自己的见解；随后又对日本文化的特点及发展战略做出了详细介绍，最后分析了日本文化与日本文学之间的相互影响作用。

目　录

第一章　绪论 …………………………………………… 1
　　第一节　日本文学的起源 ………………………………… 1
　　第二节　日本文化概述 …………………………………… 13

第二章　日本古代文学发展 ………………………… 29
　　第一节　上代文学 ………………………………………… 29
　　第二节　中古文学 ………………………………………… 32
　　第三节　中世文学 ………………………………………… 37
　　第四节　江户时代文学 …………………………………… 41

第三章　日本近现代文学发展 ……………………… 46
　　第一节　日本近代文学发展 ……………………………… 46
　　第二节　日本现代文学发展 ……………………………… 53
　　第三节　日本战后文学发展 ……………………………… 61
　　第四节　当代日本文学的发展走向 ……………………… 73

第四章　日本文化的特征 …………………………… 87
　　第一节　日本文化的基本特征 …………………………… 87
　　第二节　日本稻作文化的特质 …………………………… 93
　　第三节　日本心理文化的特征 …………………………… 99

第五章　日本的艺术、体育、教育与语言 ………… 117
　　第一节　日本的艺术 ……………………………………… 117
　　第二节　日本的体育 ……………………………………… 133

第三节　日本的教育 …………………………………………… 142
　　第四节　日语语言文化 ………………………………………… 150

第六章　日本的饮食文化 ………………………………………… 171
　　第一节　日本饮食文化的发展 ………………………………… 171
　　第二节　日本饮食文化的特征 ………………………………… 178
　　第三节　日本的酒文化 ………………………………………… 183

第七章　日本的文化战略 ………………………………………… 190
　　第一节　日本文化战略概述 …………………………………… 190
　　第二节　日本文化战略的措施与成果 ………………………… 193
　　第三节　制约日本文化战略发展的因素 ……………………… 198

第八章　日本文学与日本文化相互影响 ………………………… 203
　　第一节　日本文学视域下的日本文化研究 …………………… 203
　　第二节　日本文学发展中的日本文化独特性研究 …………… 205
　　第三节　日本文学发展的内在动力与文化矛盾性研究 ……… 209
　　第四节　日本茶文化对日本语言文化的影响 ………………… 212

参考文献 …………………………………………………………… 217

第一章 绪 论

第一节 日本文学的起源

一、诸种文化混沌期与口头文学

日本最原始的信仰，是以山、树木和岩石等自然物体为对象的。从奈良县三轮町大神神社一带发现的最古的祭祀遗迹来看，三轮山的南麓、西麓由巨石组成磐座，上面置有滑石制玉类和土制祭器等物，这是将三轮山体作为"神体"来祭祀的。这类遗迹相当多，以"自然灵"和"精灵"为对象的祭祀，就成为上古日本的种仪式，开始萌生自然崇拜、万物有灵的原始信仰。同时，当时有这样的习俗：制作女性为主的土偶特别突出其生殖器，制作石棒象征男性的生殖器官，显示出一种神秘的创造力。还有陪葬物——原初的人、神同形的小土偶，含有咒术的意味，可见上古日本先人开始对"死灵"有了朦胧的认识。

从中国大陆传入青铜器、铁器和农耕技术以后，迎来了以金属器为特征的时代。随着生产工具的改良和人的群居生活品质的提高，日本上古的社会、经济和文化，以及生活方式发生了根本性的变革，对神的观念也发生了变化。由信仰以自然物为对象的"自然灵"和"精灵"，变为信仰与农业有关的"稻田神"。当时的祭祀以农事为中心，祭祀的内容千差万别，包括对人的生与死、生殖、成年、葬仪、镇火、住行等。比如，火焰纹土陶器以火焰纹饰，表现了原始人在自然环境中求生存的力量；陪葬的土偶，以女偶为主，含有与女性生殖能力结合的要素。同时，根据某些出土土偶的姿势来判断，也有似是表现咒术者的念咒姿态。因此，可以想象这个时期已有向神念咒的场面，即原初祭祀仪式的萌芽。这反映了当时原始人对"死灵"与"生灵"的认识有了提高，转向了对"死灵"的信仰，开始从咒术的阶段走向祭祀的阶段。

上古的日本原始人相信语言的生命力和感应力，相信语言具有灵性和咒力,就是具有内在的神灵。于是便试图通过咒术的手段,达到他们实现人的最原始本能的求生克死的愿望。所以,未开化人举行咒术的仪式,通过咒语,以感应自然界,求得生的渴求、灵魂的救济和共同体的安定。他们以为这种种愿望可以通过人对自然界和自然界对人的相互交流和感应作用而达到。未开化人这种生活和行动都是受咒术支配的。咒术分为黑咒术和白咒术。在《古事记》中,关于黑咒术,有这样的记载在兄弟海幸与山幸的神话故事里,弟山幸弄失了兄海幸的钓钩,山幸破剑,做了500个、1000个钩作赔偿,海幸都不要,偏要原来的钓钩。山幸求助于海神,海神从鱼群中找回那个钩,交给山幸,并授予咒语"这个钩是烦恼钩、着急钩、贫穷钩、愚蠢钩",以对付海幸。山幸按海神所教,将钩还给海幸时念了上述咒语,从此海幸更加贫穷,并起了恶心,攻击山幸。山幸拿出涨潮珠来溺死他;他哀求时,拿出退潮珠来挽救他,使他受苦以作惩罚。另外,在《古事记》《日本书纪》和《风土记》中还记述了不少神颂土地和人生光明的咒语,这些属白咒术。

这种咒术所使用的语言,与日常性的具有传达意思功能的语言不同,是神授的语言,有感应的功能,语言更加洗练化。作为最原始的咒术宗教的发展,咒术仪式的内容和形式不断充实,形成了多样的性格。从咒术内容来说,有祈愿渔猎丰收的经济行为、维持共同体安定的政治行为,在个人的抚慰救济灵魂这点上又有宗教的行为。从形式来说,有语言的部分,这是咒术祭祀仪式的不可或缺的组成部分;也有行为部分,就是念咒时的手舞足蹈。从内容与形式的总体结构来说,它是一种最原始的宗教现象,也是一种作为口头文学的咒语和作为原始歌舞未分化的文化现象。由此可见,咒语这种最早的"言灵(语言的精灵)信仰",是以语言作为表现媒体的文化和文学的胚胎,咒术的内容与形式成为文化整体未分化的母胎。咒语为口头文学系列之一。

作为口头文学系列之二的日本神话传说,其本身也是"言灵思想"的产物。这一口头文学的生活意识,究其原型都可以还原为"言灵思想"。古代文献的"神代记"所载大国主神创造出云国,特别提到:"乃兴言曰,'夫苇原中国,本自荒芒。至及磐石草木咸能强暴。然,吾已催伏,莫不和顺。'"同时提到:"然,彼此多有萤火光神及蝇声邪神,复有草木咸能言语。"这里所载的磐石草木是十分理解"言灵"的。它们以此对抗强暴或邪神,目的是为了满足对现实的要求,其实现的方法是把人的语言能力理想化。《续日本纪》也写道:"日本这倭国是言灵丰富的国家,有古语流传下来,有神语传承下来"这说明日本神话传说这类口头文学"向佛也向神",以神为主流,用自己独特的"言灵"来探索宇宙的开辟神灵的显现、人类的起源、国土的创造等等。

也就是说,上古先民生活在原始的状态,对混沌的世界不甚了然,把许多未能把握的社会现象和自然现象都归结到"神代"的事，将一切神化，以此对种种混沌的现象做出自己的解释。因此，日本神话分为四大类：（1）天地创始神话；（2）自然生成神话；（3）文化始源神话；（4）风土神话。《古事记》就这样记录了天地始分的混沌状态："世界尚幼稚，如浮脂然，如水母然，漂浮不定之时，有物如芦芽萌长，便化为神。"这段神话，在说明天本地是对等的世界时，将伊邪那岐、伊邪那美二神，作为阴阳的体现，伊邪那岐是天神、伊邪那美是地神，通过他们的和合，生成绵亘天地的世界和万物。

从作为口头文学系列之三的原始歌谣的发展历程来看，最初是从一种对生活的悲喜的本能感动发声开始的，比如劳动的配合、信仰的希求、性欲的冲动和战斗的呼号，内容多为殡葬祭祀以及渔猎、农耕、狩猎、战斗、求婚、喜宴等，与上古人的实际生活密切相关，纯粹是一种原始情绪和朴素感情的表现。古代的原始歌谣在未形成独立歌谣之前，是与咒语、祝词神话传说相生的一种复合文学形态，同时也是一种诗歌、音乐、舞蹈的混合体。

据考古发现，飞鸟时代（538—645）古文字的前文、后文，字数比较完整，都留下夹杂着类似原始歌谣用字的痕迹。但最早出现文字记录日本原始歌谣的则是我国的《魏志·倭人传》书。书中记有倭国在葬礼上载歌载舞的文字："其死有棺无椁封土作冢。始死，停丧十余日。当时不食肉，丧主哭泣，他人就歌舞饮酒。已葬，举家诣水中澡浴，以如练沐。"《魏志》于3世纪问世，说明当时日本在殡葬仪式上已有伴随舞蹈唱"歌"的习俗。同时《日本书纪》叙述天之若日子的葬礼时也写道："如此行事，八日八夜，悲歌曼舞。"这再次说明，在文艺诸形态未分化之前，古代的原始歌谣与祭祀的咒语、舞蹈等混同，与神话、传说共存，它尚未成为独立的歌谣，是一种最简短、最原始的口诵形式。

在《古事记》中海神从鱼群中找回那个钩交给山幸所授的咒语"烦恼钩、着急钩、贫穷钩、愚蠢钩"，以及《日本书纪》中火远理神失去了钓针，海神教他归还钓针给其兄时的咒语"贫穷之本，饥馑之始，困苦之源。贫穷钩、灭绝钩、衰落钩。大钩、猖獗钩、贫穷钩、愚蠢钩"，就是带原始歌谣性质的发声。上古过着渔猎生活的人，称作"隼人"，故将这种原始歌谣称作"隼人歌"。

《古语拾遗》记载的古代原始歌谣，形式由单行构成，开始有声无意，用极其简单的句，形成歌节，比如：阿波礼，即啊——哟！由"啊"和"哟"这两个感叹词组合而成，即随着劳动战斗、信仰、性欲等冲动，发出或悲或喜的自然叫声，即发出一种本能的、无技巧的感叹声。在文化混沌时期，其他文学诸形态未出现前，只有这种实为感叹词的"歌"的存在，这是古代歌谣之始源。

可以说，这种感叹最初是出于对人和自然的感动，其后发展到对现实的接触、认识、感动，最终变为感叹。"阿波礼"用日语汉字标示为"哀"字，具有悲哀感情的特定内容。正仓院古文书列举了用万叶假名写出的"春佐米乃，阿波礼"的例子，体现目睹春雨所感受到的"哀"的氛围，是一种极其纤细的哀伤感情的表现。还有与"哀"的感动相反意思的欢快喜悦的感动，比如《古语拾遗》记载天照大神从天岩户再现的时候，上天初晴，众神皆面露喜色，手舞足蹈，连续发出欢喜的感叹声："哀"（即啊哟），"阿那，于茂志吕"（即"啊，好有趣"），"阿那，多能志"（即"啊，好快乐"），"阿那，佐夜憩"（即"啊，好清明"）。这是日本现存的少数几首最原始的歌谣之一，它的用语多为感叹词，近乎一种咏叹的表现，是在无意识中发出来的无技巧的咏叹，句数不定，形式也不定型。不过，从中也可以看出，它由四句组成，前两句是三六形，后两句是五七形，是对日常生活悲喜的感叹和对美的感动表现，是一种纯粹的感情在起作用。就是说这种古代原始形的歌谣，完全是单纯的感情的自然流露，不具备诗歌形式的完整性，创作的动机也不明确，只能作为生活意识（包括对人、自然爱情的生活意识）而自然流露出来。但是，它们有强烈的传承性，成为日后各种文学艺术美形态和文艺意识生成的母胎。

古代歌谣首先是《古事记》收录的从"神代"至显宗天皇时代的113首，《日本书纪》收录的从神代至天智天皇时代的128首，其中与《古事记》重复约50首；其次《风土记》26首、《续日本纪》8首、《日本灵异记》9首、《日本后纪》2首《古语拾遗》2首、《正仓院文书》1首、《歌经标式》37首等，前期万叶歌中也有若干是属于古代的歌谣。由此可以说，古代歌谣大部分是属于《记纪》歌谣。

就现存文献来考察日本文学的起源，基本上分两大类别：一类是感动起源说性欲起源说，认为文学完全产生于个人心理动机，即由人的心理本能的感动而产生，比如对然的感动和对性欲的感动而产生的原初歌谣；另一类是信仰起源说、劳动说，认为是产生于社会的动机，即由共同体的生活行动需要而引起的感动所产生，比如信仰生活仪式等需要而产生的咒语、祝词，在战斗中、劳动中产生的原初歌谣，它们成为最初的文学艺术，都不是出于纯粹美的动机。前者是个人内部的动机，后者是社会外部的动机，无论哪种动机，如果要将语言的表现构成文学，离开人的喜与悲的感动力是不可能的。如果只有内部动机，人的心理本能离开了外部事件的触发，就很难引起感动，也就不会产生文学；同样，如果只有社会的动机和外部的触发，没有引起感动，也不会产生文学。只有内部动机与外部动机交叉作用才会产生文学。也就是说，不能简单地将文学起源归结为哪种动机，包括通常的劳动起源说，文学只有在以上各种动机的相互关联中才能产生的。

所以，从最初产生文学现象起内部与外部、个人与共同体、事件的触发与感动的产生、口诵与歌舞等多组的因素都是相互关联的，是个综合的运动过程。文学和文学史发生的可能性，存在于这个运动的过程之始与之中。口头文学便这样开始在人类历史上占有自己的独立的一页。

概而言之，根据上古的文物发现及其后的文献记载，上古以前，日本仍然处在诸种文化的混杂状态，文学尚未从历史、政治和宗教中分化出来成为一个独立的实体，而是笼统地包容在整个文化中，处在混沌的阶段。

二、引进中国典籍与文字文学诞生

日本从口头文学到文字文学的发展，有赖于汉字的传入和日本文字的产生，尤其是汉籍的初传日本，对于推动文字文学的诞生起到了很大的作用。汉籍初传有种种说法，但文献涉及者，主要有徐福赴日初传、神功皇后从新罗带回、王仁上贡《论语》和游《千字文》等三种说法。《论语》《千字文》是儒学和汉字在日本普及的启蒙书籍。在日本文献上，以重视这一说者居多。《古语拾遗》记述了大和朝廷在王仁献书之后，初设"藏部"，收藏包括汉籍在内的官物。据这些文献记载，在大化（645）之前，日本的教育主要以儒学和文字教育为基础。

6世纪的继体天皇时代，传入了更多的儒学书籍。继体七年（513）五经博士段杨、三年后五经博士汉高安茂先后赴日，带去《易经》《诗经》《书经》《春秋》《礼记》等五种儒籍经典。所谓五经博士，是指精通五经的学问家。继儒学经典之后，传入了佛教艺术与经书。关于佛教何时初传日本，众说纷纭。一说是据《上宫圣德法王帝说》载，由百济圣明王与大和苏我稻目事前计划，于538年向大和朝廷派使者携去佛像、太子像的同时，还带去了佛典。另一说据《日本书纪》载，于552年即钦明天皇接受百济送来的"释迦佛金铜佛"和佛典。

汉字和汉籍儒佛经典的传入，给日本人学习汉字、汉文带来很大的促进，掀起了讲授汉籍和诵读佛典的风潮，成为日本人活用汉籍的文字表达以及吸收佛教、儒学思想的契机。圣德太子引进当时我国中央集权统治下的五常儒学思想，以《论语》的"为政以德"作为其政治体制改革的参照系，建立官僚制取代氏族的门阀制。他制定的《十七条宪法》，大量引用《千字文》《论语》《礼记》《易经》《尚书》《左传》《韩非子》等儒学经典，而且广泛吸收

《诗经》《文选》等韵文、散文古典和《史记》等具有文学价值的史书的精神和文章法,乃至不少条文直接沿用了上述我国经典的遣词造句。所以《十七条宪法》虽是成文法,却受到了包括我国文学古典在内的汉籍的影响,语言朴实,文章优美,颇富文学性,代表了当时文章的最高水平。

为了推动推古朝的改革,圣德太子在积极吸收我国的先进儒学文化和制度的同时,大力推进遣隋外交,于推古十五年简(607)派出小野妹子等前后五次的遣隋使;推古二十六年(618)灾唐灭隋后,他继续派出遣唐使(在其后派遣唐使共19次,至894年终止,持续了260余年),带回大批儒佛经典,广为流布,不仅促进了儒学和佛教的进一步传播,也为引进汉文学开辟了道路。推古朝及圣德太子的上述业绩对于日本文化划时代的发展起到了不可忽视的作用。首先最显著的是,不仅促进了日本古代文字文学的诞生,而且所引进的儒佛思想对日本古代文学产生了深远的影响。另一方面,从口头文学到文字文学的过渡期,由于日本没有固有文字,仍需借助汉字来表达,给文字化带来很大的制约,在偎名文字未创造出来以前,口头文学与文字文学之间仍存在断层。但是,大体上以这个时期为界,日本文学从口头传诵进入了文字文学的过渡时期。推古朝以后,传承了大量木简、金石文(即墓碑铭佛像和铜钟上的刻文)的重要资料,经过长期的努力,至奈良朝终结的200年间,从创造出一种具有口头词章特色的文体,着手编纂《古事记》,到采用多种不同文体编写《常陆风土记》《播磨风土记》《日本书纪》《出云风土记》,这样许多口头文学也就通过这些文字文学而得以流传后世,从而也完成了日本古代从口诵的原始文学到文字文学的过渡。

《古事记》是日本古代文字文学的滥觞,成书于和铜五年(712),分上中下三卷。它既是一部最古的典籍,也是第一部朴素地再现从上古传承下来的口头文学的书籍。作者太安万侣(?—723),史学家。此书是奉元明天皇的敕令而于和铜四年(711)九月开始编著的。此前天武天皇让舍人(侍从)稗田阿礼背诵熟记帝皇的继承和先代的旧辞,但天武天皇于天武十五年(686)驾崩,此事业中断。元明天皇继承天武天皇未竟之业,于迁都平城京翌年,命太安万侣撰录稗田阿礼所诵习的历代帝皇继位之事和旧辞。稗田阿礼向太安万侣口传时,以天皇敕令诵刭习的旧辞为中心,加上继承的神话传说和相关的原初歌谣,这便成为《古事记》的主要内容,它不仅具有历史性,而且具有文学性。

因此可以归纳地说,《古事记》具有历史性和文学性两方面的内容。卷上,全部是所谓"神代"的事,即旧辞-神话和传说;卷中,叙说"神代"与"人代"间世代,即神武至应神的世代传说;卷下,叙述"人代"即仁德至推古的人皇时代的事迹。也就是说，卷中，从神武天皇东征始到应神天皇驾崩，虚构与史实混杂，有的属于历史传说，不完全是帝纪；卷下，从仁德天皇到推古天皇，基本上属于帝纪。

全书由神话传说、古代歌谣和宗谱史传三部分构成。尽管编著的动机不是作为文学作品，但从实际结果来看，它以朴素的古神话、传说作为素材，也反映了文学意识的最初抬头。而且在朴素地再现的神话、传说的叙事中，编织了113首上代朴素的歌谣，加强了叙事中的抒情性，也反映了古代日本人的生活感情。这些歌谣，有祭祀歌、恋爱歌、求婚歌、战斗歌、酒宴歌、送葬歌、思乡歌等等，都是与当时先人的生活结合起来的。关于《记纪》的神话、传说和歌谣，上节已述。在这里尤其值得强调的是在以大国主神（八千矛神）为中心的传说、倭建命的东征和思乡、皇后石之比卖嫉妒天皇他恋、轻太子与轻大郎女的悲恋等的传说中，充分发挥了文学的想象力，在技巧上运用各种比喻和夸张的同时，编入了许多素朴纯真而又富含感情的歌谣。比如有名的"八千矛神的歌话"就唱出："张开白皙的双臂，紧紧拥抱柔雪般的酥胸枕着白玉般的双手。双腿伸平美美地做个好梦。"

这种接近浪漫的抒情歌的恋爱歌谣与散文融合的形式，增加了文艺上的叙事抒情诗的性格。同时，作为独立歌的"八云神咏歌""云霭腾腾起，出云的八重垣，与妻子共住，造一个八重垣，造一个八重垣"，初含五七五七七歌体的某些要素，不仅孕育着日本民族诗歌——短歌的胚胎，而且涌动着文学意识。这是《古事记》的一个特色。在这里还可以发现其后出现在日本文学史上的"歌物语"形态的源流的存在。尤其是轻太子与轻大郎女恋爱的故事，插入对歌，以及最后殉情事件的描写，叙事与抒情这结合，颇具文学性，开了日本古代此类文学主题的先例。

《古事记》问世8年后，即元正天皇养老四年（720）又编撰了《日本书纪》全30卷，其中前两卷为神代记，余28卷则是从神武天皇至持统天皇的纪事，按照编年体编著。神代记两卷内容包括神世七代、八洲起源、诸神出生、瑞珠盟约、宝镜出现、宝剑出现、天孙降临、海宫游行、神皇承运等神话、传说。但从整体上说，《日本书纪》不以神话、传说为主，而以记载史实为重，且尊重古传，尽量保持正史的特质。因此作为国史，它比《古事记》较为详尽周密。编撰者特别参考了我国的《史记》《汉书》《后汉书》《魏志》《艺文类聚》等大量史籍，采用我国编史的干支纪年法，重视史料，广泛参照和录用《古事记》等日本国内的古文献，比如各氏族的家记、诸寺院的缘起。此外还大量引用我国上述经史诗文的典故和成语，以及作为文学作品的《文选》的语句和修饰词。

这部书纪具有文学性的重要因素之一，就是记载了128首原初歌谣，不仅比《古事记》多15首，而且在与《古事记》重复或类同的58首歌中，对歌的本意的理解是不尽相同的。比如，它将本是独立歌的"八云神咏歌"，组合在本文歌中，没有加上说明文字就使之具有不同的文学意识。书中还首次出现童谣，在皇极纪中讲述苏我入鹿试图暗杀山背大兄，拥立古人大兄为天皇一节，在逼真生动的叙述中，推出"岩石头上猴烧饭，光吃白米又何妨，斑白乱发似山羊"这样一首童谣，以猴子要烧死山羊，来暗喻苏我要弄死老翁山背大兄之意，赋予它文学上的讽刺性并创造了戏剧性结构之美。

总的来说，《日本书纪》富历史书的性格，作为史书的价值大于《古事记》然而在文学光彩方面，则略有逊色。但以它的神代的神话传说以及人皇历代的传说和歌谣为主体的部分，文章的表现之美，还是确立了它与《古事记》在日本古代文学史上的重要地位。从口头文学到文字文学的过渡阶段，它们起到了不可磨灭的历史作用。

三、从古代歌谣到《万叶集》

《记·纪》上古原初歌谣的句数、音数都是不定型的，而且多为偶数句，其形态尚未固定，其后才逐步将没有定型的上古原初歌谣发展为音数定型为奇数五七调的短歌，以及长歌、旋头歌、少数佛足石歌等多种形态。长歌形式在七句以上，最后统一定型为短歌形态。其原则一是从偶数形式到奇数形式，还有就是从长形式到短形式，而且将短形式固定在五七五七七的五句体。从万叶歌整体来说以短歌为主体的和歌，成为传统的民族诗歌体裁。为有别于当时流行于日本的汉诗，故称和歌。可以说，和歌是日本的各种文学形态中最早形成的一种独立的文学形态。《万叶集》是第一部和歌总集，是上古和歌的集大成展现了日本上古的抒情文学的世界。

关于《万叶集》成书年代问题，本集无序文记录，古文献也没有明确的文字记录，据后世学者的推测，是经过二次编辑的。第一次编辑是天平十六七年（744—745）间，从卷1至卷16；第二次编辑是天平宝字三年（759），从卷17至卷20。编辑者未详，一说最后的编者是大伴家持。

《万叶集》收录的歌数，根据较权威的《国歌大观》记录，总歌数为4516首。万叶歌的体裁多样，其中短歌居多，包括"反歌"，共4200余首。所谓"反歌"，是附于长歌之后，再吟咏一遍长歌的主题，或补充长歌未尽之意，多者附上五六首。另长歌260余首、旋头歌60余首佛足石歌体1首、汉诗4首。

歌人网罗所有阶层，从天皇、皇后、皇族、王族、朝臣到士兵农民、村姑、乞丐等，但以上层者居多。题材和内容广泛，包括杂歌、相闻歌、挽歌、譬喻歌、戍边歌、有由缘杂歌、羁旅歌、四季相闻或四季杂歌、从驾歌、东国歌等等，反映了不同阶层和不同地方的情况。这些歌都是上古大和文明的真实写照。

万叶歌形成还有两个重要的因素：（1）万叶假名出现，这对于《万叶集》的形成是不可或缺的因素。（2）受汉诗的影响。万叶歌体的规范，是在汉诗五言、七言的启发和影响下，整合成五史七音的形式而形成的；同时模仿中国汉赋的反辞，在长歌之后又添加了反歌。反歌的产生，促使长歌衰微而逐步让位于短歌，从而短歌成为和歌的主体。还有，歌的序和题词全部使用汉文，歌题参照中国汉诗的分类法，由此可见，万叶短歌的形成，与中国的汉诗有着密切的关系。

《万叶集》可划分为四个时期：

第一时期，通称为"初期万叶"，前期范围包括最早的仁德天皇时代（313—399）的磐姬皇后思天皇御作歌、轻太子和轻大郎女的恋歌、雄略天皇时代（457—479）的"天皇御制歌"等，古风古调，保持口诵时代歌谣的浓重的痕迹，尚属《记·纪》歌谣阶段的歌。后期从舒明元年（629）至壬申之乱（672），共计44年，主要歌人有舒明天皇、齐明天皇、天智天皇、有间皇子、额田王、石川郎女等，他们几乎都是皇族、朝臣，他们的歌主要赞颂神权、皇权和宫廷的悲恋，与当时的皇亲政治和宫廷生活是密切相关的，大多体现了叙事歌的歌风。比如，舒明天皇时代（629—641）的《天皇登香具山望国时御制歌》，齐明天皇时代（655—661）的《有间皇子被处死时作的自伤结松枝歌》和天智天皇时代（662—671）围绕天智、天武天皇争恋额田王的歌，则较具代表性。这时期是《万叶集》创作歌的孕育和诞生期。

第二时期，壬申之乱后（673）至平城京迁都的和铜三年（710），共计38年。代表歌人是天武天皇。他在上古歌谣的基础上创作了代表作《人吉野御制歌》，虽然还留下上古歌谣的残影，但已显露个性的意识。这一时期，从上古歌谣的土壤中吸取养分的同时，受到中国文化的影响效仿中国宫廷兴起侍宴从驾、集宴游览的风尚，在新辟的这种贵族教养的抒情场吟诗作歌，开始树立自我个性的抒情新风。此时出现了天武天皇时代（672—686）的十市皇女的歌持统天皇时代（687—696）的持统天皇的歌、柿本人麻吕的歌群、《藤原宫御井歌》，以及当朝皇子皇女的创作歌，还出现了许多身份低的宫廷歌人的独咏歌，内含文不少四季行事的歌，这些都有利于培育个人抒情歌的成长、美意的识的萌芽，以及增加季节感的表现。这时期最大的宫廷歌人是濑柿本人麻吕，他既是继承上古歌谣要素的最后一个歌人，又是最先开辟万叶长歌的一个歌人，他受到汉诗的启迪，整合五七反复音数律，固定末尾五七七句法，并附反歌的新的表现形式，为长歌的成型作出了不可磨灭的贡献。长歌形式在这一时期处在全盛期。

柿本人麻吕的抒情歌，尤以挽歌最为优秀，比如《哀吉备采女死之歌》《哀赞岐狭岑岛石中死人之歌》《见香具山尸悲恸哀作歌》等，这些对庶民死者的挽歌，首创了浪漫的抒情歌风。在他的挽歌中，《妻死之后泣血哀恸作歌》二首并短歌是最典型之作，其中一首并反歌是：

柿本朝臣人麻吕，妻死之后泣血哀恸作歌

哀哀切切长相思，门外池前手携手
榉树阴下双欢畅，汝我意浓情更长
我与妹子相依偎，奈何世间竟无常
郊野一片荒茫茫，白幡招魂来丧葬
清晨鸟儿离巢去，夕阳尽落不见归
遗孤饥饿淘淘哭，乳汁哺育我难当
汝夫腋下拥孤儿，独居昔日同衾房
白日难教夜更长，万般无奈徒悲伤
人云妹子今尚在，羽易山上来寻访
旧日倩影在何方，不见伊影空断肠

（卷2—210）

反　歌

去岁秋夜明月光，去年今朝一样明
去年此夜逢妹子，如今相隔已一年

（卷2—211）

同时期，稍后的代表歌人高市黑人、长意吉麻吕与柿本人麻吕不同，他们没有创作长歌，而在短歌方面创造了咏自然和思乡歌，他们的叙景歌充满了大自然的生命律动，思乡歌则飘溢出一股淡淡的哀愁感，丰富和发展了文武天皇、持统天皇时期以来的从驾歌，使这些歌更具独特的个性意识。在皇族方面值得注意的歌人有志贵皇子、大津皇子、大伯皇女、穗积皇子、但马皇女、弓削皇子等，他们的歌与前期的歌有一定的传承性和连续性，大多歌颂爱与死的主题，同时还开始关心这一主题的物语性，出现"歌语"的倾向其传统流贯于整个万叶时期。所谓"歌语"，是颂歌与歌相关的故事，其后这种形式发展为"歌物语"。

从此，长歌和短歌兴隆，扩大了杂歌、相闻歌、挽歌等领域的和歌素材

拓展了歌的多样性。同时，从类同性的歌谣向富有个性的创作歌发展，从而完成了歌谣到抒情歌、口头文学到文字文学的过渡，确立了短歌形式在日本古代文学史上的重要位置。可以说，以柿本人麻吕等一批中下层宫廷歌人的创作歌群为标志，进入了确立日本民族诗歌的典型形式和歌的关键时期。

第三时期，自和铜三年（710）平城京迁都奈良至天平五年（733），共计24年。开始了万叶的新时期。神龟三年（726）出现了新的变革。日本和歌史上新旧交替，歌人辈出，著名歌人有笠金村、高桥虫麻吕、山部赤人、车持千年、大伴旅人、山上忆良、大伴家持等。这一时期的特征是：虽然仍继承前期柿本人麻吕的宫廷赞歌的传统，但是，无论在赞颂天皇方面还是吟咏自然方面，都更多地注入了主观色彩，而且关注最富人性的生活，比起前期观念性的歌来，更多的是趋向主观的感受性，强化歌的抒情性。具有代表性的，如笠金村，他的挽歌没有因袭前人而是以自己的意趣和技巧，抒发自己的感怀，为这一时期树立了与前期不同的新歌风。

值得注意的是，万叶歌逐渐走向了多样化。比如其主要代表歌人山部赤人的叙景歌的优美化，大伴旅人的人生颂歌的情趣化，高桥虫麻吕的传说咏歌的多彩形象，以及山上忆良的对人文生的执着和对社会的关心等。这一时期还有一特点，就是许多贵族知识分子接受汉学的熏陶，汉诗文造诣颇深，都接受中国典源籍的影响，以此作为创作歌的基础，个性更趋向多样化，创造了许多在和歌史上不朽的作品。在哀歌方面，悼念亡妻的歌，颇具丰富的个性。

尤其是山上忆良晚年的歌，更多地关注入，接触农民的实际生活，探求人生的意义。他最有名的作品，是《贫穷问答歌》（卷5—892），富有思想性，在万叶歌中独放异彩。歌曰：

贫穷问答歌一首并短歌

朔风瑟瑟雨雪飘，饥寒交迫实难熬
咀嚼粗盐喂糟酒，频频咳嗽鼻涕流
捋捋稀须我自夸，世间除我有谁能
寒冷透骨实无奈，扯件麻衣蒙头盖
搜尽坎肩披在身，浑身还在打哆嗦
人间贫者何止我，如此寒夜如何过
父母饥寒妻子泣，乞讨日子怎能熬
天地虽大难容身，日月虽明难照我
人间皆然抑独我，我亦人也同劳碌

无棉坎肩披在身，破破烂烂如海藻
矮屋地上铺稻草，父母妻儿挤成团
锅结蛛网灶无烟，饥肠辘辘似枭叫
呻吟悲叹一整夜，里长执棍门前哮
人间世道实艰难，呼天叫地又奈何
受尽人间耻与辱
恨非飞鸟无路逃

这首《贫穷问答歌》，长歌前部分是贫问，后部分是穷答，最后的短歌虽无标出，似是反歌。这首歌吟咏农民在横征暴敛下的贫困的悲惨现实和世态炎凉字里行间表达了歌人满怀的悲情，将他的"为人生"的文学思想更充分地发挥出来，将歌人的感情抒发提升到仁爱的思想水平。这首歌没有停留在个人感情（包括对自己、对父母妻儿）的抒发上，而是将自己的感情倾注在贫穷者的身上，体察他们的饥寒，表达了对弱者深切同情的志向。他是以"述其志"作为抒情歌的自觉，是含有一定的批判意识的。所以他有"人生派"或"社会歌人"之称。歌中语句很明显地多典出我国古典的"经世思想"。

在山上忆良以后，即进入奈良时代，短歌有了长足的发展，占压倒性多数。可以说，这时期歌人的文学意识觉醒，他们的短歌完成了艺术化、个性化，进入了多彩的时期，也是万叶歌的全盛期。

第四时期，自圣武天皇天平六年（734）至淳仁天皇天平宝字三年（759），共计26年，正处于奈良时代中期，开始出现歌垣。这一时期，继山上忆良、大伴旅人之后创作歌的数量最丰的，是大伴家持。他的歌日记，以及与笠女郎、坂上大嬢等女性的相闻赠答歌，都表现了纤细的感受性，创造了非现实的心象风景，达到了烂熟的程度。除了笠女郎、坂上大嬢之外，女歌人辈出，她们以恋歌为中心，留下了许多秀歌，吟咏人生的哀乐。其中尤以坂上郎女最为活跃她的歌以相闻歌、宴歌祭歌居多，还创作了不少与大伴家持的赠答歌等。

这时期，歌作者的范围不仅限于皇族和宫廷歌人，而且扩大到近畿地方的底民。一些近畿地方以外的东国地方歌和戍边人的戍边歌，大多是无名氏歌人创作的，占有这一时期的重要位置。

概括地说，《万叶集》各个时期的歌的变化，有其连续性与非连续性，是在集团性的与个性的、神世界的和人间世界的、叙事性的和抒情性的两者相克相融中展开的。从持统天皇时代至奈良时代中期的歌算是最多也最成熟，成为《万叶集》的主体，确立了它在民族抒情歌方面的至高无上的地位，与稍早面世的汉诗集《怀风藻》一起成为日本上古奈良时代抒情诗歌的双璧，在日本文学发展史上具有里程碑的意义。

第二节 日本文化概述

一、风土与日本文化

所谓的文化,与文明不同,乃是根植于这个民族固有的,因而也是原生态的。换言之,就是某个民族自古形成的一定的生活方式和观念形态,即便民族的历史和现实的生活发生天大的变化,它依旧具有一种较为恒定的特性。尽管文化的构成具有诸多的复合因素,但只要人们生活在某一片土地上,就不可能不受到那片土地所具备的风土特征的影响。当我们把目光转向创造了文化的人与人所置身的自然之间的关系,就不难发现,人的历史在某种层面上,乃是与包括"内在自然"在内的自然、风土进行交往甚至斗争的历史。而追溯人类的历史就会发现,越是古老的人类就越是受到自然和风土的制约。正是基于这一原因,我们可以从一个民族的历史源头去挖掘到文化最基层的东西。而且,如果人的历史在其源头受到自然风土左右的迹象越明显,那么,当考察某个民族的文化特征——比如日本文化特征——的时候,就越是有权利认定,这个民族——比如日本民族,其与日本列岛的自然之间所构成的关系,乃是一种极其基本的、甚至具有决定性的因素。特别是像日本人这种自古居住在日本列岛上,被大海与四周隔绝开来的岛国民族,自然环境对包括民族性格在内的日本文化的决定作用就更加明显。

正如日本宗教学家山折哲雄所指出的那样:"流淌在我们最深层意识里的,乃是从三千米的高空中俯瞰到的日本风土,还有那种风土所孕育的感性和文化。或许那可以说是从绳文人那儿继承下来的信仰,是万叶人的宗教世界,抑或并不仅限于宗教的万叶人的思考方式、感受方式。而既然从三千米的高空看下去,那些被森林和山脉所覆盖、被大海所环绕的风土,至今还浓厚地存在于日本列岛上,那么,古代万叶人的感性和文化,也同样应该浓厚地流淌在我们的深层意识里。"我们不妨把古代日本人受到环境风土的影响而形成的感受方式和思维方式看作是贯穿在日本民族深层意识里的精神内核。

(一)作为岛国的"孤立性"

与其他国家相比,日本自然环境的独特性首先表现在它的地理位置上。日本是一个靠近亚洲大陆东侧、太平洋西侧,由列岛组成的岛国。因中间隔着200公里的朝鲜海峡,从而与欧亚大陆隔绝开来,所以,除了13世纪曾遭到蒙古远征军一次未遂的袭击以外，几乎没有受到来自其他民族的任何侵略。相对孤立成了日本地理环境中一个非常重要的特征。作为岛国，日本民族的构成比较单一、固定。因其移动和扩张的空间受到限制，从而使整个岛国形成了一个命运共同体，他们不可能像大陆国家的人那样自由迁徙，因此，在一个被限定的空间里，不能不彼此发挥协调精神，崇尚勤奋、诚实的品德，造就了脚踏实地的现实主义精神。与陆地国家因居民的流动性。较难自然形成强有力的国家意识，从而需要确立凝聚国民精神的国家理念大为不同，在他们身上很容易获得一种共同体意识，比如早期的村民意识，及至后来国家形成后的国民意识，这种命运共同体意识使他们团结一致，形成了避免对抗，强调协调行动的集团主义和以"和"为贵的民族精神。但与此同时。汪洋大海也成了阻隔岛国与大陆的一道屏障，因缺乏与外国的直接交流，他们容易陷入视野狭窄、小肚鸡肠、排斥外来者的所谓"岛国根性"。与命运共同体成员的极度协调精神和对共同体之外者的排斥，构成了日本人"内外有别"的强烈反差，以至于即使在现代日语中，"内"与"外"依旧是规定着日本人两种截然不同行为方式的关键词语。即表现为两种迥然相异的态度：对"外"的彬彬有礼，还有在彬彬有礼的面纱下所隐藏的冷漠，甚至敌意；对"内"的随意，以及渗透在随意中的强烈一体感。

在历史上的大部分时期，日本或许都可以被称作世界上各主要国家中最孤立的国家。远离各种大陆文明，经常担心遭到入侵，使日本人产生了与世隔绝的愿望，从而从某种意义上加强了其民族主义的倾向。同时，宽阔的海峡又成了催生日本人好奇心的发酵剂，使他们成了世界上公认的最具好奇心的民族。因此，尽管孤立的地理条件增加了日本人与外界交流和通商的难度，却没有阻止日本人向大陆派遣使者，以获取必要的情报，也使他们比大多数陆地民族更有可能按照自己的意愿和方式来发展国家，并按照自己的喜好来对外来文化进行为我所用的取舍。从朝鲜半岛民族与日本民族在面对中华文明的宏大叙事时所采取的姿态中，就可以看到这样一个事实：由于半岛与大陆紧相毗连，因此在远为强大的大陆文明面前进行反抗，就很可能遭到毁灭的命运，从而导致了朝鲜半岛在很长一段时间内对中华文明的臣服。而日本是个四面环海的岛国，得天独厚的地理条件使它幸免于来自大陆的直接入侵。正是得益于岛国的地理条件，日本人才赢得了空间和时间，去摸索一条谋求自身文化身份的道路。正如赖肖尔所说的那样："孤立也许使日本人比世界上任何一个类似民族创造出更多自己的文化，并形成别具一格的文化。"从某种意义上说，地理环境的孤立使日本文明渊源于中国和朝鲜，却又与前两者迥然相异。如果这可以称之为文化上的"孤立"的话,那么,也正是这种"孤立"使日本人觉得自己与众不同,催生了日本人强烈的自我认同感,甚至是民族自豪感,形成了他们牢固的民族中心主义。

(二)得天独厚的自然与日本人

无论是从海外旅行归来的日本人,还是来自其他国家的外国旅游者,无不对日本的自然美赞叹之至。雨量丰沛,森林茂密,绿草葱茏,阳光充足,风景优美,变化多端,富有层次,且大都小巧玲珑,纤细精致。昭和初期曾在日本生活过的英国人山索姆夫人曾感佩万分地赞美道:"日本是一个得天独厚的国家。国土美丽无比……国民勤劳而善良。……拥有大量的瀑布、山脉,以及盛开着美丽花朵的树木。晴天居多。根据季节不同,能观赏到温暖的海洋和熠熠闪光的雪景。因此,日本人为他们自己的国家感到自豪,并愿意在妄自尊大的外国人面前进行夸耀,也自在情理之中。"日本画家东山魁夷也写道:"日本列岛处于一个较好的纬度上,在南北狭长的地形上,山脉像脊骨贯穿其中。周嗣被复杂的海岸线所包围,气候温和,空气湿润,树木种类繁多,并且极其茂盛。从南部的亚热带景观到北部的亚寒带风土特征,四季变化非常鲜明,还有较多的高山,经常呈现出山顶是积雪,中部是红叶,山脚还是一片绿色的景观,日本的风景就是如此的多姿多彩。但是,空气湿润,霞、雾很多。从而呈现出一幅具有柔和色调的风景特征。同时还体现出一种意味深远的——晴趣。这种同时具有多彩和淡白、华丽和幽玄两种不同特征的性格,其表现不是强烈的,而是纤细的,具有深远意味的情趣,这可以说是日本自然的特色吧。"这种得天独厚的自然景观使日本人比一般的农耕民族对土地怀有更深的眷恋和亲近感,造就了他们对自然之美和季节嬗变更为敏锐的感受性和观察力,并影响到了日本人的美学意识和宗教意识,催生了他们与自然为友,与自然共生的自然观。

今天,无论你路过哪个日本人的房屋,都会看到这样的情景:不管那个家庭有多么寒碜贫穷,都肯定会在房屋的某个角落或是窗边栽种着一盆鲜花,在壁龛里悬挂着一幅挂轴,上面描绘着与季节相宜的自然景物。即便他只有一块不大的土地,也必定会把它开辟成一个小小的花园,要么在庭园里种上几株松树,竖起一座石质的灯柱,要么用青苔铺满地面,并摆放一些精心挑选的磐石碎块,营造出所谓的枯寂之美。甚至还会挖掘一个水池,以便将整个自然浓缩在自己的庭院里,体验置身在自然中的怡然乐趣。

(三)日本人与季节感

日本的春夏秋冬四季分明,景色各异,这磨炼了日本人对自然变化的敏感性。日本人总是由人生马上联想到自然，或是由自然联想到人生。一听到"风"，就会联想到"寂寞"这个词；一说到"春雨"，就会涌起"温暖而静谧"的感觉。日本最古老的长篇小说《源氏物语》中就充满了对自然的描写，而随笔集《枕草子》作为与《源氏物语》齐名的古典文学名著，其开场白也是以自然为中心的感性表述："春天是破晓的时候最好。渐渐发白的头顶，有点亮了起来，紫色的云彩微细地横飘在那里……"而在兼好法师的《徒然草》中，也随处镶嵌着作者对自然带有无常观的感慨："季节的更替让人不禁悲从中来。"

被誉为世界上最短诗歌的俳句则规定必须以季节为题材，在17个假名里纳入表现季节的词语，即所谓的季语。这些词语多半反映的都是年中的节庆、花鸟、动物，并被汇总在一部名叫《岁时记》的词典里。而在花道、茶道中，季节感也构成了重要的主题之一。即便是普通日本人之间写书信，也大都不忘在起首部分加上季节变化的描写或问候。这种感性不仅浸润在日本文学作品中，也广泛地体现在日本人的日常生活中。他们总是顺应四季的变化，品尝各种时令的美味佳肴，适时地改变服装和调整家具，让和服上的花纹取自各个季节的植物花卉，比如秋天的枫叶，春天的樱花，等等，并衍生出赏花、赏月、赏雪等具有全民性质的传统审美活动。记得很多年前，当苏联的宇航员驾驶宇宙飞船登上月球，整个世界为人类征服宇宙的进步而欢呼雀跃之时，日本诗人深尾须磨子却对这一科学壮举发出了不同的声音，有些奇怪地叹息道："月亮是应该用来观赏和眺望的呀。"这看似诗人不食人间烟火的感慨，却也道出了一般日本人所抱有的较之实用性更重视审美性的自然观。

对季节更替的敏感与对美的敏感交织在一起，使日本人变得富于感情，而小巧精致的自然景观赋予了他们善于捕捉并保持纤细的自然美的气质和技巧。日本人认为，他们对自然所具有的特殊美感乃是他们民族最显著的优点。尽管所有的民族都是爱美的，但不得不承认日本人对美的钟情。对自然的挚爱，足以构成他们民族性格中最闪光的部分。怪不得日本明治时期的学者芳贺矢一在《国民性十论》中将"爱草木喜自然"列为日本国民的十大美德之一。

（四）与自然共生的自然观

由于日本不是大陆块的组成部分，而是位于距大陆数百英里的海洋之中，因而，它比中国同纬度的沿海地区更具备海洋性气候的特征，四周浩瀚的海面就像是巨大的天然空调，调节着日本列岛的气候。虽然面朝日本海的"表日本"地区和面朝太平洋的"表日本"地区不尽相同，甚至相差很大，但与我们中国大陆相比，就整体而言，日本夏季不很炎热，冬天也不太寒冷。而且，除了夏冬两个较为难熬的季节，其他的8个月则气候宜人，温度变化舒缓，且富有规律性，催生了层次分明而又多姿多彩的自然景色。正如大野晋指出的那样："基本上说，我认为日本是一个易于居住的国家。气温适宜，不冷不热，只要与自然友好相处，就能够生存下去。没有必要殚精竭虑地去思索生活的目的或手段什么的。"正是因为这个原因，日本文化乃是一种强调顺应自然，与自然共生、共存的文化。和西方社会在严酷的自然环境中把自然看作是敌对的力量，从而形成了"与自然斗争""征服自然"的自然观大相径庭，日本人把自然看作是本质上友好和善的东西，是与自己无法隔离开来的伙伴。只要看看日本和西方房屋结构的不同，就可以了解这一点。尽管现在，西方式的钢筋混凝土建筑在日本越来越多，但日本人向往的依旧是那种独家独院的传统房屋。从套廊向庭院延展开去的那种开放式结构，让房间内部与庭院融为一体，即使待在房间，也同样被包围在微风的吟唱和虫鸟的鸣叫里，让人可以尽情地置身在与自然共存的空间里。而西方文化乃是以人为中心的人工文化，"这种主张主要源于基督教，在基督教看来，自然是神为了人类而营造出来的东西，人和自然乃是各个不同的存在，自然没有灵魂，自然乃是供人类利用和支配的东西。"而只要看看日本最古老的记、纪神话就知道，与唯一神创造了万物的犹太教和基督教不同，在日本的创世神话里，首先是有了自然的存在，其次才是神由自然中诞生，最后是人类从神当中衍生出来。自然本身就是神，而人一旦死亡，就与自然合为一体。这些神话无疑反映了一个事实：日本人自古就抱着与神＝自然共生共存的信仰。这种将自然视为神明的自然观表现了日本人在得天独厚的自然环境中所形成的具有泛神论色彩的自然崇拜思想。

（五）季风与日本人

尽管日本属于海洋性气候，但其重要的气候特征之一乃是季风的存在。季风约每半年就变化一次风向，因此夏冬两季恰恰风向相反。这种被季风所左右的气候在南亚、印度一带表现得最为典型，其特征是夏季高温多湿，而冬季则低温干燥，夏天的季风呈现出暑热与湿气相结合的特性。这种与暑热相结合的湿润带来了令人窒息的闷热气候，但也给陆地上包括水稻在内的植物带来了足够的水分，促成了它们的生机和繁荣，使人们即便遭受蒸笼般炎热的折磨，也不得不在心理上对这样的自然现象加以接受和认同，而不是采取对抗的态度。与此同时，季风常常化作像豪雨、暴风、洪水等狂暴的力量，且这种力量是如此巨大，足以让人们放弃抵抗的意志，形成听天由命、惯于忍受的性格。这种"接受与忍耐"的性格乃是季风气候地区的人们共通的特征。

虽然同属季风气候，但日本因地理位置处于西伯利亚荒漠与浩渺的太平洋之间，经常受到大陆寒气团的影响。每年的12月到次年的2月，寒冷的季风从西伯利亚穿越大陆而来，与北上的对马暖流在日本海相遇，吸收了充足的水蒸气后，因遭到崇山峻岭的阻隔，而化作暴风大雪裹挟住日本列岛。而每年的8月到10月，季风又常常化作突发性的台风这种特殊的气候现象，在给日本很多地方带来严重危害的同时，送来庞大的雨量。因此，日本季风与南洋・印度季风的不同之处，就在于这种热带性和寒带性并存的二重性。再加上台风所具有的季节性与突发性并存的二重性，给日本人"接受与忍耐"的性格赋予了某种特性，催生了他们那种被称之为"安静的激情和富于战斗性的恬淡"的国民性格。

日本伦理学家和过哲郎在他的《风土》一书中，特别关注季风给日本的风土和民族精神结构所带来的决定性影响。他认为，季风在夏天化作台风，冬天化作大雪的二重性可以被称之为"热带性，寒带性并存的二重性格"，这一点在日本的植物中也表现得非常明显。在日本既旺盛地生长着离不开充足阳光和丰沛湿气的热带草木，也随处可见以寒冷和少量的湿气作为生长条件的寒带植物。一些树木甚至本身就具备了这种二重性。比如，日本的竹子在披风戴雪的过程中，已经不同于一般的热带竹子，具有了柔软的弹性和应变性。而日本人在季风面前形成的接受与忍耐的性格就与竹子一样，也具备了热带和寒带两种性质。它既不像南亚等纯热带地区那样，因一年四季都处在阳光雨林的淫威之下，从而表现为单纯的感情横溢，也不像北欧等纯寒带地区那样，365天都寒冷逼人，一成不变，使人感觉迟钝，表现为单纯的感情持久。而是丰富地流淌着，在变化中静静地持久就像四季各异的季节变化明显一样，日本人的接受性也寻求一种快节奏的变化。所以，它不具备大陆式的沉稳，而显得非常活跃和敏感。正因为活跃、敏感，所以容易出现疲劳，缺乏持久性。而且，这种疲劳不可能依靠刺激的修养来治愈，而只能借助新的刺激、情绪的转换等情感变化来达至治愈。可当治愈的时候，感情并没有因变化而转化为其他的感情，而依旧是原来的感情。因此，在它缺乏持久性的背后，又隐藏着另一种持久性，即是说，感情在变化中静静地持久。其次，日本人的性格还具备台风那种季节性和突发性的双重特征。在变化中静静持久的感情，在不断地转化为其他感情的同时，又作为同一种感情延续下来，所以，既不是单纯地按照季节，富于规律性地变化，也不是单纯地加以突发性的偶然变化，而是转换为一种在变化的各个瞬间既包含着突发性，又同时被此前的感情所规定了的其他感情。就如同台风带着突发性的狂暴一样，感情也在转化为另一种感情时，爆发出远远超乎预想的强度。因为具有突发性，所以不会执拗地一直持续，而是恍如晚秋初冬的狂风般一掠而过。因此，它甚至可以制造出一种特殊的历史现象，即无须执拗的争斗，就能够全面地实现社会的变革，并由此催生了日本那种崇尚感情的亢奋，却又忌讳执拗的国民特性。或许我们可以从和辻哲郎的这一理论中找到樱花成为日本民族性格之象征的理由。每年春天，满山遍野的樱花是如此急迫而华丽地盛开，却又无意执拗地持久绽放，而是同样匆忙并恬淡地随风凋谢。

其次，在和辻哲郎看来，日本人对季风所抱持的忍耐态度也带有热带和寒带的双重性。它既不同于热带那种在自然的淫威下丧失了斗志，从而轻易放弃的断念，也不同于寒带那种悠闲而怠惰的忍受。暴风和豪雨的威力尽管最终迫使人们不得不忍受和服从，但台风的性质却不可能不在人的内心唤起近于战斗的激情。因此，日本人尽管并不试图征服自然，或是与自然敌对，但仍旧在战斗性的、反抗性的情绪中，达成了一种不具持续性的断念。而且，这种忍耐还带着季节性和突发性。因为它包含着反抗的特质，所以，既不可能按照季节富有规律性地重复忍耐，也不单纯是突发性地、偶然性地去进行忍耐，而是在不断重复忍耐的各个瞬间里隐含着某种突发性。包含在忍耐中的反抗会屡屡挟持着台风般的猛烈，突发性地熊熊燃烧，而在这情感的暴风雨之后又会霍然出现寂静的断念。于是，在对季风的接受和认同中所表现出的季节性和突发性，与在对季风的忍耐中所表现出的同一特性相辅相成，使得反抗和战斗进行得越是猛烈，就越是备受赞美。但与此同时，这种反抗和战斗又不能是执拗的。在日本人看来，潇洒地断念可以使猛烈的反抗和战斗成为更加值得赞美的东西。突然由反抗转向忍耐，即适时地达成断念，淡然地忘记，乃是日本人过去和现在都视作美德的品格。由樱花所象征的日本人的气质，大都缘于上述这种带有突发色彩的忍耐性。而最显明的表现就是淡然地舍弃生命。存在于反抗和战斗之根基的意志，原本是出于对生的执着，可当对生的执着以巨大而猛烈的势头尽显无余时，那种执着中最引人注目的，却又恰恰是对执着于生加以全盘否定的态度。或许可以说，日本人的抗争至此达到了它的极致。

换言之，就是将斗争从对生的执着升华到对生的超越。和辻哲郎把这称之为台风式的忍耐性。因此，日本人生存方式的特性就在于：丰富的感情在变化中静静持久，又在持续变化的各个瞬间里隐含着突发性，而这种活跃的感情在反抗的过程中会沉淀为一种断念，在突发性的亢奋背后隐藏着陡然断念的静谧。这就是所谓安静的激情，富于战斗性的恬淡。而和辻哲郎把这视作整个日本人最基本的国民性格。

尽管和过哲郎的风土论遭到了不少人的诟病，认为这种风土决定论太过片面，用单纯的风土来代替历史发展的眼光，也缺乏从生产力和生产方式的角度来考察文化的视野，但谁又能否认，自然和风土对文化的重要作用呢？哪怕它不是决定民族性格的唯一因素，但也肯定是最重要的因素之一。在论述日本人的台风性格时，和过哲郎那些看起来似是而非，甚至自相矛盾的描述，非常准确而精到地捕捉住了日本人国民性格的微妙之处：热烈中蕴藏着沉静，忍耐中蕴藏着反抗，突发中又有持久，执着中又有放弃。正是这些矛盾的性质辩证地统一于日本人身上，让日本人被包裹在一层神秘的面纱里，使人难以捉摸。就像本尼迪克特在《菊与刀》开篇中写到的那样，"人们往往用一连串'但是，又'这种极为离奇的措辞来描写日本人，而对任何一个民族却从来没有使用过这种手法。"但不管怎样使用矛盾修辞法来形容日本人，甚至把"喜怒无常""不可理喻"当作他们性格最突出的标签，我们都不得不承认，或许那只是我们一厢情愿的偏见，因为在他们那种变化无常的喜怒哀乐和不可理喻的矛盾行为中，其实有着自身的规律性。

在美国占领军小心翼翼、高度戒备地踏上日本这个曾是敌人的国土，以为会遭到日本人的疯狂报复时，日本人却向他们表示了最大的好感和欢迎。日本人以极端的善意接受战败及随之而来的一切后果，以鞠躬和笑容、挥手和欢呼来迎接美国人。正如本尼迪克特所说的那样，"日本人这种战败后180度的转变，让美国人实在捉摸不透，并怀疑它的真实性，因为美国人是难以做到这一点的。但这种180度的突发性转变在日本历史上却并不鲜见。1862年，英国人理查森在萨摩藩被杀害，引来英国军队远征日本，炮轰鹿儿岛。不料对于这次炮轰，以最为傲慢和好战而著称于日本的萨摩藩武士不仅没有誓死报复英国人，相反却抱着不打不相识的想法，希望与英国人建立良好的友谊。因为他们从英国军舰的炮击中看到了敌人的强大，并试图向英国人请教。他们与英国人建立了通商关系，并且于翌年在萨摩藩开设了学校，以教授西方学术的奥秘。"西方人很难相信日本人能够在没有精神痛苦的情况下从一种行为方式转向另一种行为方式，我们的经验中并不包括如此极端的可能性。然而在日本人的生活中，矛盾——我们所认为的矛盾——却深深地扎根于他们的人生观中。"本尼迪克特把这叫作"随机应变的现实主义"，认为"当情况有变时，日本人也能改变其态度，转向新方向"，但不能不说，这种"随机应变的现实主义"之所以能够实现，乃是源于日本人那种一旦发现情况有变，就能够适时放弃，忌讳执拗的国民性。因为"日本人不像西方人那样把改变态度视为道德问题"，所以，"他们并不感到有固守老主义的道德必要"。

正如赖肖尔指出的那样："……不知道是不是由于天灾的缘故，日本人不得不表明自己的行为具有较高的灵活性，但他们根据自己以情境为中心的伦理，认定情境需要采用新的方法去面对时，即使突然在态度上发生逆转，也大多会得到社会的认可。"即是说，很可能是由于包括台风、地震在内的天灾的影响，日本人养成了根据各个情境来设定相应的行动基准的习惯，因此，日本人的行为基准具有"情境中心"的取向，且被认为是妥当的，受到社会的认可。而且，作为同一个人的行动，存在着在旁人看来不无矛盾的地方，但他们却能巧妙地区别使用各个不同的行动基准，具有针对变化的情境而做出富有弹性的应变措施的能力。

既然日本人能够在执着中根据情境的变化断然选择放弃，那么，另一种完全相反的情形也就变得不无可能：用和过哲郎的话来说，就是被包含在忍耐中的反抗会屡屡挟持着台风般的猛烈，突发性地熊熊燃烧。就像美国人克里斯托弗所说的那样，日本人"在开始很长一段时期内，可以静悄悄地甚至是谦恭地忍受冤苦，然后有一天突然以迅雷不及掩耳之势爆发出来，不顾任何后果，这就是日本式的反应"。在他们身上存在着一种微妙的机制，可以在持续的忍耐和突发性的反抗之间来回转换，而又并不影响他自身的一贯性。怪不得本尼迪克特说："实际上日本人丝毫未变，他们的反应是与其秉性相一致的。"也许正是在这种意义上，和过哲郎断言说，潇洒地断念，突然由反抗转向忍耐，淡然地忘记，这样的国民性格可以制造出某些特殊的历史现象，甚至达成某些在其他国家无法实现的社会变革。同样作为战后的占领政策，美国在伊拉克的占领行动遇到了伊拉克人的顽强抵抗，遭受了重大的挫折。尽管由于存在着时代背景、战争性质等诸多不同的因素，不能进行简单的类比，但美军对日本占领的成功与对伊拉克占领的失败，似乎不能完全排除两国国民性差异所带来的影响。

显然，被和过哲郎称之为台风性格的日本国民性也在他们的审美意识里打上了深深的烙印。比如，古典能乐和文乐中那缓慢沉重的节奏，演员笨重单调的动作，断断续续的太鼓声，涩滞哀怨的三弦琴声，无不营造出一种阴森静谧而又惊心动魄的感觉，总觉得在那种单调、沉郁的重复中孕育着某种可怕的激情。而日本电影中那些沉默寡言、面无表情的"酷男型"主人公却在内心深处藏匿着暴风雨般的激情，只等某个适当的时机，就像火山一样猛然爆发，创造出一连串的奇迹，然后又悄无声息地回归于平静，回归到像是台风吹过之后那种死一般的沉寂。高仓健之类的冷酷硬汉形象无疑也是日本国民那种台风性格在文学艺术叫，的审美反映。

（六）地震与日本人"天然的无常观"

如果说台风是在一定的季节，按照一定的方向袭击而来的自然灾害，因此属于从某种程度上可以采取对策的威胁，那么，地震则是从地下向人们垂直地发动突然袭击的威胁，让人们无处逃遁。从某种意义上说。台风可以依靠建立人与人之间的连带互助网络来加以应对，属于与伦理、道德问题有着深刻关联的自然灾害，而地震则由于其突发性和绝对的破坏性，在人们心中唤起的是属于存在论范畴的不安和恐惧，属于与宗教式的恐惧感、不安感密切相关的自然灾害。而日本列岛存在着大量的断裂带，经常爆发破坏性的地震。1923年9月1日，日本发生了"关东大地震"，由此引发的火灾将东京和横滨夷为平地，13万人在地震中不幸丧生。1995年1月17日，关西地区发生阪神淡路大地震，死亡6300人，受伤43000人，毁坏房屋达20.9万户，成为日本战后最大的自然灾害。已经成为世界第二大经济强国的日本，尽管科学技术在世界上名列前茅，对地震的研究也堪称先进，但在破坏性的地震面前，依旧是无能为力，束手无策。根据历史资料记载，东京一带大约每隔60年就会周期性地发生强烈地震，因此，日本人一直忧心忡忡，担心东京在不久的将来又会发生另一次强感地震。可以说日本人总是生活在地震的阴影下，因各种地震而引起的房屋振动已成为日常的风景，关于地震的报道经常充斥着电视的屏幕，不时提醒着人们，像地震这样的天灾就藏匿在身边，随时都在伺机爆发。

寺田寅彦（1878—1930）是曾经留学德国和法国的物理学家兼文学家，他在《天灾与国防》一文中指出，日本与西欧各发达国家相比，无论是从地理位置上，还是从气象学，地球物理学的角度看。都受到了特殊环境的制约。寺田把其中最重要的一点称之为"天变地异"，认为由此产生的烦恼反而给日本的国民性带来了正面的影响。他写道："数千年灾难的考验造就了日本国民所特有的、种种优秀的国民性，这也是事实。"

在《日本人与自然观》一文中，寺田寅彦对西欧的自然和日本的自然进行了一番比较，指出西欧的地理条件相当稳定，其理由是没有地震。在欧洲，尤其是西欧，地震格外少见。特别是法国和英国，几乎是处在地震的空白地带上。他因此而断言，正因为有稳定的自然条件，欧洲的自然科学才得到了发展，才可能对自然进行客观的观察和定量分析。比如，对于英国人来说，石头建造的房屋就像征着永恒。与此相对，日本列岛的自然处于极不稳定的状态中，而最大的原因就是地震。几千年来，日本人就生活在不知道地震会在何时降临的自然条件中。"我们脚下这些常常被用来喻作岿然不动的大地却不时发生震动，具有这种体验的国民和没有这种体验的国民，其自然观出现巨大的差异，也是不足为怪的吧。"一旦发生地震，居住在日本列岛上的人们就只能降服于自然的威胁，听天由命，从一开始就打消了与自然抗争的念头。而只能从自然的威胁中去学会如何管理危机。显然。地震不是一种孤立的地质现象，与气候学、地形学、生物学都有着种种微妙的联系。日本人为了应对地震，必然对相关的各种现象进行致密的观察，结果培养了日本人对环境观察的精密和敏捷，还磨炼了他们对自然的奥妙与神秘所持有的敏锐感觉。而且"对自然的神秘与威力所知越深，人们就对自然越发顺从，不再抗拒自然，而是以自然为师，利用自古以来与自然打交道的经验，努力地去适应自然环境。"因此，不同于西方科学对自然采取攻击性和征服性手段的性格，日本的科学在自然面前采取的是对症疗法式的、非攻击性的态度。

对自然的顺从。对风土的适应——这就是寺田寅彦所谓的危机管理思想。在日本人针对不安定的自然所积累的生活智慧中，存在着很多危机管理的生活智慧，以及民族智慧。日本人具有强烈的危机意识，凡事都要从最糟糕的方面去考虑，从不敢掉以轻心，并千方百计防患于未然。或许这也是小松左京那部虚构日本列岛即将沉没在大海里的小说——《日本沉没》能够畅销日本，发行量高达400万册的原因吧。而书店里，类似《日本面临挑战》《日本的危机》等的书籍比比皆是，就像足一个个报警器，构成了一套超敏感的报警系统。提醒日本人要有杞人忧天的精神。比如人们经常举到的一个典型例子是，敏锐的危机意识和危机管理体制使日本人能够从中国鸦片战争的教训中警觉到危机的迫近，发出"鸦片战争虽为国外之事，但足为我国之戒"的感慨，从而下定决心踏上现代化的进程。

对于日本人而言，自然具备这样一种微妙的性格：自然既是一旦发飙，就让人无所适从的狂暴的"严父"，而另一方面，自然又是把人类丰饶地拥入怀抱的"慈母"。"尽管如此，无论当自然是人们的慈母之时。也无论当自然是生活的破坏者之时，都没有比日本人更热爱自然的国民了。即便当自然在人们头上施展淫威之时，我们的祖先也没有记恨自然。不管自然的淫威如何宣泄在人们营造的事物上，人们都只是抱着一颗自省之心。他们把这看作神明的规诫，当作自我反省的食粮。"日本的文学、学术、美术等就是因为在与慈母般的自然所建立的共存关系里，才得以绽放出美丽的花朵。无论是《万叶集》中那些歌咏自然的占老和歌，还是川端康成的小说世界，也不管是宫泽贤治那些带有神秘色彩的诗歌，还是东山魁夷笔下描摹风景的绘画，无一不是诞生在与慈母般的自然所建立的一体关系中。一旦接触到慈母般的自然，日本人自身就被包容在了那种自然之中，一旦接触到慈母般的自然，人甚至可以从寂静的森林中聆听到神的声音,在荒无一人的山野里与风景对话。这是一种相信天地万物均有灵魂栖息,有生命驻留的信仰。只要翻开日本最古老的诗集《万叶集》就会发现,在古代日本人眼里,茂密的树木并非没有生命的物象,其中驻留着超越自然的神灵。山峦也不是单纯土块的堆积,而被看作是具有灵异性的神秘存在。这种在自然中获得的神秘体验,并不是像现代人那样经过缜密思索或洞察而得到的理性概念,而是古代人在接触到山川草木的那一瞬间所获得的心灵感悟。这种泛神论式的自然观至今还延续在日本人的血液深处中。

对自然的顺从和对风土的适应,这是日本人在不安定的自然面前所积累起来的智慧,并由此造就了日本的科学。与有着"严父"与"慈母"这样一种双重性的、不安定的自然打了一万年的交道,不得不经常笼罩在地震的荫翳下,这使日本列岛上的人们难以得到稳定的安全感与永恒感,而最终抓住的乃是"天然的无常观",换言之,是作为"自然之摄理的无常观"。这就是寺田寅彦得出的结论。

有人说,在单调荒凉的沙漠国家,只可能产生一神教。而在像日本这样拥有多彩多姿的、变幻无穷的自然国家,诞生八百万神明,并一直受到崇拜,乃是理所当然的吧。山川草木悉数皆神,亦悉数皆人。这是因为唯有崇拜他们、服从他们,生活和生命才能得到保障。另一方面,因地形而决定了居民的定居性和土著性,其结果是在各个村落建立了镇守的神社。

这也是日本的特色。佛教从遥远的土地移植过来,在这里生根、发芽、持续生长。必定是因为其教义所包含的各种因子乃是与日本风土相适应的缘故。想来,存在于佛教根底的无常观与日本人自身的自然观有着相调和的地方,不也是其因素之一吗?这是因为毋庸引用鸭长明的《方丈记》也足以知道,对于居住在地震、风水等灾难频繁而又完全不可预测的国土上的人来说,天然的无常观化作了源自遥远祖先的遗传性记忆,而渗透到了五脏六腑之中。

寺田寅彦在这里所表达的意思是,无常观并不是佛教从迢遥的印度带到日本这块土地上来的舶来品。在佛教传入日本之前,日本列岛特有的地质条件就在日本人心里孕育了世事无常的观念。佛教的无常观进入日本以后,因恰好迎合了这种天然的无常观,而一下子在日本蔓延开来。但如上所述,由于日本列岛的自然环境、地理条件的特殊性,日本人这种"天然的无常观"乃是泛神论式自然观的胞兄,所以,佛教在日本的传播与在其他国家出现了不尽相同的形式,形成了所谓"神佛习合"的特殊形象。

二、日本文化历史

（一）古代

日本民族有着悠久的历史。根据考古所发现的石器和人骨，大约一万年前的旧石器时代，日本列岛上就已经开始有人居住了。由于现在人们对旧石器时代人类在那里的生活状况还知之甚少，因此，在论述日本起源时一般多从新石器时代开始。

1. 绳纹文化

在日本列岛上的新石器时代的历史遗址中，大量发现手制的黑色陶器，因这些陶器四周有草绳滚轧而成的花纹，故这种陶器所代表的文化称为"绳纹式文化"。绳纹文化的时代大约在1万年前至公元前3世纪前后。当时的社会尚处在母系氏族社会阶段，人们开始定居在竖坑式草屋里，以狩猎、捕捞、采集为生，构成了没有贫富与阶级差别的社会。

2. 弥生文化

公元前3—2世纪到公元3世纪，日本进入了弥生时代。由于水稻种植和金属器具使用技术由中国或经朝鲜半岛传入日本，给日本社会带来了划时代的变化。日本由石器时代进入了铁器时代，由狩猎、捕捞、采集经济急速转向以稻作农耕为主的经济。随着生产力的提高，贫富不均的现象出现了，阶级差别开始形成了。弥生时代中期，日本开始从原始公社制向奴隶制社会过渡。

3. 古坟文化

公元3世纪到7世纪，以前方后圆为代表的古坟，以畿内为中心遍及日本各地，标志着日本进入了新的文化时期。由于阶级的形成和部落群体的分化，日本各地纷纷建立了许多小国，公元5世纪初，大和国四处征讨其他小国，终于统一了日本。这个时期是中国许多知识、技术传入日本的时期。日本已开始使用中国的汉字，接受儒教，佛教也传入日本。大和国从兴到衰历经300多年，是日本奴隶制由兴盛走向没落的时代。

4. 大化改新和古代天皇制的确立

"大化"是孝德天皇的年号。公元646年，孝德天皇公布革新诏书，仿照中国唐朝的律令制度进行一系列政治改革，建立一个以天皇为中心的中央集权国家，史称"大化改新"。这次改革标志着日本开始进入封建社会。

公元710年，日本定都平城京（现在的奈良市以及近郊），开始了"奈良时代"。奈良朝廷注意吸收中国的文化和技术，多次派遣留学僧和遣唐使到中国学习。奈良时代后期，内争纷起，皇室和贵族之间的矛盾日益激化。为削弱贵族和僧侣的力量，8世纪末，日本将都城移至平安京（现在的京都市），从此开始了长达400多年的"平安时代"。由于土地兼并，封建庄园开始出现。10世纪后，庄园遍及全国各地，导致了政治上的封建割据，伴随庄园制度成长的新兴武士势力也登上了历史舞台。当时以关东西的平（清盛）氏两个武士集团势力最大，两，一直持续到12世纪末。

（二）中世

从12世纪末的镰仓时代，经过室町，再到战国时代酌400年间，成为中世，是日本社会处于封建割据的发展阶段。既是地方的时代，也是武士的时代。

1. 镰仓幕府时期

12世纪纪木，源赖朝受封征夷大将军，并在关东镰仓建立日门本历史上第一个幕府政权，从此诞生了武士政权。镰仓幕府统治的主要支柱是将军与直属武士之间的主从关系，表面上尊重天皇和朝廷，实际上"挟天子以令诸侯"；13世纪后期，幕府的武士统治开始面临困难，镰仓幕府逐渐走上灭亡的道路。

2. 室町幕府时朗

14世纪的前半期，征夷大将军足利尊氏在京都的室町设立幕府，这之后的200多年里，大部分时间是各种封建统治势力互相混战。由于室町幕府是聚集了有实力的诸侯一大名而建立的，因此幕府本身的统治能力薄弱。1467年（应仁元年），"应仁之乱"爆发，全国各地的大名互相攻伐，室町幕府摇摇欲坠，名存实亡。

3. 战国时代

"应仁之乱"后，日本出现一个长达百年的群雄割据时期，战火纷飞，民不聊生，涌现出一批如武田、上杉、毛利等战国大名。

（三）近世

从征服战国大名从而统一了天下的织田—丰臣政权的建立，到江户时代德川幕府政权的结束，史称近世。

1. 安土、桃山时代期

16世纪中叶，一位决心以武力统一日本、结束乱世的枭雄出现，他就是织田信长。织田信长逐步统一尾张、近畿，并准备进攻山阴、山阳，在此期间，信长修筑了气势宏大的安土城。因此，信长的时代被称为"安土时代"。

天正十年（1582），本能寺之变爆发，信长身亡。织田家重臣羽柴秀吉经过四国征伐、九州征伐、小田原之战，逐步统一日本。后被天皇赐姓"丰臣"，并受封"关白"一职。丰臣秀吉的时代被称为"桃山时代"。

庆长三年（1598），丰臣秀吉在伏见城病逝。丰臣家分裂为近江（西军）和尾张（东军）两派。身为丰臣政权五大老之一的德川家康于庆长五年（1600）发动关原合战，大败西军，建立德川政权。庆长八年（1603），德川幕府建立，战国时代结束。

2. 德川（江户）幕府时期

庆长八年（1603），德川家康受封征夷大将军，在江户（现东京）建立幕府政权，此后260多年，德川幕府统治全国。这段时期被称作江户时代。德川幕府对内加强中央集权，抑制诸藩，把全国四分之一作为幕府的直辖领地，其余的土地分给269家大名进行统治，将军和大名又把土地层层授予家臣和下级武士。此外，还把人分成4个等级，即武士、农民、手工业者和商人。对外则下令锁国。除开放长崎作为对外港口外，一律禁止外国人来日本，也禁止日本人远渡海外。

（四）近现代

19世纪中叶，欧美列强用炮舰强迫日本打开了闭关自守的大门。

1. 明治维新

江户幕府末期，天灾不断，幕府统治腐败，民不聊生。且幕府财政困难，使大部分中下级武士对幕府日益不满。同时，西方资本主义列强以坚船利炮叩开锁国达200余年的日本国。在内忧外患的双重压力下，日本人逐渐认识到，只有推翻幕府统治，向资本主义国家学习，才是日本富强之路。于是一场轰轰烈烈的倒幕运动展开了。1868年1月3日，代表资产阶级和新兴地主阶级利益的倒幕派，在有"维新三杰"之称的大久保利通、西乡隆盛、木户孝允的领导下，成功发动政变，迫使德川幕府第15代将军德川庆喜交出政权，并由新即位的明治天皇颁布"王政复古"诏书。这就日本历史上的"明治维新"。日本从此走上资本主义道路。

1868年（明治元年），明治天皇迁都江户，并改名为东京。之后从政治、经济、文教、外交等各方面进行了一系列重大的改革，推行富国强兵政策，使日本国力逐渐强大，并走上侵略扩张的道路。后来在中日甲午战争（即所谓"日清战争"）中击败北洋舰队，迫使清政府割地赔款，占据我宝岛台湾。在日俄战争（即所谓"日露战争"）中，全歼俄国太平洋舰队和波罗的海舰队。日本成为帝国主义列强之一。

2. 大正、昭和时代

与明治时代取得的历史性进步相比，大正天皇时代被称为"不幸的大正"。大正天皇在位15年，政绩远不如明治，而且他一生为脑病所困，最后被迫让权疗养，由裕仁亲王摄政。

　　1926年，裕仁登基，年号"昭和"，即昭和天皇。昭和时代前20年，对于中国、朝鲜、东南亚及太平洋地区的人民来说，是黑暗的20年。这时的日本政府致力于侵略扩张。1931年（昭和六年），"九·一八"事变爆发，日军侵占我国东北。1937年（昭和十二年）7月7日，日军挑起"卢沟桥事变"，发动全面侵华战争。同年12月13日，侵华日军占领南京，发动了长达6周、惨绝人寰的"南京大屠杀"，约30万中国军民惨死在侵略者的屠刀之下。1941年（昭和十六年），日军偷袭珍珠港，太平洋战争爆发。这一时期，不仅给中国、朝鲜半南亚及太平洋地区的人民带来深重的灾难，也给日本人巨大痛苦和困难。这是日本历史以及中日关系史上最黑暗的时期。

　　1945年（昭和二十年）8月15日，日本无条件投降。美军占领日本，迫使日本进行一系列变革，改日本专制天皇制为君主立宪制，天皇仅作为日本的象征被保留下来：

　　此前日本历届政府追随美国，采取反华政策，缔结所谓"日蒋条约"。

　　1972年（昭和四十七年）7月，田中角荣出任首相，开始执行"多边自主"外交。同年9月，田中访华，于9月29日同周恩来总理签署《中日联合声明》，宣布中日正式建交，使两国关系走上正常化。1978年8月中日两国缔结《中日和平友好条约》；同年10月邓小平副总理应邀访问日本，宣布《中日和平友好条约》正式生效。从此，用法律形式确立了和平友好的中日两国关系。

第二章 日本古代文学发展

第一节 上代文学

一、上代文学的诞生

日本人是何时开始有语言的，不得而知；日本文学是何时产生的，这个也不得而知，从这个太古洪荒时代到奈良时代结束（794），日本文学史一般称之为"上代"。

日本人的祖先在这个列岛上生活了数万年之后，迎来了新石器时代，它一直持续到公元前三世纪左右，被称为"绳文文化时代"。人们在列岛上狩猎、捕鱼、采集野果。到了绳文文化晚期，从中国传入了种稻技术，稻在日本渐渐普及开来后，形成了农耕社会。从公元前三世纪左右至公元三世纪左右，在日本历史上，一般被称为"弥生文化时代"，这期间，铁制农具得到普及，因此，水稻生产得到了飞速发展。由于农业生产需要人们互相帮助，类似于村庄这样的居住形式出现了。这些小村庄渐渐发展壮大后，类似于国家性质的集团就产生了。到四世纪，大和朝廷将这些小集团统一起来，七世纪左右，形成了中央集权制的律令国家。国家派遣隋使到中国学习先进的文化并带回日本。当中国到了唐代后，又派遣唐使，将中国的先进文化制度包括佛教文化以及茶种带到了日本。

794年，日本的首都从奈良迁到京都，从此，奈良时代结束，文学史也进入中古时代。古时京都被称为平安京，因此，中古时代也称平安时代。

人们在劳动过程中，发现大自然是神秘莫测的，不知何时会刮风下雨，人们因此对大自然产生敬畏之情，并当成神来崇拜。至今，日本人仍然认为，河流山川、世间万物都有神灵栖息着。人们为了平安，开始向神祈祷。祈祷时不仅要念念有词，还要有身体动作，因此，文学产生了，表演也产生了。

公元六世纪时，遣隋使及其后的遣唐使将佛教传入日本的同时，也将汉字带到日本,从此,人们口头传诵的诗歌、神话、祈祷文等均可用文字记载了。

日本在同朝鲜及中国接触的过程中,渐渐唤起了历史意识,对朝鲜、中国来说,"日本也是一个国家"。这种国家意识日益鲜明起来后,日本人开始编撰《古事记》《日本书纪》及《风土记》等史书。《古事记》是为了强调天皇统治的正统性而写给日本人看的,而《日本书纪》从书名即可知是写给外国人看的。

随着耕种技术的发展,人们的生活安定了下来,于是有暇学习文字书写。当人们能熟练地运用文字后,就开始用这些文字来抒发自己的感情,在民间散落了许许多多的诗歌,后来,有人将这些诗编成了诗集,那就是《万叶集》。

上代文学是人们在与自然相处中形成的,其中包含了人们对自然的敬畏和祈祷自然赐恩这些心情,同时还包含了人们在生产过程中的悲喜心情,因这些心情都是直截了当地表达出来的,因此,上代文学被人们称为"真诚"的文学

二、《古事记》

编者为太安万侣,成书于712年,为日本现存的最古老的书籍,共分上、中、下三卷。上卷主要是神话,颇具可读性。中、下卷主要以历代天皇的家谱为中心,收录了一些皇族及英雄的传说。编该书的主要目的是为了诏示天皇统治的正统性。该书明确告诉人们,天皇是神的子孙。据说,该书是根据天武天皇及元明天皇两代天皇的命令写成的。虽说有这样的目的,但书中的神话传说却也同时给后代人展示了当时人们对事物的看法,古代人们丰富的感情世界也可从中略见一斑。

《古事记》节选

须佐之男命被放逐后,下到了出云国肥河上游一个叫鸟发的地方这时有筷子顺河水从前面流过来,须佐之男命想,这河的上游肯定住着人家,于是走过去看,发现一对老夫妇正围着一个女孩哭。即问道:"你们是谁?"老夫回答:"我是土神大山津见神的儿子,我叫足名椎,妻子叫手名椎,女儿叫栉名田姬。"又问:"你们为何哭泣?"答说:"我原来有八个女儿,可是这附近有个长着八头八尾的妖精,每年来吃我女儿,现在又到了来吃的时候了,所以才哭的。"须佐之男命问:"那怪物长什么样?"回答说:"眼睛像红色的酸浆果,一个身体上有八头八尾,身上还长着苔藓、扁柏和杉树。身体奇长无比,可以横亘许多山谷和山峰,看它的腹部,像是整天浸在血中似的。"听完这些,须佐之男命对老夫说:"能否把你的女儿给我?"老夫答:"不好意思,

还未请教尊姓大名呢。"须佐之男命就说："我是天照大神的弟弟,刚从天上下来。"于是,足名椎手名椎就说："那就给你吧。"

须佐之男命迅速将女孩变成爪形梳插到自己头上,对老夫说："你们赶快酿些烈酒,再建一个围墙,在围墙上建八个门,每个门上放八个台子,每个台上放上酒碗,每个酒碗里倒满烈酒,然后等着。"老夫妇按须佐之男命说的一一做完,正等待时,那怪物果然来了。怪物把头浸到每个酒碗里很快把酒喝干,不一会醉倒睡去了。这时须佐之男命拔出佩在腰间的十拳剑,将那蛇砍死,肥河顿成血河,但当砍其尾时,发现刀刃卷了,须佐之男命觉得奇怪,就用刀尖刺刺看,结果在蛇身上发现了一把大刀,觉得不可思议,就把这事告诉了天照大神,原来是一把烈蛇刀。

后来,须佐之男命想在出云国建宫殿,当他来到须贺(现在的岛根县)时,发现这里令人神清气爽,于是在这里修了宫殿,因此,这地方至今仍叫须贺。当宫殿刚开始建造时,周围涌起了许多云,他于是吟诵了首诗:

　　　　层云翻卷
　　　　出云国八重栅
　　　　围着我妻
　　　　我造的八重栅
　　　　啊!八重栅

须佐之男命叫来了足名椎对他说："我委托你为我宫殿的管理员。"并赐名为稻田宫主、须贺之八耳神。

上卷　须佐之男命

三、《日本书纪》

编者是舍人亲王,于720年成书。共30卷,是为了向外国(主要指中国)显示日本的国威而编的所谓正史。受中国史书影响,也采用编年体的方式,这成了以后正史编撰的范本。内容有许多是和《古事记》重复的。主要是从神代至持统天皇为止在朝廷流传的神话和传说等。

四、《万叶集》

是日本现存的最古老的诗歌集,共20卷,大约收录了四千五百首诗。作者有天皇,也有普通百姓。八世纪后半期由大伴家持编辑而成。表记用的是万叶假名,即将汉字作为表音文字来用。共收集了从六世纪初至七世纪中期的一百多年间的诗歌。由于收录的诗歌创作时期不同,诞生的先后时间跨度很大,因而其风格也大不一样。前期较朴素,其代表诗人有额田王,她被认为是能代表《万叶集》诗风的女诗人。后期的诗歌中风格优雅情感细腻的较多。代表诗人有大伴旅人、大伴家持等。

但见紫草丛中
你挥着衣袖
不怕看守看见吗

——额田王

如紫草般美丽的你
我怎能恨呢
你虽已是别人之妻
可我却欲罢不能

——大海人皇子

这是两个人的赠答诗额田王其时是大海人皇子的嫂子,可这两人却互相爱慕。这两首诗都较直白,属于前期较朴素的诗,排列在《万叶集》的第二十和二十一首。

蓦然抬头
只见一弯新月挂空中
恍惚间
疑为她的画眉

——大伴家持

这首诗是《万叶集》编者大伴家持所作。排列在第九十九首。是家持的早期诗作。

第二节 中古文学

一、中古文学概述

794年,日本将首都从奈良迁到京都,从这一年起,至源赖朝开镰仓幕府(1192年)为止的大约四百年间的历史,被日本史学家称为中古时代,也即平安时代。

朝廷将首都迁至平安京(京都),试图再建律令政治,然而,九世纪以后,以藤原为首的贵族们开始大量拥有庄园,势力不断扩大,这从根本上动摇了以土地公有为基础的律令政治。九世纪中期,藤原良房当上了"摄政"(即摄关政治的开始),掌握了实权,贵族阶级开始兴起。到十一世纪初藤原道长时,摄关政治达到鼎盛期。然而到了十一世纪末,白河上皇开始"院政",藤原家族逐渐失势。院政持续了大约百年,此间,武士阶级逐渐进入中央政权,到十二世纪后半叶,平氏掌握朝政,贵族阶级开始没落了。

九世纪末,中国唐朝开始衰败,日本废除了遣唐使,转而扶持自己的文化。这时,假名出现了。日本人运用假名,写出了更多的诗歌,《古今和歌集》诞生了。由于假名的出现,人们可以更自由自在地运用文字来表达自己的思想感情。这时候,散文、随笔、日记及物语(即故事)等大量涌现,并且出现了女子文学繁荣的景象。物语方面有虚构的《竹取物语》歌物语《伊势物语》和世界闻名的紫式部的《源氏物语》。随笔方面有清少纳言的《枕草子》,日记方面有纪贯之的《土佐日记》、和泉式部的《和泉式部日记》以及紫式部的《紫式部日记》等。

二、《古今和歌集》

编者纪贯之等,于905年编成共20卷,是根据醍醐天皇诏令编写的,是日本最早的敕选诗歌集。该书收录了自《万叶集》以后至编写年为止约一百五十年间共一百三十人左右的一千多首诗歌。绝大部分是关于季节和恋爱的诗。《古今和歌集》里诗的风格与《万叶集》的不太样,不是直截了当的感情表达,而是通过一些比喻、双关语等修辞手法表达一种较理智的、观念性的东西。与《万叶集》的雄壮相对应,《古今和歌集》显示出一种柔媚的风格。

在作者中,有六个人是当时颇有名的诗人,被称为"六歌仙"亦即"六诗仙",其中有两位值得一提,其一是在原业平,他是位美男子,《伊势物语》就是以他为原型创作的。另一位是美女诗人小野小町,她是日本家喻户晓的古代美女,犹如在中国民间流传着许多关于西施的故事一样,在日本也有许多与小野小町有关的故事传说等。如果用现代人的做法即进行选美活动的话,她可谓是第一届日本小姐。

> 不知是否日日思念你的缘故
> 梦中竟遇见了你
> 早知是梦境
> 何必匆匆醒呢
>
> ——小野小町

在这春光温暖的日子
花儿们为何不安地
从枝头凋落呢

——纪友则

忘了起床忘了就寝
就这样日复一日地
呆望春景

——在原业平

三、《竹取物语》

日本现存的最古老的物语，被誉为物语文学之父。作者不详，大约成书于九世纪末。该书描写了一位老者去山上砍竹，竹子里有个小女孩，带回家后迅速长成了一个美丽的大姑娘，取名为光姬，她拒绝了所有人的求婚，最后回到了天上。这部小说开日本浪漫主义小说之先河。

《竹取物语》节选

八月十五日，月亮刚出来一点点，光姬就哭得更伤心了，连别人的耳目也不顾忌。父亲见此情景忙问："什么事啊？光姬边哭边说："我以前一直不想说，但时至今日，我不得不说了。我本不是这个地方的人，是月亮上的人，因了前世的因缘，我来到了这个世界，今天我必须回去了。约好这个月的十五日，月亮上派人来接我，我想躲也躲不掉。从春天开始，我一想起这事就伤心。"老翁听了说："这是怎么回事啊，我在竹子里发现你时，你只有菜籽那么大，是我一手把你养大的，你是我的孩子，看谁敢来把你带走。"说着竟也哭起来，并哀号着"我还不如死了算了。"此情此景，令人伤心欲绝。

四、《源氏物语》

作者紫式部，完成于 1008 年左右，通过小说这个虚构的世界，描写了主人公光源氏的一生及其儿子薰的半生。作品以这两个人物为主线，将奢华的宫廷贵族社会的内部矛盾、争权夺利、勾心斗角以及"大情圣"光源氏的爱与苦恼刻画得淋漓尽致，是一部写实主义的长篇巨著。

书中涉及了四代天皇，历时七十余年，登场人物约四百九十人。其场面宏大，结构严谨，构思也很巧妙。

全书共五十四帖，一般分成三部分。第一部分是前三十三帖，描写的是光源氏从出生至三十九岁之间的事情。其间光源氏拈尽人间百花，后被流放，最后又回到宫中，位至准太上天皇，享尽荣华富贵。

第二部为其后的八帖，描写光源氏在遭遇了正妻三公主的背叛又失去了最爱的紫上后的苦恼，及至做出出家的决定后光源氏的晚年生活。

第三部分是最后的十三帖，描写了光源氏死后，他的儿子薰（实为柏木之子）为自己的出身而感到苦恼，试图在宗教里寻求解脱，另一方面却又陷于纠缠不清的爱之旋涡里。表述了一种今生得不到幸福就去来世寻求的佛教的轮回思想。

整部作品洋溢着一种无常观，可以说是一部贵族社会的盛衰记。它将自然与人事巧妙地融合在一起，贯穿于作品始终的是一种被称为"物哀"的情趣。这种情趣是成熟的王朝贵族文化达到顶点时的一种最高的审美意识。

《源氏物语》节选

话说从前某一朝天皇时代，后宫妃嫔甚多，其中有一更衣，出身并不十分高贵，却蒙皇上特别宠爱。有几个出身高贵的妃子，一进宫就自命不凡，以为恩宠一定在我，如今看见这更衣走了红运，便诽谤她，妒忌她。和她同等地位的，或者出身比她低微的更衣，自知无法竞争，更是怨恨满腹。这更衣朝朝夜夜侍候皇上，别的妃子看了妒火中烧。大约是众怨积集所致吧，这更衣生起病来，心情郁结，常回娘家休养。皇上越发舍不得她，越发怜爱她，竟不顾众口非难，一味殉情。此等专宠，必将成为后世话柄。连朝中高官贵族，也都不以为然，大家侧目而视，相与议论道："这等专宠，真正叫人吃惊！唐朝就为了有此等事，弄得天下大乱。"这消息渐渐传遍全国，民间怨声载道，认为此乃十分可忧之事，将来难免闯出杨贵妃那样的滔天大祸来呢。更衣处此境遇，痛苦不堪。全赖主上深恩加被，战战兢兢地在宫中度日。

敢是宿世因缘吧，这更衣生下了一个容华如玉、盖世无双的皇子。皇上急欲看看这婴儿，赶快教人抱进宫来。一看，果然是一个异常清秀的小皇子。

这个小皇子就是光源氏，这是《源氏物语》的开头一段。一开头就提到了唐朝，提到了杨贵妃，可见作者紫式部是多么精通汉学。在平安时代，女性是没有自己名字的，只被唤作某某女、某某母之类，而就在这种男尊女卑极其盛行的时代，在女人无丝毫社会地位的时代，紫式部这位才女写出了如此气势恢宏的长篇小说，真是一大奇迹！

平安时期，不仅是紫式部，还出现了许多其他的女性作家，如：《蜻蛉日记》的作者藤原道纲之母,《枕草子》的作者清少纳言,《和泉式部日记》的作者和泉式部,《更级日记》的作者菅原孝标之女等。可以说,平安时代是日本文学史上才女辈出的时代

五、《枕草子》

作者清少纳言,成书于 1001 年左右,是一部随笔集,它和后来的《方丈记》《徒然草》被称为日本文学史上的三大随笔。当时藤原道隆为了巩固自己的地位,千方百计想把自己的女儿定子嫁给天皇,于是请了清少纳言作为伴读,教定子诗书文章,很快,定子就被召入宫,并很快被立为皇后。而与此相对应的是藤原道隆的弟弟藤原道长,为了不输给哥哥,也千方百计想把自己的女儿障子嫁入宫中,于是聘请紫式部作为其家庭教师,障子也随定子之后嫁给皇帝,并且比定子更快地怀上了皇太子。这是藤原兄弟的明争暗斗,也是两家女儿的争宠之战,更是两位女文豪的较量。人们常常拿紫式部和清少纳言作比较,前者属于稳重内向型,后者属于外向开朗型。紫式部的《源氏物语》充满了伤感的情调,而清少纳言的《枕草子》却充满了情趣,显示了作者对人世、对自然具有敏锐的感受和观察能力,且具有独到的审美情趣。

《枕草子》节选

最扫兴的事是:白天狂吠的狗、乡下熟人寄来的信里没夹带礼物。

最讨厌的事是:正在办急事时来了长话不断的客人、在火炉边将手心手背不停地翻动,欲将手上的皱纹拉平了烤火的人……

最罕见的事是:被丈人表扬的女婿、被婆婆喜欢的媳妇、不说主人坏话的佣人……

远远近近的是:船路(看似就在眼前,可开起来却很远)、男女关系……

以上列举的部分是对存在于人们身上的某些心理现象所作的善意的讽刺。《枕草子》对自然的赞美也是很独特的。

春天是黎明时分最有情趣。渐渐泛白的山那边的天空变亮了,微紫的云缕缕地飘忽起来时是最有趣的。

夏天的夜晚最值得吟味,月亮出来后自不必多言,没有月色的暗夜也很妙。萤火虫点点闪烁时也极有味,一只、两只,闪着微光,飞来飞去的,也显得风情万种。夏夜下点雨也是别有一番风味的。

秋天要数傍晚了,夕阳渐渐西沉,乌鸦归巢,三四只、两三只地急急飞过时,极有趣。雁阵飞过,渐渐变小,那又是何等有趣!日落处,听风声虫

鸣，其美妙也是难以言表的。

冬天最美的是清晨，下雪时自不必说，下着白霜，或无霜的日子也让人觉得寒冷，急急地升起火来，抱着炭在廊上走来走去，这种情景也很相宜。到了中午，寒气渐退，火钵的火也变成了一堆白灰。

第三节 中世文学

一、中世文学概述

一般将镰仓幕府成立的1192年至江户幕府成立的1603年间的约四百年称为中世。其间历经镰仓时代、南北朝时代、室町时代和安土桃山时代。

平安时代末期，平氏夺取政权后，武家成了政治的中心，围绕权利之争的战乱从此峰起，政权更迭速度之快令人目不暇接。在这动乱的背景下，贵族虽然不停地没落下去，可仍保持着对文化的影响力。

另一方面，随着生产的发展，交通工具日益发达，各地方出现了人口的流动，在这种情况下，人们对现实生活的要求提高了，开始憧憬传统文化和异域文化，而且世界观及价值观也相应地发生了变化，出现了多元化倾向。

即使到了武士时代，贵族们仍然没有放弃对王朝美的追求，面对动摇不定的现实世界，贵族们躲进诗的世界，寻求"余情妖艳之美"。这种现象一直持续到了室町时代中期即十五世纪末期。最初提出这种审美理念的是诗人藤原俊成，但到了他儿子藤原定家时，风格开始转变，定家提倡的是幽玄之美，这一理念强调深奥、高雅，表现手法多用象征性性。这种理念后来不仅在诗歌领域，在其他领域也普遍被采用和接纳，因此，幽玄和余情一起成了中世文学的核心。这种理念至今仍在日本人的审美意识之深处流动着，也即日本人在对对象进行审美活动时，幽玄和余情成了一种看不见但却永远存在的潜在性基准。

中世纪战乱频繁，政权不停地更迭。这使得人们对现实世界感到无常。因此，佛教得以迅速普及，在这种背景下产生的文学，无不打上了这种烙印。在这一时期的诗歌、物语、随笔中，这种倾向显而易见。另外，被人们称为"隐者"的出家人也开始从事文学创作，与文学发生关系，如鸭长明的《方丈记》兼好法师的《徒然草》等，这也是中世文学的一个特点。

由于战事频繁，军事物语盛行，其中最具代表性的是《平家物语》。另外，演艺界出现了一位叫世阿弥的艺人，他创造出了一种被称为"能"的剧，带着叫作"能面"的面具，边唱边舞。对"能"的故事进行解说，辅助其演出的那部分被称为"狂言"。狂言至今仍常有演出，有时独立演出，有时放在歌舞伎换幕的中间演出。狂言的内容绝大部分是滑稽和讽刺性的东西。

总而言之，中世四百年，由于其特殊的时代背景，在日本文学史上留下来的作品不是很多，那是因为战事频繁，人们几乎无暇顾及文学创作了。

二、《新古今和歌集》

编者为藤原定家等六人，成书于 1205 年。

上皇后鸟羽院一边与掌握着政治实权的武士阶级对抗，一边对贵族的传统文化诗歌依然保持着很浓的兴趣，他下令编集《新古今和歌集》，自己也亲自参与改定。

《新古今和歌集》20 卷，收录诗约二千首，主要收录的是西行法师及藤原俊成等人的诗。《新古今和歌集》的诗风体现了这个时期的审美意识：余情和幽玄。

《新古今和歌集》

就连我这个不解风情的和尚
也感觉到了秋天的情趣
水边的野鸭正欲飞去
啊！这秋天的傍晚

——西行法师

秋虽已近
却不见鲜花更无红叶
这海边简陋的渔家小屋
淹没在秋天的晚暮里

——藤原定家

还能第二次见到吗
那郊野的樱花
宛如雪一般飘舞
这春日黎明之美景呵

——藤原俊成

三、《平家物语》

作者不详，成书于镰仓时代前期，即 1200 年左右。主要描写了平家一门的隆盛与衰亡。在平家盛衰的约 70 年间，发生了无数场惊心动魄的战争，《平家物语》中对此都有生动的描绘。另外，书中对生离死别的描绘也很感人，其中的几位女性形象充满了哀怨。对平家和源氏两派的武将们的描写更是形象，人物性格鲜明，富有个性。这部小说的深层思想和意蕴仍是佛教的无常观。

《平家物语》节选

祇园精舍的钟声里有诸事无常的余音。释迦牟尼圆寂时，沙罗双树均变成了白色，那上面开的花告诉我们，无论多么兴旺的东西，终究是会衰亡的，那些弄权的人也不可能长久，如变幻莫测的春夜之梦，再威猛的勇士最终也会灭亡，如同风中之尘埃一般。

以上是《平家物语》的开头部分。书中对平敦盛的死前之描写也是颇具意味的。

平家一门被源氏打败，正准备逃跑，这时源氏军中有一人名叫熊谷次郎直实的人冲在最前面追赶残将败兵。他看到前面有一人显得很有气派，断定那是个大将，于是追过去捉住了那人。正准备斩其首级时却发现此人原来只是个十六七岁的美少年，熊谷一愣，想到该少年跟自家儿子差不多大，于是就对他说：你快逃，快逃吧！而这少年却说：我不要你可怜，快杀了我吧。熊谷喊：不，你快逃啊！这时，源氏的军队渐渐近了。熊谷想，他们赶来了也是杀，还不如我来呢。于是流着泪准备取其首级时，问了那少年的名字，少年说自己是无官大夫敦盛，十六岁。熊谷杀了敦盛后心里很痛苦，据说后来皈依了佛门。而敦盛死时身上还挂着一支笛子，那支笛子是鸟羽天皇送给他祖父忠盛、忠盛传给他父亲经盛、经盛又传给他的。十六岁的敦盛当时已是吹笛名手了，据说在作战间隙他常吹笛放松休闲。

这一段可以说是《平家物语》中最经典、最感人的地方。

四、《徒然草》

作者是兼好法师，又名吉田兼好。此书创作于 1331 年左右。前面提到过，它与清少纳言的《枕草子》和鸭长明的《方丈记》并称为日本三大随笔。

《徒然草》将作者对自然、社会、人生状态的深入思考以随笔的方式记录下来，从各个角度以全新的感觉切入这些问题。这本书的内容丰富多彩，其中包括对王朝文化的向往、日常生活中的处世术对自然美的新看法，以及对生死问题的态度等。作者在阐述自己的观点时非常坦率但却不显得生硬让人感到他的教诲很实用。由于兼好法师在诗歌艺术方面也颇有造诣，被喻为和歌（日式诗歌）四大天王之一，因此，《徒然草》显示出其对美的敏锐的感受力和领悟力。这部随笔的思想基础是佛教的无常观、老庄式的虚无主义和儒教的伦理观。周作人在评论这部随笔时说："《徒然草》最大的价值可以说是在于它的趣味性。卷中虽有理智的议论，但绝不是干燥冷酷的，如道学家的常态；根底里含有一种温湿的情趣随处想用了趣味去观察社会万物，所以即便在教训的文字上也富于诗的分子。"

《徒然草》节选

忧患

有遭逢忧患感到悲伤的人，不必突然发心剃发出家，还不如若存若亡地闭着门别无期待地度日更为适宜。显基中纳言曾云："愿得无罪而赏谪居之月"，其言至有味。

自然之美

无论何时，望见明月便令人意快。或云："无物比月更美"；又一人与之争曰："露更有味"。其事殊有趣。其实随时随地无有一物不美妙也。

花月无论矣，即风亦足动人。冲岩激行，清溪之流水，其景色亦至佳美。曾见诗云："沅湘日夜东流去，不为愁人住少时"，觉得很有兴味。

人生大事

为无益之事而费时日者谓为愚人可，谓为谬人亦可。对于君国应为之事已多，其余暇日无几。人所不得不营求者，一食，二衣，三住居。

人生大事不过此三者。不饥、不寒、不为风雨所侵，闲静度日，即为安乐。但人皆不免有病。如为疾病所犯，其苦痛殊不易忍，故医药亦不可忽。三者之上，加药成四。凡不能得此四事者为贫，四事无缺者为富，四事之外更有所营求者为贪。如四事节俭，无论何人当更无不足之虑也。

第四节 江户时代文学

一、江户文学概述

从江户幕府成立（1603年）起至明治维新前（1867年）的大约260年为江户时代。

前面说过，中世是战乱纷争的年代，在无数场战争中，笑到最后的是那个被称为狸子大爷的德川家康。1603年，德川在自己的领地江户（今东京）设立幕府，名为德川幕府，又名江户幕府，自己为大将军。从此，德川时代开始，其间260年，共有15代将军执政。

当时的幕府与属下的藩共同统治这个国家，称为幕藩体制。幕府为了维持这种体制，引进了中国儒教中的朱子学，制定了严格的身份等级制度，将人分为四民，即士农工商，四民之下还有部落民亦称非人。在家庭里规定了家长制。这样，构筑起了一个封建性的社会和家庭秩序。幕府为了维持这个秩序，对外实行严厉的锁国政策。

处于身份制度下层的商人和市民们随着经济的发展，逐渐掌握了经济实权，原来的封建秩序受到冲击，幕藩体制开始动摇了。

在江户时代，木版印刷技术日益发达起来，书籍大量出版，教育也得到了普及，普通老百姓也能接受教育了。因此文学作品的欣赏者从特权阶层向一般的市民阶层扩展。不仅仅是欣赏者，创作者中也出现了普通百姓活跃的身影。

在江户时代的前期，由于历史的原因，首都虽然迁到了江户，但文化中心依然在京都和大阪一带。随着生产的发展，在京阪地区新兴商人阶层抬头的背景下，江户文学迎来了它的最盛期。诗歌方面出现了松尾芭蕉；小说方面出现了井原西鹤和他的浮世草子。在演艺方面出现了净蜜璃，其代表性作家是近松门左卫门。他作品中的主人公常常是那种挣扎于人情和情理之间的苦恼人。但由于这些作品不合幕府的胃口，1716年，幕府开始取缔这些出版物，这无疑阻碍了文学健康自由地发展。

之后，政治文化中心从京都移到了江户，文学的中心也随之移到了江户，文学及演艺又一次出现了繁荣。但这次的繁荣与前次的不同，前次的文学主要是普通市民的文学,因此,它带有较为健康向上的气息,而在这一文学繁荣时期,出现了许多非常练达的城市文学作品,这些城市文学带有明显的享乐性和颓废性。诗歌方面出现了川柳和狂歌,小说方面出现了读本、洒落本、滑稽本和人情本,这些都被称为"戏作文学",即对当时的人情世态多采用讽刺的笔调来描写,因此,这类文学作品的出版物随后也被幕府取缔了。

这时期的文学理念主要源自于松尾芭蕉的俳句,其风格大都表现为幽闲、恬静和古雅等。另外,读本中常常表现一些劝善惩恶的思想,这明显受到儒教文化的影响。

二、松尾芭蕉(1644—1694)

松尾芭蕉将日本诗歌中的一种称为"俳谐"的诗体提高为"俳句",因此,松尾芭蕉是俳句的始祖,以他为首形成的宗派称为"蕉门"。他创作的俳句的艺术风格主要表现为幽闲、恬静、古雅等,这种诗风被称作"蕉风",也因了这些缘故,原来诙谐的俳谐才上升到高雅艺术的层面,并被称作"俳句"。

芭蕉不喜欢都市的喧闹,因此在郊区结庵独居,庵前有芭蕉树,据说这是他名字的由来。

1684年,芭蕉开始在关西一带旅行。在日本文学史上,有许多诗人把旅行当成了自己的生存方式,乐此不疲,芭蕉就是其中之一。这种"旅行"与我们现在理解的"旅行"含义不完全一样。对有些人来说,"旅行"是他主动的选择,而对另一些人来说,除了旅行似乎别无选择。这种意义上的"旅行"或许该叫作"漂泊"或者"放浪"更合适。而芭蕉的"旅行"也类似于"漂泊"这种状态。对芭蕉而言,人生就是一程旅途,从另外的意义上来理解,这句话适用于我们所有的人。芭蕉把旅途中的所见所闻所思所想全部记在日记本上,有的浓缩成精练的俳句。他曾出版了许多本游记,其中尤以在东北地区旅行时写就的《奥州小路》最有名。通过长期旅行生活的历练,芭蕉的诗心日益得到磨炼,1691年,体现蕉风中之幽玄、闲寂等理念的俳句集《猿蓑》问世了。这本俳句集标明蕉风成熟了芭蕉本人也达到了超凡脱俗、风雅定的境界。

山寺静寂中

阵阵蝉声撞岩石

林中更显静

——芭蕉

初场晚秋雨
树上一只小猴子
也在找蓑衣

——芭蕉

旅途卧病床
梦中恍惚依旧在
荒野中奔忙

——芭蕉

在江户文学中，俳人除了俳圣松尾芭蕉外，还有两位俳人也很有名，他们是与谢芜村和小林一茶。与谢芜村因是画家出身，所以他的俳句中常有形象鲜明、色彩丰富的佳句，且富有浪漫色彩。而小林茶因出身低微，且与继母关系不和，因此他的俳句充满了对弱者的同情和对强权的反抗精神。芭蕉的俳句更多地取材于自然，而与谢芜村的俳句更多地取材于古典及历史。小林一茶的俳句一般取材于日常生活。

牡丹花谢了
重重叠叠飘下来
一片二三片

——与谢芜村

可怜瘦青蛙
挺住千万别言输
一茶来后援

三、井原西鹤（1642—1693）

前面提到过，随着印刷术的发达，阅读书刊不再是一部分人的特权，普通老百姓也可以接触和阅读书刊了。与此相对应，以百姓的启蒙、娱乐为目的的各种书刊源源不断地涌现，这些读物都是用假名书写的，因此被称为"饭名草子"。饭名草子是由知识人写给老百姓看的文学，不久，老百姓写给老百姓看的文学也诞生了，这即"浮世草子"。最先出现的百姓作家就是井原西鹤。

元禄时代（1688—1704）是日本历史上相当繁荣的时代，市民的生活普遍富足起来后，开始追求享乐，这反映在文学上，井原西鹤的浮世草子就应运而生了。浮世草子一般指对现实生活乃至风俗习惯进行准确把握后创作出来的小说群。

井原西鹤（1642—1693）也是俳人出身，后来脱离古典趣味转向对世俗的描写。他仔细观察现实生活中的各种风俗习惯，肯定感官享受。在他41岁时，发表了第一部小说《好色一代男》，将书中主人公世之介从7岁开始直至60岁为止54年的好色生活，模仿《源氏物语》的54帖，作了详尽的描述。小说里已没有观樱赏月的古典趣味，而是从好色这个角度，用明净的目光来凝视尘世的生活。

《好色一代男》节选

樱花很快凋零了，只留下一声叹息，月色已尽，正沉入山的那边有个男人将诸事抛诸脑后，从但马的乡村来到了京城。比起花月来，他更喜欢男女色之道，因此被冠了个"梦介"的绰号。他与名古屋三左家、加贺家的老八等伙伴一起，整天沉浸在酒里，到了深夜就又回到一条大街去，有时打扮成年轻人样，有时又扮成僧侣样，有时还带着用鬃毛做的假发套，把他们当作妖怪一点也不过分。

《好色一代男》受到了读者的广泛喜爱，西鹤取得了成功。之后，他扩大题材，发表了大量的作品，除了描写爱欲世界的好色故事外，还有以武家社会为蓝本的武家故事，还有杂话故事和以商人与金钱的关系为题材的商人故事。好色故事除了《好色一代男》之外，还有《好色五人女》《好色一代女》等，这些作品确立了西鹤作为浮世草子大家的地位。

武家故事中有以武士的复仇故事为题材的《武道传来记》和描写武士情义的《武家情义物语》。杂话故事有《西鹤诸国谈》和《本朝二十不孝》到了晚年，他将目光投向了商人的生活领域，写出了《日本永世库》，描写了成功商人的形象。自古以来，日本人是排斥"赚钱"观念的，而西鹤对这种观念进行了正面挑战。另一部类似的作品是《世间心计》，作品以一个除夕夜为焦点，描写了商人在一年中的最后一天是如何在收支结算工作中度过的，展示给人们的是商人的年关难过。但笔调却很明快、幽默。这些作品反映了西鹤对人世间诸事观察之敏锐。

"看过这个我明白了，确实有可能是老鼠偷的，这样疑团解开了。但是，养着这种偷钱的老鼠也是你的错，因此，这些钱闲置一年损失的利息该由正房来支付。说好按一点五成计算，在大年三十前把钱收齐，这样我就能过个真正的新年了。"老太婆说完这句话后，一个人去睡了。

——《世间心计》卷一之四

四、歌舞伎

平安时代已出现了以舞蹈为主的演艺，到了中世以后，这种舞蹈加上了故事情节，在跳这种蹈舞时身体动作等较夸张，因这种行为在日语里叫 kabuku，这就是歌舞伎（kabuki）的词源。

1603 年左右，出云大社的巫女出云阿国在京都表演了歌舞伎。她女扮男装，穿着华丽的衣裳，给人们以深刻的印象。之后，"女歌舞伎"流行了起来。但幕府以扰乱社会秩序为理由，禁止其演出。后来，演员换成了美少年，这时的歌舞伎被称为"少年歌舞伎"，它渐渐地开始聚集人气，但却遭遇了女歌舞伎同样的命运。后由于商人们的反对，在禁止女人和少年男子演出的前提条件下，幕府允许歌舞伎继续演出，这样，就只有成年男子演出了，这种歌舞伎被称为"野郎歌舞伎"。这种歌舞伎与"女歌"和"少歌"不同，不靠姿容吸引人，只靠对白和动作，到后来又在内容上狠下功夫，由原来的独幕剧发展到多幕剧。后在京都和江户都有专用剧场，这时还出现了两位有名的演员——京都的坂田藤十郎和江户的市川团十郎。藤十郎请近松门左卫门作为他的专用作家，演出的剧目都是符合京都一带文化环境的较柔和的东西。而团十郎是自写自演，他的剧目内容一般都是勇敢的主人公帮助弱者的故事。

歌舞伎至今仍在上演着，东京的银座就有歌舞伎的专门剧院，市川门仍然活跃在演艺界。但仍然是只有男演员而没有女演员，女角色都是男子扮演的。现在的歌舞伎名演员市川猿之助之父曾与梅兰芳有过交流。

第三章 日本近现代文学发展

第一节 日本近代文学发展

一、近代文学概述

明治维新后的政府，在文明开化的呼声下，迅速地推进以西方各国国家体制为蓝本的近代化。到了明治22年（即1889年），颁布了新宪法，开设了议会，新的国家体制终于建立起来了。从明治维新开始之后的大约20年间，是一个过渡期，在文学方面较引人注目的是一些启蒙读物，具有文学价值的读物不多。

但这20年间，由于人们摆脱了封建社会的束缚，迎来了一个新的时代，因此，尊重人权、尊重个性的人文主义在年轻人中渐渐得到培育明治20年后，文坛上出现了一本翻译诗集《面影》它将欧洲的浪漫主义传到了日本，在和歌的世界，出现了诗社"浅香社"和与谢野铁于等优秀的诗人。在俳句方面，正冈子规开始着手进行改革。在小说方面，以尾崎红叶为中心的"砚友社"发展壮大起来了。同时，幸田露伴、森鸥外、北村透谷等也开始登上了文坛。

明治27年即1894年，日本发动了侵略中国的甲午战争并取得了胜利，以此为契机，日本又对俄国宣战。在甲午战争后，日本的经济得到飞速发展，资本主义体制得以确立，在此过程中，个人主义、自由主义思想得到强化。在文学方面，表现自我解放思想的浪漫主义文学盛行。岛崎藤村的诗集《嫩叶集》就是在这样的氛围下诞生的。这部散发出清新气息的诗集一出版即受到了青年人的喜爱。同时，与谢野铁干与其妻与谢野晶子一起创办了诗刊《明星》，也受到了人们的欢迎。一时间，诗歌界盛况空前。与此同时，也出现了一些批判社会各种矛盾的所谓"悲惨小说"，但它作为一种文艺运动力量太微弱了，没能引起人们的注意。

甲午战争胜利后的日本，加入了世界列强的行列，同时有识之士们要求对现实进行重新审视。在这种风潮下，19世纪欧洲文学的主流——自然主义以独特的方式被引入日本,开其先河的是岛崎藤村的长篇小说《破戒》。自然主义最重要的理论家是岛村抱月。在散文界,自然主义得以盛行。在诗歌界,受到自由主义的影响后,人们开始尝试创作口语体自由诗,出现了以讴歌日常生活为主的诗人石川啄木。俳句方面也出现了自由律俳句。

当时的文坛几乎被自然主义思潮所淹没,但就是在这样的环境里,还是有保持了清醒头脑而不是一味跟风的作家,那就是夏目漱石和森鸥外。这两人被称为近代文学的双峰,也只有这两人,至今仍被人们称为"文豪"。在日本文学史上,有两个人得过诺贝尔文学奖,即川端康成和大江健三郎,但这两人都未被称作为"文豪"。人们认为,只有夏目漱石和森鸥外才能担当得起"文豪"这个称号。纵观日本的文学史,每个时期都有许多的优秀作家涌现,但真正出了许多优秀文学作品的时代,还是以夏目漱石和森鸥外为双璧的近代文学时期。

到了明治末期大正初期(即20世纪初期),以唯美为最高追求目标的艺术至上主义流行了起来。这时出现了享乐性的颓废性的"唯美派"。小说方面,永井荷风和谷崎润一郎是其代表,诗歌方面是北原白秋。

大正初期,日本国内的理想主义思潮开始抬头,尊重个性、尊重生命的想法得以重新被审视。在这种风气下,杂志《白桦》创刊了,办刊同人有武者小路实笃、志贺直哉、有岛武郎等,这批人被称为"白桦派",其中武者小路实笃处在思想领导者的地位。

第一次世界大战结束后,日本社会开始陷入不景气状态,白桦派所倡导的观念上的理想主义失去了社会基础,人们又将目光转到现实社会上来,这时被称为新现实主义"的文学诞生了,这个运动是围绕杂志《新思潮》展开的,因此,也被称为"新思潮派",主力军是《新思潮》杂志的同仁们,代表作家有芥川龙之介等。

二、近代诗

提到"诗"或"诗歌",前面其实已经用过这个概念。从严格意义上来说,日语中"诗"指的是从明治维新后兴起来的非格律诗,先有海归们将西方诗译成日文后出版的《面影》,后来出现了一些诗人自己写的诗集,如岛崎藤村的《嫩叶集》。从这点来说,在日本,明治维新后才出现了真正意义上的诗。此前用的"诗""诗歌"等概念主要是指的"和歌""和歌"包括长歌、短歌、旋头歌和片歌。它们都有一定的字数限制。长歌是五七五七……五七七。省略号处可以是无数个五七,但最后一句必须是五七七音。短歌是五七五七七共31个音或者说31个假名。旋头歌是五七七五七七共38个音。片歌是五七七共19个音。在日本人的观念中,俳句不算和歌,是独立的另一种诗，它是五七五共 17 个音，是最短的。写和歌的人被称为歌人，写俳句的人被称为俳人，写诗的人被称为诗人。诗包括用日文写的诗和用汉语写的诗，像夏目漱石等许多作家都能用汉语写诗，这些诗叫汉诗。和歌和俳句虽有字数限制，但是不押韵，也有人曾试图写押韵和歌，但没有成功。诗没有字数限制，但用日话写的诗可以不押韵，而用汉语写的诗一般还是押韵的。总而言之，广义上的诗应包括和歌、俳句和明治维新以后出现的新体诗歌。狭义上的诗仅指明治维新以后出现的新体诗歌。因此本书在叙述近代文学以前的文学时，用的是广义上的诗这个概念。而叙述明治维新以后出现的新体诗时，用的是狭义上的诗这个概念。在近代文学后，如叙述中出现和歌的话，就用"和歌"这个概念。

（一）近代诗的先驱

日本近代诗是由《新体诗抄》所提倡的"新体诗"开始的。明治 15（1882）年，在探索能表现新的时代思想、感情等新诗形的过程中，宣告新诗形诞生的《新体诗抄》出现了。这部诗集是由三位学者（外山正一、矢田部良吉、井上哲次郎）编成的。这三人从否定传统意义上的诗形（即不采用五七五等固定的音）出发，仿照西洋诗，对日本的传统和歌等进行革新，探求新的诗歌形式，即可以自由地遣词用语，并且可以使用日常用语，题材也不作过多限制等。

《新体诗抄》中含创作诗五篇，翻译诗十四篇。由于三位编者分别是社会学、植物学、东洋学方面的学者，不具备诗人的资质，从文学角度来说，人们对这部诗集的评价不太高，但它给当时年轻人的影响很大。到了明治 20 年代，从德国留学归来的森鸥外与同人们一起创立了新声社"，出版了《面影》。为了将欧洲的浪漫主义气息传递给日本，他们在翻译西洋诗时下了许多功夫，尤其在措辞方面，尽量选用古典的且有品位的词语，因此，年轻人很爱朗读。

（二）近代诗的开始

明治 26 年（1893），以基督教思想为中心，提倡浪漫主义运动的杂志《文学界》创刊了。岛崎藤村（1872—1943）将自己青春的恋爱体验，用清新的诗风讴歌出来，宣告了诗歌新时代的开始。第一本诗集《嫩叶集》于 1897 年发行。在这本诗集中，有岛崎藤村本人的青春，也有刚经过明治维新的日本的青春，两者重合到一起，因此是一部不折不扣的青春诗集。

第二年，藤村又出版了诗集《一叶舟》和《夏草》，三年后又出版了《落梅集》，从这些诗集里，可以看到藤村渐渐地向自己的青春告别，眼光开始转向现实世界的过程。

下面这首诗是《嫩叶集》里的一首,题目为《初恋》。

刚梳成的留海上
插着一把花梳
你用雪白的手轻拢着
就像粉红的秋果
每次看到苹果时
就想起如花的你
当我拿起苹果时
忍不住对你的思恋

1. 唯美主义诗

受永井荷风等的影响,北原白秋、木下奎太郎和三木露风等人于1909年创办了《昂》杂志,从明治40年代到大正期间,他们在上面发表了许多具有唯美主义新风的诗篇。聚集在《昂》周围的一帮人组成了"牧羊神会",北原白秋是这个会的代表诗人。1909年,他发表了诗集《邪宗门》追求感官解放,两年后又发表了《回忆》。北原白秋和其后的高村光太郎和萩原朔太郎一起是近代文学史上的三位代表性诗人。

三木露风的诗集有《夏姬》和《寂寞的眼睛》。他不仅写诗,还写过许多童谣,最有名的是《红蜻蜓》,这首儿歌至今仍为人们所喜爱。

2. 理想主义诗

高村光太郎是其代表诗人。他早期在《明星》及《昂》上发表过诗作和诗评,显示出唯美主义倾向,但后来,他遇到了之后成了他妻子的长沼智惠子,两人相爱后,高村光太郎对白桦派的理想主义和人道主义产生了共鸣,1914年发表了诗集《路程》,这是口语自由体诗的最初诗集,高村光太郎在这部诗集中充满热情地讴歌了人道主义式的理想主义。

我的前面没有路
我的后面出现了路
啊!大自然,我的父亲
让我自立的我博大的父亲
别移走你的眼神
好好守护我呀
常常给我灌注父亲的气魄呵
为了这遥远的路程
为了这遥远的路程

——高村光太郎《路程》

（三）近代诗的确立

与北原白秋、高村光太郎同为近代诗人代表的萩原朔太郎认为，诗的本质在于感情的表现。1916年他通过北原白秋认识了诗人室生犀星，两人合作创办了《感情》杂志，第二年他发表了诗集《对月吠》。至此，自《新体诗抄》以来的近代诗达到了一个高峰。朔太郎敏锐地捕捉到了近代人的孤独意识，并用生理性的恐怖表达出来，且将这种不安寄托在丰富的形象中。他还创作了大量口语自由体诗，给近代诗开辟出片新天地，具有划时代的意义。朔太郎的诗追求生命的意义，这种精神给同时代及后代人以很大的影响。

泛着光的地面上长着竹子
长着青青的竹子
地下长着竹根
根渐渐变成根须
根头长出纤毛
长着如烟般的纤毛
轻轻地颤动
坚硬的地面上长着竹子
地面上的竹子势头旺盛
竹子迅猛地生长着
竹子一节一节地
生气勃勃地长在蓝天下
竹子竹子
竹子成长着

——萩原朔太郎《竹》

三、近代小说

（一）近代小说的开端

明治维新后，在相当长的一段时间内，没有出现像样的小说，只有些翻译小说和一些作为宣传手段的政治小说。到了1885年，坪内逍遥（1859—1935）推出了一部文学理论书《小说神髓》，他认为小说是种艺术，在文学中应占主导地位。同时他还提倡"写实主义"，强调小说应该如实地描写人情和世态。为了从事创作实践活动，他自己写了部小说《当代书生气质》，这部小说其实并未按他自己提倡的写实主义手法来写，没能成为一部好的文学作品而载入文学史册。而同时代的另一作家二叶亭四迷（1864—1909）却留给了后人许多优秀作品。

1886年，二叶亭四迷发表了一部文学理论著作《小说总论》，强调小说应遵循现实主义的原则，在创作实践方面，他也写了一部小说《浮云》，并于1887年发表。这是一部未写完的小说，登场人物共有四人：诚实腼腆、优柔寡断的文三；颇有一点小才干而轻浮、耍小滑头的本田升；追逐名利的阿政和爱赶时髦、性格飘忽不定的阿势。小说通过对这些人物的刻画，讽刺了当时的所谓"文明开化"。

叶亭四迷是日本近代小说的开创者，为近代文学开了个好头。

《浮云》简介

曾在旧幕府时代当过官、靠俸禄吃饭的父亲死后，内海文三离开家乡静冈，投奔东京的叔父园田孙兵卫家。文三从学校毕业后，当上了某部的下级官员。婶母阿政是个庸俗、好打小算盘的女人，她盘算了好长时间要把比文三小五岁的女儿阿势嫁给他。阿势貌不惊人，虽受过些新时代思想的教育，但天性就是一个轻佻的少女。文三仅当了两年的官，就在政府机关精减人员时被辞退了。然而，他不敢将此事告诉阿势。夏天的一个傍晚，文三散步归来，跟独自在家的阿势闲聊起来。这时，阿势若无其事地告诉文三："母亲曾经说过，如果你们俩是那么亲热的话，就趁早结婚吧！"

阿势接着说："不过，这也不能责备那些没受过教育的人。就说我那些朋友吧，虽说不上有什么高深的学问，但都受过些普通的教育，可是懂得西洋主义的人，在二十五人中也只不过是四个人罢了。就说这四个人吧，在私塾里念书时还有一点西洋主义思想，离开了私塾以后，都受到了父母的强制，干脆地不是嫁了人，就是招赘了。我想如今坚持西洋主义的只有我一个人了。一想到这些，我就觉得心里没底。但是，近来有了您这位好朋友后，心里就稳实多了。"

"而且，我自认为我是很了解您的。您有知识，品行端正，并且孝顺父母……。"

文三说："您这样说正说明您不了解我。您说我孝顺父母，其实我并不孝顺，对我来说…还有比父母……更为重要的……"

文三结结巴巴地说着，低垂着头。阿势惊奇地打量着文三，说："比父母更为重要的……比父母……还重要的人？我也有比父母更重要的呀！"

阿政一知道文三被辞退后，完全改变了态度。文三的同事本田升是个名利主义思想十分严重的人，他讨好阿政，邀母女俩一起去看团子坂的菊花。

此后，阿势离开了文三。

应该说，这部小说实现了二叶亭四迷的初衷，从某种意义上说，《浮云》确实是一部现实主义的作品，阿势和她母亲阿政的势利被刻画得惟妙惟肖。

（二）砚友社

1885 年，当时还是学生的尾崎红叶和山田美妙等组建了日本第一个文学社"砚友社"，创办了同仁杂志《我乐多文库》（我乐多意为破烂、不值钱的东西）。当初的砚友社多少带有游戏的成分，但后来，受到外国文学和国内写实主义的影响，这个杂志的文学性提高了。他们以和洋折衷后的浪漫主义为旗号，山田美妙首先于 1887 年发表了小说《武藏野》，但后来就退出了砚友社。尾崎红叶接任后，推出了长篇小说《金色夜叉》，前后花了五年时间（1897—1902 年）在读卖新闻上连载。《金色夜叉》是一部未完成的小说，当时广播里经常播放《金色夜叉》，剧作家们也纷纷将其改编成电影和戏剧。

1. 尾崎红叶

尾崎红叶（1868—1903）生于东京，1885 年进入大学预科学习，其间与山田美妙等组建了日本第一个文学社"砚友社"，创办了近代日本第一本纯文学杂志《我乐多文库》。1889 年发表的《两个比丘尼的色情忏悔》和第二年发表的《香枕》让他名声大震。他从 1897 年开始创作《金色夜叉》，因为生病，未能完稿。

《金色夜叉》与《浮云》从写作手法到故事情节都有许多相似的地方，这些作品都从一个侧面折射出日本人当时的道德观、人生观和价值观。

2. 幸田露伴

在尾崎红叶大红大紫的时候，另外一位作家也在努力着，他就是幸田露伴。明治 22 年，幸田露伴 24 岁，就发表了有名的小说《风流佛》，明治 24—25 年又发表了中篇《五重塔》。露伴更多地受到佛教思想的影响，在理想主义里加入了浪漫主义气息，与尾崎红叶一起撑起了当时的文坛，这两人同时活跃的时代被称为"红露时代"。

（三）樋口一叶

日本近代第一位女性职业作家樋口一叶出生于 1872 年，死于 1896 年，只活了 24 岁。

从日本的文学史来看，平安时代曾出现过女性文学繁荣的景象，著名的女性作家有紫式部、清少纳言等。其后的近一千年间，几乎没有出现过女性作家。明治维新后，日本推行了一系列的改革，同时又向西方学习，推行近代文明，注重女性的社会地位，女权主义在日本有了一定的影响这才又出了个女作家樋口一叶。樋口一叶很大程度上是为了生计才学写作的她把文学当作了谋生的手段。虽然只活了二十四年，创作时间也极其短暂，但樋口一叶给后人留下了大量的好作品，如1894年发表的《大年夜》，1895年发表的《浊水河》，1895—1896年发表的《青梅竹马》等，都是日本近代文学史上的名著。作品大多描写的是挣扎在社会底层的女性的苦恼和悲伤，作品中都是一些很要强的女子的形象。这些形象使得樋口一叶的作品至今仍散发着光彩。

（四）泉镜花

泉镜花生于1873年，死于1939年，是尾崎红叶的弟子。早期的作品如《外科室》，因坦诚地宣扬自己的观念，抨击封建伦理的非人性，因而被称为观念小说。但后来，他改变了自己的创作风格，转向浪漫主义。泉镜花对语言的把握有独特之处，词汇丰富，语气的轻重缓急把握得恰到好处，因此他的作品常被称为美文。

1900年，他发表了具有传奇浪漫色彩的小说《高野圣》，1907年，又发表了《妇系图》，三年后发表了《歌行灯》，每部小说都堪称日本文学史上的杰作。他在这一系列的作品里，构筑了一个属于他自己的具有独特审美取向的世界。他不仅写小说，还从事剧本创作，有名的有1917年发表的《天守物语》，描绘了幽灵界的幻想美。如果人们想从日本的文学作品中探寻日本人的审美理念，那么，泉镜花的作品是必读的。

第二节 日本现代文学发展

日本现代文学是指从大正末期、昭和初期到第二次世界大战结束为止的大约20年左右的文学。川端康成、娻井基次郎等作家在大正末期虽已开始发表作品，但考虑到他们大部分的文学活动在昭和时期，因此划到现代文学部分。

一、现代文学概述

一战时期，日本国内各种矛盾突现，经济相当不景气，工人运动不断地高涨。在一次大战时出现的民主运动，随着俄国革命的成功，渐渐地转变成社会主义思想。1921年，杂志《播种人》创刊，创办这份杂志的作家们发起了包括劳动文学在内的社会主义文学运动。虽然这份杂志只存在了两年，但它为以后的无产阶级文学奠定了基础。

1923年，东京发生了大地震，这次地震，仿佛把潘多拉的魔盒打开了，许多新思潮和社会运动涌现了出来。特高科警察以维持治安为借口，对新生的日本共产党进行大逮捕和大镇压。属于社会主义文学的杂志《播种人》也遭到取缔。然而，第二年，性质类似的《文艺战线》又创刊了。办刊同人中有叶山嘉树、黑岛传治、平林泰子、青野季吉、平林初之助等。他们以解放工人、农民为目标推进文学运动的发展，但此后《文艺战线》不停地分裂重组，到1927年，成了社会民主主义派的工农艺术家联盟的机关杂志，之后迅速衰落。

1928年，《文艺战线》的几位同人组成了"全日本无产者艺术联盟"，创办了机关杂志《战旗》，开展无产阶级革命文学运动。除了《文艺战线》的同人，又有一批新作家加入，他们是小林多喜二、德永直、佐多稻子、宫本百合子等，主要文学理论家是藏原惟人、中野重治和宫本显治。

1931年，日本发动侵略中国东三省的"9·18"事变，局势进入战争状态，日本当局对言论思想等领域实行彻底的管制。1932年，中野重治、藏原惟人被检举，第二年，小林多喜二被杀害，无产阶级作家阵营中出现了很大的变化。有的作家选择了继续创作，如宫本百合子。有的作家保持沉默，而一部分作家选择了转向，即转向为军国主义服务，美化战争，鼓舞士气等，这些作家被称为"转向作家"。这些作家就自己的转向等写的告白小说被称作"转向文学"。转向作家有中野重治、高见顺、岛木健作、林房雄等。

在无产阶级文学开始兴起的时候，几乎与之同时，日本文坛出现了另外一个文学流派"新感觉派"，与无产阶级文学相对应，代表人物有片冈铁兵、川端康成、横光利一等。这一派否定传统的写实主义表现手法，采用拟人法或比喻法等，将感觉用鲜明的形象描绘出来，坚持文学的艺术性。新感觉派的文学对以后的新艺术派和新心理主义都产生了很大的影响。

1935年，自从菊池宽创立"芥川奖"之后，日本的文坛出现了一派繁荣的景象，石川达三、外村繁、石川淳、尾崎一雄等作家先后登上文坛。私小说方面的作家有丹羽文雄、上林晓等。芹泽光治良、中里恒子、壶井荣等作家的出现也是在这个时期，但这三个人的创作活动主要在二战后，因此放到后面叙述。

二、无产阶级文学

19世纪末20世纪初，随着日本产业革命的进展和资本主义的发展，日本加快了过渡到帝国主义的步伐。产业工人队伍也迅速壮大，形成了一支独立的阶级力量，不断开展反对资本家残酷剥削和争取生活权利的斗争。与此同时，欧洲的社会主义思想通过各种途径传播到日本，大正时期日本社会思潮从民主主义向社会主义演变。这些都促使了无产阶级文学的形成。1921年创办的《播种人》杂志第二年6月号上刊登了平林初之助的《文艺运动和工人运动》一文，第一次引进俄国的"无产阶级文学"这个概念，它反映了当时社会主义思想和无产阶级文学思想的新倾向。

20年代后半期，日本无产阶级文学从一再分裂的状态，开始一步一步走向团结和统一，文学理论水平也不断提高。同时有了《播种人》《文艺战线》时期的创作实践经验和无产阶级作家深入工农生活的丰富的实际体验。特别是从1928年"全日本无产者艺术联盟"成立，到1932年，无产阶级文学领域出现了许多具有更明确的思想性和更真实地描写了新的大众化的艺术作品，将无产阶级文学创作推向了高峰。然而，日本的无产阶级文学毕竟是新生的、发展中的文学，因此还没有形成成熟的文学理论和属于自己的丰富的创作经验，这不可避免地给无产阶级文学作品带来了一定的弱点，主要表现为题材内容较狭隘，创作有概念化、公式化倾向等。

无产阶级文学的第一个繁荣期的代表性作品是《文艺战线》的同人们的作品主要有：叶山嘉树的《水泥桶里的信》（1925年）、《生活在海上的人们》《卖淫妇》（1926年）；黑岛传治的《两分硬币》《猪群》（1926年）；藤森成吉的《茂左卫门遭极刑》（1926年）；平林泰子的《治疗室》（1927年）以及中野重治的诗和诗论。第二个繁荣期的代表性作品是《战旗》的同人们的作品，主要有：黑岛传治的《盘旋的乌鸦群》（1928年）；小林多喜二的《一九二八年三月十五日》（1928年）、《蟹工船》（1928年）、《不在地主》（1929年）、《工厂细胞》（1930年）、《转形期的人们》（1931—1932年）、《党生活者》（1933年）等；以及德永直的《没有太阳的街》（1929年）；中野重治的《初春的风》（1928年）、《阿铁的故事》（1929年）等。还有佐多稻子的《自牛奶糖厂》、宫本百合子的《一九三二年的春天》。评论方面有中野重治、宫本显治的《败北的文学》藏原惟人的《艺术论》等。

在作家群体中，另有一些虽不能完全算是无产阶级作家，但却认同无产阶级文学之创作理念的"同路人"作家，如山本有三、广津和郎、野上弥生子等。这些作家与无产阶级作家一起携手合作，开展了空前活跃的创作活动，为无产阶级文学的繁荣作出了贡献。

（一）叶山嘉树（1894—1945）

《文艺战线》的代表作家，出身于福冈县。20岁时当上了水手。27岁时进名古屋的水泥厂，由于他想组织工会因此被解雇，后进入名古屋报社担任社会部记者。从这时开始着手创作《生活在海上的人们》。1927年，他在《文艺战线》上发表了短篇小说《水泥桶里的信》。二战结束那年，在哈尔滨开往长春的列车上去世。

（二）小林多喜二（1903—1933）

出身于秋田县，后举家迁往北海道。25岁时加入工农艺术家联盟，第二年发表《一九二八年三月十五日》。日本无产阶级作家同盟创立时，小林多喜二是中央委员。同年发表了《蟹工船》和《不在地主》，他因此被银行解雇。1930年发表了《工厂细胞》，这一年他被逮捕了好几次。1931年加入日本共产党，同年发表了《转形期的人们》。1932年发表了《党生活者》。1933年2月20日，与同事秘密接头时被特高警察逮捕，在严刑拷打下，当天即壮烈牺牲。

（三）德永直（1899—1958）

出身于熊本，父亲是雇农，母亲是地主家的女佣人。11岁时，德永直进入一家印刷厂做见习工。后调至报社做校对。1917年他18岁时，同事中有一人对他的文学创作给予了启蒙性影响。从此以后，德永直就一直在文学领域辛勤耕耘。1924年他开始在工会机关杂志《时代》上连载小说《无产者的恋歌》。1928年开始创作《没有太阳的街》，第二年加入日本无产阶级作家同盟，在《战旗》上连载《没有太阳的街》。1930年他发表了《失业都市东京－没有太阳的街第二部》。1946年加入日本共产党。二战后，他发表过《妻啊，安息吧》以及《静静的群山》等作品。

（四）中野重治（1902—1979）

出生于福井县，东京大学德语专业毕业。在学校期间，与堀辰雄洼川鹤次郎等人创办杂志《驴》，在上面发表了许多优秀的诗歌和评论。1928年参加全日本无产者艺术联盟，为该联盟骨干。1934年被迫"转向"后出狱，又写下了许多用艺术反抗军国主义专制统治的作品。1938年，他和宫本百合子一起被禁止执笔。两年后，当管制有点放松时，开始了中篇小说《与和歌告别》的创作。其他的作品还有《逛街》《犹豫》《农家》五部曲、《空想家与剧本》《斋藤茂吉笔记》等。战后发表的小说有《五勺酒》、《五脏六腑》《梨花》《甲乙丙丁》等。中野重治是昭和初期无产阶级文学运动的中心人物，无论在理论上还是实践上，都对日本的无产阶级文学作出了很大的贡献。

三、新感觉派

新感觉派的源流可以追溯到1914年第一次世界大战前后欧洲兴起的现代主义思潮,这些欧洲现代派文学艺术在20世纪初被介绍到日本。如森鸥外于1909年翻译了意大利诗人马里内蒂的《未来派宣言》等。

1923年发生的东京大地震,引起了日本国内政治经济的大混乱,并给日本社会、文化生活带来严重的危机。与此同时,俄国十月革命的胜利,促进了马列主义在日本的传播,工农运动方兴未艾。日本统治阶级在大地震后,以维持治安为借口,对工农运动进行残酷的镇压,整个日本处在一片白色恐怖之中。破坏性的虚无思想,瞬间的享乐风潮席卷全国,造成人们精神上的窒息与荒废。他们对自己在社会上的生存感到不安,产生了消极和绝望的情绪,竭力挖掘自我内心的不安,追求刹那间的美感与感官上的享受以及日常生活中非现实的东西。这种精神上的变化,使新文学的出现成为可能。许多新的作家开始对旧的文学传统、旧的文学表达方法和旧的文学形式表示怀疑和叛逆,乃至全面否定和破坏尝试着探索一条新的文学创作之路。

当时,无论在社会条件方面还是文学方面,都为一种新文学的诞生提供了实现的可能性,新感觉派的诞生和发展,将这种可能性变成了现实。

1924年,片冈铁兵、川端康成、中河与一、横光利一等创办了《文艺时代》杂志,以"从宗教时代走向文艺时代"为口号,主张新生活和新文艺,给文坛吹进了新风。他们对一切旧有文学形式提出否定,主张追求"新的感觉新的生活方式和对事物的新的感受方法",提出表现形式上的革新。这批新感觉派引进了欧洲的达达派、未来派和表现派等,并用这些表现手法进行文艺创作。川端康成和片冈铁兵是这一派的理论支柱。新感觉派诞生之后,与无产阶级文学一起,在日本现代文学史上共同推动了日本文学的新的发展。

新感觉派重视主观的表现、艺术的象征和形式的革新。代表作品有:横光利一的《太阳》《苍蝇》《头与腹》《春天马车曲》《静静的罗列》等;以及川端康成的《感情装饰》《梅花的雄蕊》《浅草少男少女》;片冈铁兵的《幽灵船》《钢丝上的少女》;中河与一的《刺绣蔬菜》《冰雪舞厅》等。

由于新感觉派诞生时就带有它自身的不足,如它强调自我的主观感受,排斥理性;强调形式,轻视内容;一味抛弃日本的传统文化,对自己生活的时代不关心,脱离现实等。这些导致了其后在文学实践活动中的失败。连这个流派的主力作家川端康成也说:从被称为新感觉派的诸位作家的作品中,我很少感受到新时代的生活气息。鉴于此,川端康成开始重新审视自己的文学创作,经过了新心理主义的创作实践后,他转而开始重视日本的传统与西方现代文学形式的统一,他在东西方文化的结合点上找到了自己的位置,这在他的《伊豆的舞女》中有很好的体现。另一新感觉派的骁将横光利一也以发表《上海》《机械》《寝园》为契机,从感觉主义、形式主义转向新心理主义。1928年左右,新感觉派作为一个文学流派明显地走向解体。

（一）川端康成

川端康成（1899—1972）生于大阪,父母、祖父母及姐姐相继去世,16岁的川端康成成了孤儿。他20岁时曾去伊豆旅行。1921年进入东京大学英文科,后转至国文科。入学后的第二年,与友人创办第六期《新思潮》杂志,并发表《招魂祭一景》和《油》,受到菊池宽等前辈的好评。1925年从东大毕业后,与横光利一等人创办了《文艺时代》,开始新感觉派运动。1927年发表了《伊豆的舞女》。之后又相继发表《浅草红男绿女》《禽兽》和《临终之眼》等。1936年开始发表《雪国》,12年以后连载完毕。1949年在他50岁时,新潮出版社出版《川端康成全集》共16卷,同年任日本笔会会长。第二年又有《千只鹤》和《山音》两部作品面世。晚年还发表有《睡美人》等作品。1962年获文化勋章,1969年获诺贝尔文学奖,74岁去世。

（二）横光利一

横光利一（1898—1947）生于福岛县,就学于早稻田大学,后因故退学。1923年,他发表了《日轮》和《苍蝇》,被视为具有大胆的崭新表现手法的作家。第二年,同川端康成等一起创办《文艺时代》,站在新感觉派运动的前列。自从1928年发表了《上海》后开始转向新心理主义。

1930年发表的《机器》和1934年发表的《家徽》都是以心理主义手法来描写知识分子的自我意识的作品。从1937年起开始创作长篇《旅愁》,直到1946年,直没能写完,1947年去世。《旅愁》描写的是东西方文化的碰撞,他在这部未完成的长篇里,最终肯定了日本的传统文化。

四、新兴艺术派

1927年5月,《文艺时代》宣布停刊,新感觉派走向解体。同时,绝对主义专制日益加强对文坛的控制,一批现代派作家感觉到了某种危机。以中村武罗夫为核心,由浅原六郎、饭岛正等13人于1929年底成立了"十三人俱乐部",以应付这种局面,这成为新兴艺术派兴起的标志。第二年4月,以"十三人俱乐部"和《文艺都市》杂志的舟桥圣一、阿部知二、井伏鳟二雅川晃、《文学》杂志的永井龙男、小林秀雄、堀辰雄等为基础,联络了除无产阶级作家以外几乎所有有才能的文学家参加,组成了"新兴艺术派俱乐部",正式开展新兴艺术派文学运动。

这一派反对无产阶级文学,同时也对传统艺术派的人生论不满,更拒绝当时专制主义对文学的干预,主张为艺术而艺术。由于这个派别是一支混杂的队伍,因此很快瓦解了,在它兴起的第二年即1913年就自然消失了。之后这些作家划分为两个派别,一派是由龙胆寺雄等为首的所谓"新社会派",他们转向都市风俗文学的描写。另一派是由横光利一、川端康成、伊藤整、堀辰雄等人掀起的"新心理主义文学运动",这一派引进西欧的心理主义进行文学创作。其中伊藤整在引进和确立新心理主义文学理论方面作出了很大的努力。新心理主义与日本现代文学的各种技术相结合,拓宽了日本文学的创作道路,推动了日本艺术现代派文学的发展。这一派中,除了川端、横光外,在日本文学史上留下有个性作品的作家有:井伏鳟二、梶井基次郎、堀辰雄、舟桥圣一、阿部知二、林芙美子等。但这些人不是主力作家,而是属于新兴艺术派的边缘式人物。

(一)梶井基次郎

梶井基次郎(1901—1932)生于大阪。从19岁起,就开始阅读夏目漱石和谷崎润一郎的作品。20岁时患了肋膜炎。24岁进入东京大学英文科。第二年与外村繁等人创办杂志《蓝天》,并发表了《柠檬》《有占城的城市》《泥泞》《路上》《橡花》等,1926年他的肋膜炎再次发作,但他没有停止创作,这一年发表了《雪后》《某个心的风景》《K的升天》等作品。1927年在伊豆半岛休养时拜访了川端康成,认识了尾崎士郎、宇野千代、广津和郎、萩原朔太郎等。他曾一度热衷于无产阶级文学,这方面的作品有《冬日》。从1928年开始,他的病情恶化,但仍然发表了《苍穹》《冬蝇》《乐器的幻觉》《樱树下》等七部短篇小说。

从1929年开始,他认真研读起《资本论》第二年,他又患上了肺炎和肾病。这一年发表的作品有《爱抚》等。1932年起,他的健康状况日益恶化,就在他发表了《悠闲的患者》后不久,于3月20日去世。

梶井基次郎虽英年早逝,但却留下了20多部优秀的短篇小说,其中《柠檬》尤为出色。他用敏锐的感觉将身心患病的青年人的不安和烦恼、焦虑等用明快的笔锋表达了出来。

(二)堀辰雄

堀辰雄(1904—1953)生于东京,1923年他20岁时,认识了室生犀星和芥川龙之介,喜欢萩原朔太郎的诗。那年东京大地震夺去了他母亲的生命,而同年他自己也患上了肺结核。他于1925年进入东京大学,与中野重治等人一起创办了文学杂志《驴》。四年后又与川端康成等一起创办了《文学》杂志。当年从东大毕业,毕业论文是《芥川龙之介论》。大学毕业后,开始发表小说。他发表的第一部小说就是《圣家族》,发表后立即受到文坛瞩目,确立了他在文坛的地位。1934年创办了季刊杂志《四季》,同年发表了《美丽的村庄》。1937年他开始创作小说《起风了》,这部小说后来被改编成电影。1942年发表了《菜穗子》。

堀辰雄是新心理主义作家中的佼佼者,他的小说既富有理性,又富于感性,擅长人物的心理分析。他的作品里没有波澜起伏的故事情节,但擅长运用精致、纤细、确切的笔触描写具有不合情理、不确切和活生生的人物形象。因此,作品里总是洋溢着平静、哀伤、清澄的诗的意境,这跟作者本人所特有的古典式诗人气质有关。

堀辰雄20岁时就患上了肺结核,这决定了他的许多作品的主题:生、死、爱。他能把生死问题提高到纯粹的美的境界,在这种境界里再追求新生。这种表现手法以及通过生与死的主题拷问人的灵魂的写作风格,对战后的作家中村真一郎和福永武彦产生了很大的影响。

(三)舟桥圣一

舟桥圣一(1904—1967)生于东京,毕业于东京大学。1925年与阿部知二等人创办了《朱门》,以后改写戏剧。新兴艺术派开始流行后,舟桥圣一随即加入。他先后发表了《俯冲》和《铁石心肠》受到好评。其主要作品还有《雪夫人绘图》《老茄子》《鹅毛》等。二战后,参加重建的日本文艺家协会,任第一届理事长。舟桥圣一战后的创作多以浓艳的笔触描写情色与肉欲,一些作品因过于露骨地描写爱欲而受到批评。

(四)阿部知二

阿部知二(1903—1973)生于冈山县,毕业于东京大学英语系。读大学时喜欢英国19世纪浪漫主义诗人的作品。1930年,他的第一部文学评论集《唯理性文学论》出版,成为引人注目的新兴艺术派的一员。他擅长运用乔伊斯等人的心理分析手法,追求理性的合理性。在日本现代作家中,很少有人像阿部知二这样能描写出成功的理性小说。在日本文坛,他以知识分子作家而闻名。他兼具知识教养和社会良知。他的主业是大学教师,在教书育人的同时创作小说。因此他既是作家,同时也是教育家和启蒙家,还是文化运动的旗手。主要作品有《冬日栖所》《北京》《幸福》《风雪》等。二战后的作品有《朦胧夜》等。

第三节 日本战后文学发展

一、传统文学的重登文坛

战后的民主化和众多文艺刊物的纷纷复刊、创刊，为传统文学的老大家重登文坛创造了精神条件和物质条件。战争期间一些进行艺术的抵抗或保持沉默的传统文学的老大家处在创作力最旺盛的阶段，他们长期受到军国政治的严酷的统治，被迫多年封笔，心底压抑着一股强烈的创作欲。战后自己一旦获得了解放，这种长期受抑制的创作欲望，就犹如火山喷发般地爆发出来。比如一直搁笔的新浪漫主义作家永井荷风和前白桦派作家志贺直哉率先分别发表了作品《舞女》（1946）、《灰色的月亮》（1946），震惊了文坛。

在发表小说《舞女》之前，永井荷风于战争结束的当年1945年12月，就在《新生》创刊号上发表了《美国的回忆》并出版了日记《罹难日录》，此后一发而不可收，连续发表了中短篇小说《勋章》（1946）、《浮沉》（1946）等，显示了这位大家的旺盛的创作热情。同样是新浪漫主义作家的谷崎润一郎，在战争期间发表的长篇小说《细雪》只连载了两回，就被禁止发表，作家于战后重新执笔，继续连载，终于从1946年6月至1947年3月完成了三卷本。

最值得注目的，是前白桦派作家的重新活跃。志贺直哉除了上述的《灰色的月亮》以外，还有《被腐蚀了的友情》（1947）；里见弴的《弃老》（1946）、《漂亮的丑闻》（1947）；长与善郎的《野性的诱惑》（1947）等。由于协助战争而一度被清洗的武者小路实笃，经过多年的自省，写了《真理先生》（1949）等。这些前白桦派的作家仍以人道主义为基础，与战后的民主主义理念是一致的，给人一种白桦时代所没有的新鲜的感觉。其中，志贺直哉的短篇《灰色的月亮》最具代表性，作者用凝练的笔触，精确地描写了车厢里一个少年工人饥寒交迫的形象，以反映日本战败后粮食匮乏，老百姓忍饥挨饿的现实。

此外，正宗白鸟的《战争受害者的悲哀》（1946）、野上弥生子的《砂糖》（1946）、丰岛与志雄的《波多野邸》（1946）、宇野浩二的《龙胆草》（1946）、川端康成的《续雪国》（1947）、广津和郎的《疯狂的季节》（1948）、井伏鳟二的《今日停诊》（1949）等，都是这些老大家复出后的第一批作品，也是战后文学复兴后的开篇之作。

　　作为传统文学的私小说、心境小说的中坚作家，比如上林晓、尾崎一雄、檀一雄等也纷纷登场，他们一如既往地脱离热火朝天的战后的现实生活，闭锁自己及周围的小天地，来咀嚼自己生活中的种种体验。代表作有：上林晓的《在圣约翰医院》(1946)、平林泰子的《这样的女人》(1946)、尾崎一雄的《虫子的二三事》(1948)、檀一雄的《律子之爱》《律子之死》(1950)等。这些私小说大都通过自己的病痛，或妻子的病、爱与死，体味人在战后生活中的种种危机和面对生命意识的严重挑战，充溢着一种日本式的情绪和东方式的虚无主义。

　　尾崎一雄及其《虫子的二三事》更具典型意义。作者在小说里描写主人公"我"卧病在床，细心观察蜘蛛并联想到跳蚤、蜜蜂、苍蝇等种种小虫各自不同的习性，写出它们都为自己而努力的故事，从而反映了作者本人在病中思索着人对生与死的心境。其后，他先后发表的《瘦了的公鸡》(1940)、《虫和树》(1965)、《蜜蜂掉落了》(1976)等都是他的《虫子的二三事》的延续，通过它们来抒发自己对生死问题的看法。这不仅是尾崎一雄的私小说的一个特色，而且在日本战后私小说的领域里占有独特的地位。

　　伊藤整在《小说的方法》(1948)一文中，对战后的私小说表明自己的态度。他主要根据法国作家的"除私小说之外，没有小说。真正的小说，就是从小说虚构的故事的错觉中产生的幻影"的论点，强调："所谓小说，就是试图通过作者熟识的经常思考的人的生活现象，来捕捉人的感动的实体的语言艺术。"同时他在议论私小说的《调和与放弃》(1948)等文章中出现了"破灭者""放弃现世"和"调和者""把握现世"的表现方法，并在《小说的认识》(1950)等文章中强调统一两者的艺术认识论，完成小说认识方法的类型化。

　　如果说，伊藤整对私小说的认识方法表示强烈关心的话，那么平野谦则摄取伊藤整的类型化，在史的把握上为实现定式化倾注了力量。他在《私小说的二律背反》(1951)一文中认为，私小说和心境小说共同的基本特征是："祈望从生的危机意识中拯救出来。"他并将私小说的"破灭型"和"调和型"两类解释为：直率地自白实际生活的事件的作品是广义的私小说，进一步表现这种危机的作品是狭义的私小说，属于"破灭型"；叙述克服这种危机而达到更高的精神安定的过程的心境小说，属于"调和型"。因此，他的结论是："如果将私小说作为破灭的文学，那么心境小说就是拯救的文学。(中略)也就是说，私小说是破灭者、放弃现世者的文学，心境小说就是调和者、把握现世者的文学。"他认为尾崎一雄的私小说群，就是"调和型"的典型。

　　私小说不管是"破灭型"还是"调和型"，都是以自白孤独的自我为主眼，缺乏把握社会中的自我和洗练的世态风俗。战前小林秀雄就这个问题，在《私小说论》一文中已经提出"社会化了的我"的问题；战时在当局言论统治下，纯文学受到极大的压制，横光利一在《纯粹小说论》一文中，提倡"小说俗化论"，试图否定作为日本纯文学的私小说，"将纯文学变为通俗小说"。战后中村光夫针对私小说的上述诸种弱点，写了《风俗小说论——批判近代写实主义》（1950），作者在这里提到的写实主义，实指自然主义。他通过对近代自然主义的发生、展开、变质和崩溃过程的论述，分析了自然主义日本化了的私小说的技术虽然圆熟，但它误解欧洲科学实证主义，而混淆了事实与真实，完全丧失了文学想象力，只描写自我的生活实感，缺乏社会性。究其主要原因，不是作家力量的不足，或周围社会"条件"所局限，而是由于作家根据其文学理论，相信将文学达到"内面的自然"是"第一义"，并视之为私小说的成立之道。因此要构建一个新的文学的创造实验场，就要复兴私小说业已丧失的近代小说的两大要素——小说的虚构性和小说的社会性。

与此同时，中村光夫在文中还分析了战后私小说向通俗小说倾斜的倾向，指出：当时的小说支配形式——风俗小说是从战时小说通俗化运动中产生的，它"背负着我国小说的第二次现代化运动的挫折。可以说，它至今仍然决定风俗小说的根本性格"。也就是说，战后流行的风俗小说，是"在战时的阴郁的逼迫下受胎，作为战后混乱中的私生子成长起来的"；"从某种意义上说，风俗小说是'现代日本文学'的'扭曲'中产生的必然结果"。

战后重返文坛的一批风俗小说家写了一些流行的风俗小说，有代表性者如田村泰次郎的《肉体的恶魔》（1946）和《肉体之门》（1947）、石坂洋次郎的《石中先生品行记》（1947）、舟桥圣一的《雪夫人画卷》（1948）、丹羽文雄的《让人讨厌的年龄》（1949）、林芙美子的《晚菊》（1949）等。他们的作品大多缺乏思想性、社会性，只描写战后混乱和颓废的世态人情与风俗的表面现象，甚至以卑俗的肉体与放荡的性风俗来迎合某些读者的趣味。中村光夫的上述批评，正是针对这些风俗小说的。

从战后总的文学情势来说，传统文学老大家的作品，是填补了战时的文学空白的力作，显示了他们的近代文学传统的功力、真实性和较高的艺术性，对于那些对文学如饥似渴的读者来说，不愧是美的飨宴。可是，传统的近代文学的一个很大的弱点，就是不贴近社会生活，而战后的这批老大家仍然未能革新这一传统。尤其是私小说和风俗小说并没有随着战后文学革新而有所变化。相反，在既成文坛中还有一批与上述传统文学作家具有鲜明对立意识的作家群，比如太宰治、石川淳、织田作之助、坂口安吾等，试图以反传统的文学理念和方法，来反映战后的虚无、颓废和绝望的心像风景。

青野季吉、小林秀雄、中村光夫、河上彻太郎、渡边一夫、桑原武夫等一批中坚文学评论家、文艺学学者，以丰富的学识和中正的良知，进行战后独自的启蒙批评活动。他们引进西方的知性和现代人文精神，批判日本社会文化和文学的封建性、落后性和贫弱性，为确立现代的社会文化和文学而努力。

战后的新时代，呼唤一种新文学。战后派的诞生，已成为历史的必然。

二、民主主义文学运动的相位

战后日本民主主义文学的生成与发展是战后民主主义运动历史发展的必然。1945 年 8 月 15 日日本无条件投降后不久，战前无产阶级作家平林泰子就提出以抵抗军国主义的文学家为中心重建旧无产阶级作家同盟的问题。但是，为了适应战后的时代变化，藏原惟人、中野重治、德永直、秋田雨雀、江口涣、壶井繁治、藤森成吉、洼川鹤次郎和宫本百合子九人在志贺直哉、野上弥生子、广津和郎等老作家的赞助下，以民主主义为目标，于同年 12 月发起并成立了新日本文学会，并创办《新日本文学》杂志，开展民主主义文学运动。《新日本文学》1946 年 1 月创刊号上声明其宗旨是：(1) 创作和普及民主主义文学；(2) 团结和发挥人民大众创造性的文学力量；(3) 同反动文学和文化作斗争；(4) 争取进步文学活动的完全自由；(5) 加强同国内外进步文学和文化运动的联系和合作。

为此宫本百合子在《新日本文学》1945 年 12 月试刊号上发表题为《歌声哟，唱起来吧！》的文章，强调："所谓民主文学，就是意味着我们每一个人都要为社会和自己合乎历史逻辑的发展而献身，就是要毫不含糊地唱起反映世界历史的必然趋势的歌！"新日本文学运动是为一切民主主义文学的前进而斗争的文学运动。以"近代文学派"为主体的战后派作家、战后成长的工农作家和传统派的老作家三百多人参加了这一运动。可以说，民主主义文学运动是以战前无产阶级作家为主体，包括民主主义、自由主义、现代主义作家参加的文学上的广泛的统一战线，而不是战前无产阶级文学运动的简单的延续。

作为民主主义文学运动主体的无产阶级作家的一部分人，主张继承和发扬战前无产阶级文学的传统，于是在新日本文学会内部就民主主义文学运动方针及其与战前无产阶级文学运动的关系，以及无产阶级文学史观产生了分歧。

藏原惟人强调：民主主义文学的中心部分应该是继承和发展战前的无产阶级文学，以共产主义作家和工农作家为主体，坚持社会主义现实主义，并密切结合大众的民主、独立要求而展开文学活动。同时民主主义文学运动又是广泛的民主、民族统一战线的运动，不应对它的一切成员提出划一的要求，社会主义现实主义只是一种基本创作方法，其中可能具有多种多样的创作模式；民主主义文学可以采取社会主义现实主义与其他创作方法并存的方针。（《文学论》）

宫本显治则特别指出：评价战前无产阶级文学的前提条件是必须坚持党性原则、坚持无产阶级现实主义；文学必须是阶级斗争的一翼，文学运动应放在阶级斗争的主体——工人、农民为首的被压迫的大众上。在这一前提下，他提出：战后"文学必须从属于新民主主义政治——这是文学在现实社会中的一种新的自觉的姿态。这样，作家才能认识社会发展的必然性，文学才能成为最自由、最真实、最高价值的东西"。（《新的政治与文学》）

近代文学派多数作家反对战前无产阶级文学的政治主义倾向，以及宫本显治的"政治首位论"，强调战后文学最重要的问题，首先必须是确立自我，恢复文学的主体性。因此，民主主义文学运动不能成为战前无产阶级文学运动的"修订版"，采取一种全盘否定战前无产阶级文学传统的姿态。本多秋五就说："战前无产阶级文学的道路越走越窄，处在无法发展下去的僵局，"因此，为了使民主主义文学"今后获得更大的发展，就必须弃旧图新，重新开始"；平野谦认为"评价无产阶级文学运动是谬误的历史的同时，也估评其发展的历史"，他根据这种两重思考方法，提出了与中野重治相反的看法"民主主义文学比无产阶级文学运动倒退了一步"；作为近代文学派主要成员之一的小田切秀雄考虑了双方的意见，提出如下值得重视的见解："民主主义文学如果不批判战前无产阶级文学不成熟的和偏差的部分，不但不可能有新的进展，而且还会失去宝贵的遗产。"他列举了"宫本百合子写《播州平原》、德永直写《妻啊，安息吧》就是要亲自解决这个问题。这些作品不是再现过去的无产阶级文学，而是以更高层次的内容和形式，实现政治与文学的统一"。

从以上各种论点中可以看出民主主义文学作家的经验与教训。他们试图在再批判地继承无产阶级文学遗产的基础上，建立民主主义文学的新理论和新实践，以推进战后日本文学的发展。但是，也不难发现他们之间存在微妙的差异，不时将"左"或右的意识形态带进民主主义文学运动，从不同方向来理解民主主义文学运动继承无产阶级文学传统的问题，因而孕育着可能将民主主义文学运动置于战前无产阶级文学运动延长线上的危险性。

从战后民主主义文学运动发展的脉络来看，民主主义文学运动在建立新的文学理论和文学实践方面，以及统一战线方面，都做了新的努力，而且取得了毫不逊色于无产阶级文学运动的成果。

在理论建设方面，开始注意到无产阶级文学运动在阶级和社会生活中的地位和作用评价上的某些偏颇，认识到两个方面的统一，即文学的阶级性与民族性、国民性的统一；文学的艺术性与大众性、时代性的统一的必要性。譬如"国民文学论"的提出、藏原惟人对自己的理论的调整、小田切秀雄对宣传与文学关系论的提倡，乃至近代文学派"文学的主体性"的主张，都是在努力克服"文学从属于政治并为政治服务"这一理论的偏差，为实现更高层次上的政治与文学的统一作出积极的探索。

在创作方法方面，坚持民主主义文学的主导思想和文学方法——社会主义现实主义的同时，注意文学史上创作方法的多样性，倡导社会主义现实主义创作方法与其他创作方法并存的方针。也注意正确处理世界观与创作方法的关系，比如藏原惟人对他过去照搬苏联"拉普"提倡的"辩证唯物论的创作方法"，将创作方法等同于世界观的错误进行纠正，提出："作家树立正确的世界观是描写现在复杂的社会不可或缺的条件，但同时作家必须用自己的眼睛广泛而诚实地观察和研究现代的现实，才能作为本人自身的实践，从中提取本质的、思想性的东西，才能将思想性和现实性统一在其作品里。"（《为了民主主义文学的前进》）他为此突破社会主义现实主义创作方法的单一性，在坚持社会主义现实主义的基础上，倡导多种创作方法并存。

民主主义文学在创作实践方面，产生了宫本百合子的《知风草》《播州平原》，德永直的《妻啊，安息吧》，中野重治的《五勺酒》，野间宏的《阴暗的图画》《脸上的红月亮》，金达寿的《玄海滩》等一批优秀作品。它们不仅多角度、多方位、多层次地反映了战后反对绝对主义天皇制、控诉军国主义的侵略战争、揭露美国对日本投掷原子弹的罪行等等人民的生活和斗争，而且在克服创作方法的单一化和题材狭隘而使作品流于公式化的缺点方面，以及在尊重文学的特殊性和作家主体的个性、积极探索文学形象和模式的多样化方面，都迈出了可喜的一步。藏原列举出宫本百合子、德永直、佐多稻子、壶井荣采取的革命现实主义的创作，金达寿在俄国现实主义基础上构筑新的浪漫，野间宏受现代主义影响而建立社会性的浪漫，江马修、藤森成吉等广泛吸收17世纪至18世纪以来的古典文学、实录文学、大众文学的方法和形式，来说明这种努力，"成为现代日本民主主义文学的中心的一环"。（《文学论》）可以说，民主主义作家所取得的艺术上的成就，为拓展民主主义文学的创作道路做出了自己的历史性的贡献。

在民主主义文学运动的统一战线方面，吸收战前无产阶级文学运动的统一战线存在排外主义、宗派主义的错误教训，根据和平、民主、民族运动的要求，提出了参加者都能接受的运动的宗旨，在统一战线中，既坚持无产阶级文学家的主体作用，也尊重其他各阶级各阶层的文学家的自由立场，所以参加运动的文学家尽管在意识形态上有所不同,但在战后首要的根本问题上——和平、民主、独立这一点上取得一致,而在文学的特殊性问题上-艺术方法和艺术作风这一点上保持各自的自由,这样团结的范围就广泛得多,战后民主主义文学运动的统一战线,一度出现了生机勃勃的局面。

但是,民主主义文学运动也存在一些值得总结的问题,譬如不时泛起的政治上的宗派主义、艺术上的政治主义和艺术至上主义。民主主义文学运动初期保持着发展势头,其后受到极大的挫折。以政治与文学关系来说,在围绕"文学的主体性""战前无产阶级文学史观"等的论争中,各方面都提出过许多颇有建设性的理论,企图调整两种极端对立的论点,但由于宗派情绪和党派政治的困扰或干预,都失去了调整的机会,再加上统一战线的内部,未能充分正确地运用团结与斗争的武器,尤其在艺术上的分歧往往从政治上加以批判和斗争,致使藏原惟人所说的无产阶级文学运动动辄分裂的"这一大癌症",在新的历史条件下,以新的形式,在民主主义文学运动内部不断滋生和蔓延。这样,民主主义文学的道路越走越窄,越发失去发展的机会。到了50年代末60年代以后,国际共运的意识形态的分歧逐渐公开化,国际上掀起反斯大林的政治思潮,不仅影响到无产阶级政党,而且波及民主主义文学运动。文坛上出现一股从否定无产阶级文学到批判民主主义文学、战后派文学的思潮,也出现一股文学上的"圣战"思潮,林房雄的"大东亚战争肯定论"与之呼应。这种政治思潮和文学思潮给民主主义文学运动带来了很大的消极影响。60年代中期,新日本文学会再度分裂。从此,战后文学史意义上的民主主义文学运动也就自然告终。

三、存在主义的再传播

西方存在主义哲学传入日本,始于20世纪。1919年和迁哲郎出版《尼采研究》之后,介绍与研究工作逐渐走向系统化。1931年九鬼周造发表的《存在哲学》一文第一次介绍了存在主义的基本理论。稍后的1933年,三木清引进"不安的哲学",主张自我是行动的自我、实存的自我,并从客观转向主观,引入自我的内部,表达了自我与存在主义哲学的"先于本质存在"的命题,从而明确地表述了存在主义的思想。翌年,开始在文学上译介的西方存在主义的文学作品有:堀口大学译的《墙》、臼井浩司译的《呕吐》《密室》等,同时陆续创作了一些具有存在主义倾向的作品,如村山知义的《白夜》、高见顺的《应忘故旧》、三好十郎的《幽灵庄》等。但当时在日趋严重的绝对主义的重压下,存在主义没有适宜的发展土壤,没有流行起来并形成一种文学思潮,不久就在军国主义的思想钳制下被扼杀了。这就造成日本存在主义发展的滞后性。

战后 1946 年，以翻译出版《墙》单行本为契机，萨特主张"介入文学"的思想，开始对战后日本文学产生了影响，但陀思妥耶夫斯基的影响也是不能忽视的。他们的影响，主要表现在存在主义作家们按各自的方法，尝试着以存在主义来表现文学的整体，将存在主义文学倾向向社会扩展，反映战后社会的整个危机意识。

日本存在主义文学的基本内容，首先是探讨战争对人性的扭曲、人的存在的荒谬性和反省人的存在的价值；其次是寻回在战争中丧失的自我，重新检讨人的自由问题，即获得"自由的选择""自由的创造"问题。与此相关，就是对人道主义的追求，强调尊重人，发出了尊重人性的呼唤。这是建立在批判战争的非人道、反人道的基础之上的。

50 年代以后，随着战后时代的终结，日本社会开始摆脱战后的混乱、贫困和战争的阴影，经济进入恢复与高速发展，社会相对稳定但又面临新的矛盾和危机。日本存在主义从探讨战争和战后人的基本存在的关系，转而关注整个资本主义社会的状况和人的存在的不合理现象，但又表现出一种悲观与绝望的情绪，只相信自我的完善，而不相信民众的变革力量。他们对战争的体验逐渐淡薄，有些人就根本没有战争的体验，脱离了战后初期的存在主义对战争和战后生活的积极关心，虽然也不乏对政治、社会的关心者，但大多陷入追求个人内心的不安和日常生活的矛盾中去。这种转变，主要是如上所述的日本社会，既充满和平与发展，又充满荒诞、异化、扭曲和丑恶的一种反映。文学要表现这种与战后初期不同的社会现实与生活，无论在观念上和形式上，自然都要发生相应的变化。从对战争和战后生活的关心，转向对资本主义社会的危机和新时代的核武器对人类的威胁等现代社会问题的关心，作出存在主义式的思考。正如大江健三郎所说的："我们新的一代文学家必须在可怕的孤独中进行暧昧的战斗。"(《传统与文学》)所以说，存在与虚无几乎成为存在主义文学的主调。

从创作上来说，战后派的埴谷雄高、椎名麟三，第二批战后派的安部公房，以及"第三代新人"之后涌现的大江健三郎都是较有代表性的存在主义作家。

埴谷雄高对战后存在主义文学的功绩，在于就战后文学的位置进行了探讨，努力促使存在主义日本化。他认为："20 世纪文学的主题是挖掘战争与革命的力学，以及通过掌握存在论进行一定的阐释。"

这一"战争与革命的力学"的思考和"存在的革命"存在论的视点，成为战后埴谷文学的中心命题。这在他的《死魂灵》(1946—1949)中就充分表现出来。小说以三轮、津田两家的三代人为纵轴,以三轮与志为中心的同时代的青年们为横轴展开思想问题、观念问题的种种议论。与志少年时代就对自己的生抱有一种异常的感觉,认定人的意识与存在有矛盾。他思考的命题是"A是A,自己是自己"这个伦理学上的所谓"对同一律的不快",而且只相信这种不快,并推断这是一种与现代人的思维方式完全不同的思维方式。这是主人公的一种自我意识的延长。

因此,小说没有故事情节,描写的地点无论是设置在精神病医院、牢房,还是在亭子间、公园等,人物都是以紧张的对话和奔放的思考,围绕与志提出的上述"对同一律的不快"观念性的主题,展开不同代人之间或同代人之间的对立观念的议论。作家试图通过绘声绘色地描写这些战前参加过或接近过革命运动的人们自由自在的议论,突出宣扬主人公的"不快",不仅存在于自己的感受,而且还存在于"宇宙性的气氛",即宇宙间的万物之中,于是不断地对自己是现实的存在表示"不快"。它揭示了"对同一律的不快"是一切事实变化的原动力。这一存在论反映了作家本人对于变革人的精神的"存在的革命"的追求,以及对西方存在论作出的"亚细亚式的思考"。作家最后提出只有充分掌握"存在的革命"的三个条件,即"从终结开始则无法开始""巨大的无关系""最高的存在才是存在",才能实现"意识—存在"。这些议论是比较难解的,但《死魂灵》的独到之处,在于它通过诗的想象力和追求意识流的特异文体,将自我与存在的形而上的观念出色地表现出来。

椎名麟三的处女作《深夜的酒宴》(1947)描写主人公"我",在贫民窟中生活,接触到各类下层民众,他们在饥饿与疾病的生死线上挣扎着生活。"我"每日都企盼着他们出现奇迹般的变化,然而迎来的却仍然是无变化的无意义的日常生活。"我"产生了苦闷,慨叹:"我只是在无法忍受的现状下忍受着。""忍受,对我来说就是生存。我要通过忍受从一切沉郁中解放出来。"最后"我"在无奈中与他们当中的妓女加代在深夜的酒宴上告别。小说首先表现了人在战后的废墟上的生存,产生一种不安感和不快感;其次表现了对自由的怀疑,人既没有希望也没有幸福,只有在不安和绝望中挣扎,仿佛在死亡线上徘徊,彻底感到人生无意义,彻底厌恶和不信任一切现实、一切思想。

他的《永恒的序章》(1948)的主人公、残废复员军人砂川安太因患结核病,医生告诉他,他将不久于人世。他感到自己的死已经确定、自己的存在已无意义时,就以为自己反而有了一种"牢固的自由感",可以成为一个完全意义上的社会主义者,于是向革命运动转化,在游行的高潮中因心脏病猝发而死去。他死时脸上浮现出一丝微笑。在作家看来,"死,它给我带来了一切。带来了自己是活着的感受，带来了这种牢固的自由感"。这表明作家的人生观充满由死、自由、革命、"沉郁""忍受"交织着灰色的"死的恐惧"和"不幸的意识"。这种灰色意识，在《深尾正治的日记》(1948)里更是充分地表现出来：被捕的共产党员深尾正治苦于胃痉挛，受到肉体痛苦折磨的时候，就想起自己读过的尼采的书来，知道了唯物史观对治胃痉挛毫无作用，便反省自己"真的爱大众吗"。爱大众，就要让大众从"不幸的意识"中解放出来。那么"自己真的能够为大众而死吗"？这时候，深尾正治明白："思想这玩艺儿，是无法孤独地忍受的"，"可以让我在这种孤独中死的，不是思想，而是别的东西"。作家还在深深地思考着"人的自由"这个命题："人，从死中获得自由吗？""革命是真实的吗？"作家也陷入迷惘而不能自拔。

这不仅是椎名麟三"转向"后的孤独心境的自白，也是许多"消极转向"者的孤独的心路历程的写照，也正是所有"赤色的孤独者"的"徒劳的悲剧"。此时椎名写的《赤色的孤独者》(1951)就反映了他的"灰色意识"开始倾斜，到了《邂逅》(1952)、《自由的彼方》(1953)就完全转向信奉基督教及其文化思想。在实际生活中，作家本人在思想迷惘，走进了死胡同之后，早已于1950正式接受了基督教的洗礼。

安部公房和大江健三郎将日本当代存在主义文学推向一个新的阶段。安部公房先后发表了短篇《赤茧》(1950)、中篇《卡尔玛氏的犯罪——墙》(1951)，分别获得了战后文学奖和芥川奖，一举成名。《墙》的主人公卡尔玛因为一觉醒来，忘却自己的"名字"，失去了这个象征性的符号而被认为是罪犯，非接受审判不可。他无法接受这一现实。他发现自己被墙包围，自己欲图将墙吸收，变形为一堵墙。安部公房就这个主人公的造型方法曾这样写道："在我的思考里，这个纯真而平凡的主人公似乎是一种类型的存在主义者。我尽量沿着行动来具体地描写他，同时努力表现他把理念行动化的道理。我不是用一般的喜剧表现客观化的方法，而是考虑用主观的自然的表现来达到喜剧化。"(《卡尔玛的来历》)

他的《沙女》(1962)描写一个昆虫学者在现实不断侵蚀自己的生活的威胁下，作出自己的选择，进入一个沙洞里，在不断地与侵蚀而来的沙搏斗中，绝望地发现了现实世界的一个新侧面。作者着力表现主人公与沙搏斗的精神运动，寓喻人在混乱的社会的孤独中，通过努力才能创造人的存在的客观条件，才会寻找到存在的可能性。

《箱男》(1973)表现了一个男子钻进厚纸箱里，梦想这样可以获得一张永远不存在的证明。因为他以为将箱子盖上后，他就能成为一个谁也不是的存在。箱男在纸箱里做了一个匿名的梦。在梦中，弄到不存在的证明也好，或者完全放弃不存在的证明也好,他究竟能忍耐到什么时候呢?箱男最后好歹摆脱了箱子,他在做开始过箱子生活之前的梦,还是在做从箱子走出来之后的生活的梦呢?作家通过这样一个超现实的故事,来反映人在充满异端气味的社会里,寻求能自由地参加社会的生活,不断去探索人所生活的世界。其变形是社会扭曲和异化的反映。因此,这种探索是艰难的,但其意义是不能否定的。

安部公房在现实中发现了超现实,又努力捕捉超现实的现实。他塑造的人物无论变身、变形的形象是"茧人""墙人"还是"沙人""箱人",都作为构成超现实的总体,构成"物"的世晃与"实存"的世界,即外部的现实与内部的现实的双重异化。但他们虽然被双重地闭锁在现实的秩序和自我意识的内部,还是顽强地挣扎着表现自己的精神。所以说,安部的文学世界不但没有脱离,而且牢固地植根于日本的今日和明日的现实。在他的绝望的内心里,回响着希望之音。

大江健三郎继处女作《死者的奢华》(1957)之后发表的《饲育》(1958),获芥川奖而正式登上文坛。从此怀着极大的热情更新文学的观念和构建特异的文体,以此来展现自己独特的文学世界。他与开高健的出现,被认为是继第三代新人之后又一代新人的诞生。

大江健三郎的文学生涯的一个组成部分,从《个人的体验》(1964)到《燃烧的绿树》(1994—995)都将焦点对准他与脑功能障碍的儿子之间共生的感情,并引发出他的随笔集《生的定义》,及其后的《广岛札记》(1964)。在直接接触受到原子弹灾害的广岛人的生活方式和思想以后,反过来他又品尝到因为儿子的残疾而深藏在自己心底的精神恍惚的种子,以及颓废之根被从深处剜了出来的痛楚。他把两者作为有机联系的综合体来加以思考,并规划其行动。也就是说,他同时面对儿子和那些广岛原子弹受害者频繁的死与生,对残疾和核武器的悲惨后果问题进行"具有普遍意义的人性"的双重思考,采取"战斗的人道主义的"行动。比如以最大的爱心和耐心将濒临死亡的幼小生命培养成一个很有造诣的作曲家;他又以最大的热情和毅力投入全人类最关心的反对核试验运动。

大江创作的一贯主题,首先是描写人在闭塞的现实社会中寻找失落的自我的状态,以及人被闭锁在"墙壁"里求生存的状态。从他的《死者的奢华》(1957)、《他人的足》(1957)、《人羊》(1957)、《感化院的少年》(1958)等,都可以感受到他的小说的特质,是在文学上凸现生存的危机意识。作家在这方面的感觉是敏锐的,但他所探索的,不是人的消极的、否定的一面,而是人在现代闭塞状态下求生存的积极的、肯定的一面。应该说,大江对萨特存在主义的吸收，以及对战后时期日本存在主义文学的传承，表现了他对社会的参与意识是非常强烈的，并且积极把握日本史转型期的重大事件，并将它文学化。缘此，他的作品常常带上浓重的政治影子，也就是通过文学对各种政治事件和社会问题发表自己的见解，比如将批判天皇制、反核武器具体到反对日美安全条约等政治命题。尽管如此，他又不是图解式地直接表现政治的实相，更不是将文学简单化为政治的载体，而是与作为人的生存的基本条件联系在一起，并通过想象力而加以发挥。比如《万延元年的足球队》(1967)、《洪水涌上我灵魂》(1973)，或者幻想着模仿百年前在山谷的农民，组织一支足球队鼓动"现代的暴动"，或者幻想着地面上发生核爆炸、地壳大变动、大洪水涌来等等。从表层来看，似乎是作家面对政治危机、核危机、破灭与死，陷入个人内心的不安和虚无中，但从深层来看，却含有更为积极的内容，它不仅展现了一个异化、扭曲和丑恶的世相，而且表现了在政治重压、核威胁下人存在的孤独，以及人与人、人与社会、人与自然既相互联系又相互疏远的关系，并深入探索今人如何拓展自己的生存空间。

大江自认为最得意之作《摆脱危机者的调查书》(1976)、《同时代的游戏》(1979)，最充分地体现了作家上述小说观的最根本的核心。作家设定的视点是非常独特的，一个是从宇宙派遣了"二人帮"来地球摆脱"地球危机"；一个是从"村庄＝国家＝小宇宙的历史"，创造了无限大的宇宙空间，让巨人创造者和破坏者在这宇宙空间展开格斗。实际上，作家是通过这一视点，导入自己独特的"眼"，以超越于自己设定的虚幻世界，来完成一个新的真实的观照世界。这两者的联接点就是想象力。于是作家插上了想象力的翅膀，遨游于现实的世界。这样作家的意识，也可以说作家的目的意识，就自然地流贯于小说的世界和人的实存的世界这两个内与外、表与里的世界。

在西方存在主义的影响下，大江与诺曼·梅勒一样以为"20世纪后半叶给文学冒险家留下的垦荒地只有性的领域了"，(《性的奇怪·异常与危险》)于是他在这一领域里开辟了一块"性＋政治"的试验田，把性与政治作为表现人的存在和状态的两个重要的表征，并且实实在在地耕耘着。他的试验性的作品《我们的时代》(1959)、《性的人》(1963)、《个人的体验》(1964)自不用说，他的《叫喊声》(1962)、《日常生活的冒险》(1964)也都是抱着对现实社会的逆反心理，以性为通路，通过反社会的性行为，向现实世界中的日常生活挑战，向现今的权威主义者挑战，来寻求人的真实存在。正如《叫喊声》的主人公最后在现实的压迫下，在孤独和焦灼中，不得不呼喊出："我是人！"

在这些作品里，大江运用了弗洛伊德的心理学，使用了一些有关精神病理学的用语，但其着重点是强调性与政治的表里关系。他没有在生理的因素上多作文章，而是利用生理学与心理学、社会学的交叉系统，多角度地通过形象来叙述人性的本质和根源，以及人深深扎根于生的欢悦的愿望，同时把"性"作为政治的暗喻，展现现代人的性世界，其最终目的是为了探索打破这个令人窒息的社会现状的可能性，给读者提供一个崭新的审视日本社会的窥视镜。面对某些评论家对他的这几部作品的充满道德意识的抨击，大江在《文学笔记》（1974）中作了如下的辨析："只要是关于性的人，那么，性的形象就是一种能够移位的、使多样的侧面统一起来的形象。"

大江是把性问题作为一个文学上的严肃问题来思考的，性的形象不是孤立的形象，而是由生理、心理、社会等多侧面统一起来的形象。他探求的性，不是性的自然属性，也不是分割了性与其他社会文化因素的联系，而是与人类社会和人类文明的复杂性相对应，与其他社会文化因素、也包括政治因素相统一的，反映了人的性被压抑和求解放的愿望。性现象的复杂性，实际上是社会现象复杂性的反映。大江闯进了前人难以取得成功的这一领域，自觉地将这一命题作为作家的命运，巧妙地把握了性与政治统一的创作原理和方法，并大胆地付诸创作实践而取得了成功。

正如柘植光彦总结这一时期的日本存在主义文学的特点时指出的："实际上，有的作家受萨特的影响，也有的作家没有受萨特的影响。从整体上看，毋宁说受陀思妥耶夫斯基的影响更强烈些。尽管如此，应该指出的是，在战争时期和战后时期，人的状况给所有的作家都带来了以共同感觉作为基础的共同的主题。战后文学的存在主义倾向，首先是自律地产生，其次是通过与萨特的邂逅产生巨大的漩涡。"

第四节　当代日本文学的发展走向

一、当代现实主义的深化

从近代文学来看，日本现实主义的发展受到了历史条件的较大限制，特别是在30年代日本帝国主义发动战争以来，受到了更残酷的压制。总之，它缺乏积极的批判精神。在新的历史条件下，当代日本现实主义有了长足的进展，并且不断加以深化。

当代现实主义对时代、社会和生活的认识不断深化，比较重视文学的社会性，具有相当的批判力量，尤其以暴露和批判专制封建主义和垄断资本主义为其主要特色。

第二次世界大战刚结束,现实主义文学首先面临的课题就是恢复文学的真实性,并大胆地揭露侵略战争的罪恶,批判绝对主义天皇制。一个时期内,反战和反对天皇制的封建性,就成为现实主义文学的命题。现实主义作家从广泛的社会视野把握这场战争客观存在的真实,深入挖掘日本军国主义发动侵略战争的根源。他们自觉地认识到要把握描写战争的主题,"就必须站在消灭战争(对帝国主义来说,战争是必然的)的立场上,站在明确战争的立场上",不然就"无法描写战争"。(野间宏《关于战争小说》)从井伏鳟二的《遥拜队长》、田宫虎彦的《画册》批判天皇制开始,到野间宏的《真空地带》、大西巨人的《神圣喜剧》、五味川纯平的《虚构的大义》、大冈升平的《野火》等都没有停留在写战争的残酷性、法西斯的野蛮性等表象上,而是深入探讨战争与国家权利、战争与国家民族的关系等内在问题,以阐明战争的本质,并且对代表垄断资本和封建地主阶级的政治权利发动战争的目的,进行有力的揭露。大冈升平在《野火》中说明:"对少数操纵战争的权贵来说,打仗是为了赚钱!"五味川纯平在《虚构的大义》中明确指出:他们"在维护国体的名义下,来维持以天皇为首,包括他们自己和以他们为代表的既得利益阶层的体系","日本军国主义者的顽固不化,盖源于此"。现实主义以战争为题材的文学,从一般暴露到深入探讨战争的教训,把对战争的控诉,对和平的渴望,同对战争的总结有机地结合起来,应该说是一个很大的进步。

当代现实主义文学的另一特色,是紧贴时代的脉搏而跃动的,具有强烈的时代色彩和历史色彩。以1950年美国发动侵朝战争为转机,日本加速复活垄断资本,扩充美军基地,重新扩充军备。美日当局为此制造了"下山事件""三鹰事件""松川事件"等一系列政治事件,迫害进步力量。现实主义文学面临新的挑战,日本的和平、独立与进步就成为现实主义作家所关注的重大问题。他们不仅创作了一批以反对美军基地、争取日本和平与独立为题材的作品,而且写了许多揭露美日当局制造一系列政治事件的真相小说,比如松本清张的《日本的黑雾》揭露"帝国银行事件""下山事件""松川事件""白鸟事件"等,井上靖的《暗潮》揭发"下山事件",广津和郎的一系列报告文学揭露"松川事件"的真相等等。这些现实主义作家本着良知与正义,燃起执拗地追求真理和伸张正义之火,以求实的科学态度,抨击了美日当局的政治阴谋,并对进步力量作出积极的肯定。这就需要作家怀有强烈的社会责任感和面对现实的巨大勇气。正如评论家福田宏年评井上靖的《暗潮》时所指出的:"如果没有充分的思想准备,是不敢动笔的。"(《井上靖的文学模式》)

随着日本经济的高速发展,垄断资本更加集中,政经一体化,资本主义的政治经济领域的斗争更为剧烈和复杂,现实主义作家对此有着清醒的估计,敏感地把握住这一时代的特征,不断深化对这一社会生活的认识。他们透过社会现实矛盾的表象,深入探索当代垄断资本主义社会问题的实质,特别是不回避矛盾,勇于闯进"禁区",涉及比较复杂的政界上层和金融界等敏感的领域,并按照现实生活的本来样式作出真实、客观的反映。可以说,这是当代现实主义深化的重要表现。以石川达三、山崎丰子为代表的一批现实主义作家对当代日本社会的现实生活表示了极大的不满,对垄断资本主义社会作出深刻的反映和有力的批判,使当代现实主义文学在新的时代条件下获得新的创造,就是最好的说明。譬如石川达三的《金环蚀》、山崎丰子的《浮华世家》就是这方面的典型代表作,它们所揭示的是垄断资本最本质的东西——政经一体化,揭示了垄断资本竞争的背后,金融界与政界的勾结,政界之间的争权。

在现实生活中,资本主义社会在经济上虽然有了惊人的繁荣,但最普遍最根本的社会问题,依然是少数人对多数人的阶级压迫和阶级剥削的问题(尽管剥削的方式方法与从前不同,但剥削的本质是不会改变的)。所以当代现实主义作家在暴露社会的黑暗、上层的腐败的同时,也注意到在资本主义制度下,下层人物的不幸和痛苦,努力表现社会上贫富悬殊的尖锐对立和劳动人民的困苦生活,写出了被剥削者被压迫者的呻吟、激愤,以及他们对剥削者、压迫者的控诉和抗争。尤其是工农出身的作家,自身深受阶级压迫的痛苦,有一定的政治觉醒,他们的作品大多撷取自己所熟悉的生活,主要以自己的劳动和斗争为题材。譬如,中田润一郎的《假罢工》、佐木隆三的《大罢工》、山下忽一的《田野录》等,通过工农的生活、劳动和斗争,直接触及日本社会的阶级和阶级斗争问题,而且作家运用工农大众的纯朴语言,注重塑造典型的人物形象,更增添了浓郁的生活气息,但在艺术表现上还有进一步探索和提高的必要。

当代现实主义在拓展作品生活空间和丰富表现的范围方面,都有新的进步。作家在针砭时弊方面比过去更加广泛和深刻,善于捕捉日常生活中普遍存在的问题,从小企业的破产、战争的孤儿和美国混血儿问题、环境污染乃至老人问题等不同的角度来反映社会的缩影。这些问题的合成,也可以窥视出当今日本社会的全貌,是当代现实主义文学的重要组成部分。

当代现实主义不仅在文学观念上有新的发展,而且在创作方法上,不完全囿于现实主义的传统,创造出多样化的格局。作家们打破现实主义传统对文学功利的狭隘认识,重视人和文学的特殊本质,从其审美的特殊要求和艺术的自身发展规律开掘人的丰富性,深入人物的文化心态、内在情感、潜意识等,来把握深刻的人生意蕴。于这种观念的变化的同时,现实主义的表现方法也发生了变化。更多的现实主义作家进行试验性的探索,突破现实主义传统的格局,不同程度地吸收了现代主义的各种文学观念和文学形式,使现实主义与现代主义达到浑然的结合,即在不改变重视社会生活的本质、典型化的个性和有序的情节的前提下,引进现代主义的注重感觉、深层意识和打破时空界限等技法,乃至引进荒诞、象征、黑色幽默等模式,来补充自己、发展自己。比如,野间宏在现实主义的基础上,博取存在主义、象征主义等观念和手法,进行创新;井上靖更多地将日本传统和现代主义融进现实主义之中进行了不同的追求,大大地丰富了现实主义的内含。这对于深化现实主义有着积极的意义,对于确定当代日本文学的走向也将起到重要的作用。

石川达三、山崎丰子等仍然遵循巴尔扎克式的传统现实主义关于"典型环境中的典型人物"的原则,真实地反映社会生活的重大矛盾,塑造具有社会个性的典型性格。

石川达三(1905—1984)早于1935年以长篇小说《苍氓》获芥川奖,正式开始作家的生涯。这部处女作以现实主义的创作方法,表现了日本军国主义走向侵略战争的30年代,国内民不聊生,贫苦人们被迫离乡背井流亡巴西前后的苦难生活,从而显示出他出色的文学才能。接着写了著名的中篇小说《活着的士兵》(1938),以他随军记者的见闻,真实地揭露了一支日本侵略军转战中国各地对中国人民大屠杀的暴行,以及日本侵略军的惨重伤亡,最后活着的士兵手捧战友的骨灰盒,奉命向南京开拔,奔向新的战场。这部作品在日本国内外引起强烈反响,当即遭到日本军部的查禁,作者被判刑。后来在军部的压迫下,石川也写过歌颂侵略战争的《武汉作战》等。战后作家在深刻反省的基础上,又以锐利的笔锋,写下了许多反映战后社会现实生活的优秀作品,为深化当代现实主义文学做出历史性的贡献。

战后石川首先推出的长篇小说是《风中芦苇》(1949—1950),以太平洋战争为背景,以中央公论社被强制"自动停业"的事件为主轴,以这一事件的主人公中央公论社社长屿中雄作及其亲友清泽洌为模特儿,描写了两个中心人物——从事新闻工作的苇泽悠平和清原节雄,在战争期间受到军部剥夺言论自由的压力,采取消极的抵抗政策;在战后历史的动荡时期,新闻社内部发生了劳资纠纷,他们又受到左翼的压力,被罢工团接管了新闻社,陷入挫折和失败的感伤之中。作家通过这个故事,暴露了战争狂人压制言论自由的野蛮行径,揭示了知识分子在确立近代个人主义和自由主义过程中所经历的思想动摇与内心痛苦,从一个方面对个人主义和自由主义进行理性的思考和批判。作家为《风中芦苇》中译本作序时这样写道:

任何国家都有困难的时代和痛苦的时代。国家苦难的时代人民被压迫担负起重担。从 1938 年到 1947 年是日本人民苦难的时代,那时完全没有言论自由。这本书是我悲痛的纪录。可是现在到了 1980 年,另外一种悲剧把我们禁闭起来了。那就是文化问题。这应该由民众通过自己的努力来解决。

这是石川达三几十年生活和创作体验的总结。事实上,自《风中芦苇》以来,作家正是从文化深层探索战后时期,尤其是经济高速发展时期存在的政治、经济和社会文化的"悲剧"问题,并为此写下了许多作品。其中有代表性的是《金环蚀》(1966)和《破碎的山河》(1969),前者描写保守政党内部通过某一大贪污行贿案而引起的互相倾轧和钩心斗角;后者描写在经济高度发展下资本家为了追求高额利润,破坏大自然的生态平衡,造成日本山河的破碎,同时塑造了一个资本家在事业、家庭和人格上表现的双重性,并在由此而生的种种矛盾和纠纷中,淋漓尽致地展露了他的假面背后的真嘴脸,在文中也处处可见作者对资本主义社会丑恶现象的感伤和悲愤的表现。这两部代表作,进一步推进这一时期的现实主义的创作繁荣。

这时期另一位有代表性的现实主义作家山崎丰子于 50 年代登上文坛伊始,就一直坚持现实主义的创作方法,她的作品不仅大量描写了作者生活所在地大阪船场地方的风土人情,而且以无畏的气魄和卓著的胆识,暴露了资本主义社会现实的丑恶和腐朽,被誉为"女石川达三",她也承认自己是以石川达三为典范。同时,山崎大学毕业后,在大阪每日新闻社学艺部任记者时,在井上靖的严格指导下,接受记者的采访和文字训练,育成了一双敏锐的"新闻眼"。可以说,山崎是师从两位现实主义的艺术大师。

山崎初期的作品,比如《暖帘》(1958)、《花暖帘》(1958)、《女系家族》(1963)、《女人的勋章》(1864)等大多是描写作家所在船场的地方商人,以"商号的力量"谋取发迹的故事,或发迹后招来争夺财产的结果,反映了船场地方经济发展的历史。《吝啬者》(1959)、《船场迷》(1958)则是优秀的短篇代表作,前者讲船场木材批发商的一个学徒工,平素吝啬,发家致富后,未改本性的故事;后者写一位五旬有余的妇人,想方设法将女儿嫁到船场,以便跻身商界,可是当如愿以偿之时,战后的船场已非昔日可比。这一系列作品的尝试是通过描写"金钱万能"为中心的一些社会现象,来揭示利己主义以及对物质的无限欲望等属于商人本质东西的。作家长期生活在船场,熟悉并认真研究了当地商人的语言和举止,使用的方言、谚语十分贴切,带有浓厚的地方色彩。这些构成山崎丰子第一个时期文学创作的基本特色。

山崎丰子进一步对资本主义社会一些带有普遍性的问题进行了严肃的探索和思考,更准确地抓住资本主义的基本特征,大胆而无情地揭露政界和金融界的黑暗和腐败，或者将视角投向更广阔的世界，关注着战争或政治灾害给人们带来的哀与怨。此时，她的现实主义创作方法更臻于成熟，且都是长篇巨作，主要有：《白色巨塔》（1965）、《浮华世家》（1970—1972）、《不毛之地》（1973—1978）、《两个祖国》《1978—1983》《大地之子》（1989—1991）等。

长篇的代表作是《浮华世家》。作家在创作《浮华世家》之初，就明确表示要"以银行为舞台，真实地写出银行内部的卑鄙奸恶，以及同银行相互勾结、沉瀣一气的那些官僚的丑行劣迹"。因此，小说所接触的社会面和生活面是相当广阔的，它以垄断企业的合并与反合并作为主干，铺展大银行家万依大介家的几个主要家庭事件，比如大介和铁平父子的矛盾冲突、大介与妻妾的同床、大介牺牲女儿的幸福搞政治联姻、女婿染指岳丈的小妾和最后铁平惨死在父亲大介设下的陷阱里等，以此揭露了金融界各垄断集团及各派政治势力之间的明争暗斗，以及垄断资本家的淫逸腐朽的没落的生活世相。作家对人物的塑造都经过缜密的艺术构思，把这些典型人物放在政治、经济、文化诸层面加以描绘，深入挖掘他们复杂的内心世界，赋予各个人物以不同性格特征。这充分说明作家善于观察社会，发现根本性的矛盾，有意识地将上层人物放在当代垄断资本主义社会发展的典型环境中加以鞭挞，使作品具有更深刻的揭露和更勇敢的批判力量。

山崎丰子在谈到这部作品的创作体会时说："我认为正是在这个血腥斗争的战场上，才能浮雕般地显现出赤裸裸的人物形象，才能捉摸到人的欲望和丑恶，才能发现人的聪颖智慧和纯洁心灵，这就是小说的妙味之所在。"（《创作〈浮华世家〉采访随笔》）

从战后的现实主义文学拓荒者野间宏、井上靖到当代现实主义文学勇敢实践者石川达三、山崎丰子，经过他们积极的探索和耕耘，日本现实主义文学被推向一个新的阶段。

二、20世纪后半叶诸种文学潮流

在第二次世界大战以后，现代文学潮流有了新的发展，出现了许多新流派和新倾向。作家们大多未经历战争期间日本法西斯统治的严峻考验。这种历史条件赋予了他们不同特点：他们反对封建法西斯主义统治，主张个性解放，追求资产阶级民主主义、民族主义和自由主义，同时不少人承认文学不能脱离社会，在一定程度上承认文学的社会性和思想性。而且，还直接参加了民族、民主运动，以及各种争取社会进步的活动。他们努力探索日本文学的新形式，抱有否定过去文学传统的倾向。

七八十年代日本现代文学潮流就是在这个基础上不断发展的，其特征是：

（1）对现实不满，积极关心社会问题，反对现行体制，可又不相信人民群众的力量，追求一种绝望的反抗。（2）不关心现实，缺乏社会意识，只追求自我内心的不安和日常生活中非现实的东西。（3）从"自我"的立场出发，要求从"封闭社会"的禁锢中解放出来，追求所谓"精神自由""个性解放"乃至"性的彻底解放"。（4）否定过去的一切文学传统，全力追求形式革新和文体革新。

年轻评论家中岛梓在一篇题为《文学的轮廓》（1970）的评论文章中，在理论上对它们作了一个很好的注脚："我们的时代，似乎用感受比用思索来得更容易，我们感受到世界的混沌状态，我们已经不能掌握，也不需要去掌握世界的轮廓，我们无所作为……这就是我们今后所能把握的唯一的文学和唯一的世界。"她还直言不讳地承认，这是"弱者时代"产生的"弱者文学"，"归根结底，它们似乎缺乏面对现实的意志"，"欠缺面对现实的认识"。

当今日本现代文学潮流包容了许多派别，它们是在错综复杂的社会思潮和文学思潮中展开的，主要派别是透明族、作为人派和内向派。

"透明族"颓废文学的出现是50年代中期"太阳族"文学的延伸。是时面临着由于朝鲜战争带来的诸多问题，在战后经济稳定并开始高速发展的背后，战后的民主革命热潮反而在衰退，知识分子在精神上产生一种失落感和空虚感。在这种社会文化状态下，文学上出现了石原慎太郎的《太阳的季节》（1955），反映出叛逆传统的道德规范和宣扬开放的性意识。其中心思想，就是强调"要干自己最想干的事"。它掀起了一场对迷惘的青年一代的巨大的冲击波。这部小说还获得芥川奖，造成文坛出现赞成与否定两种意见。论争的焦点，主要围绕这部作品的文学价值和伦理价值的问题。以佐藤春夫和龟井胜一郎为代表的持反对意见，认为它"缺乏适度的美学"，是一部"赌博性的典型作品"；以舟桥圣一和中村光夫为代表的则作出肯定的支持。总之，它带来了批评基准的混乱，破坏了文坛固有的秩序。

继"太阳族"之后，于70年代下半叶出现的、以"透明族"为代表的颓废文学，是一批年轻作家不满现代的"封闭的社会"，为打破这种"封闭"、沉闷状态而出现的。这些年轻作家认为，日本文学如果不在内容上，特别是不在形式上出奇翻新，就会"枯萎衰竭"，于是他们主张打破日本文学的旧传统，从自我的立场出发，追求所谓"精神自由""个性解放"乃至"性的彻底解放"。于是，他们用"非理性"的形式主义的创作方法，来表露自我的虐待、虚无的绝望和反常的心理。从中上健次的《岬》（1975）开始，到村上龙的《近乎无限透明的蓝色》（1976）、池田满寿夫的《献给爱琴海》（1977），形成了一个新的流派——透明族。这也是70年代日本文学的一个倾向。

透明族名字之由来，是由于1976年青年作家村上龙的《近乎无限透明的蓝色》一书，博得了文坛的一片喝彩，被吹捧为日本现代文学的"新高峰""划时代的作品"，是继战后初期田村泰次郎的"肉体派"文学和50年代中期以石原慎太郎的《太阳的季节》为代表的"太阳族"之后的"又一部轰动日本社会的作品"。于是，一些文艺评论家取其名中的"透明"二字，作为这一颓废派的标签。

村上龙当年是东京武藏野美术大学四年级学生，曾有过"反体制思想"，参加过学生运动，受挫折后悲观失望走向颓废。《近乎无限透明的蓝色》是他的代表作，描写主人公龙和一群青年，聚集在横田美军基地周围，吸毒酗酒，沉溺于糜烂的性生活和虚无缥缈的梦幻之中。龙本人跟一个吸毒的酒吧间女招待莉莉发生性关系。同龙交往的一群青年也整天耽于麻醉品、酒和性欲中寻欢作乐。一次舞会上，在酒和麻醉品的漩涡中，白人、黑人和日本青年男女在众目睽睽之下纵欲乱交。龙为了弄到麻醉品和贵重物品，在舞会上给美国兵介绍女人，而龙自己也成了美国兵发泄兽性的工具。在吸毒、酗酒、乱交之后，龙和莉莉又胡乱地驱车疾驰……龙后来整天陷于幻觉中，最后用自己摔碎了的玻璃酒杯的碎片，划破自己那颤抖的胳膊。他拿起玻璃碎片，揩掉血迹，在那微微凹陷的玻璃片上，映射着黎明的曙光，清新的空气笼罩着那边缘残存着血迹的玻璃碎片，呈现出"近乎无限透明的蓝色"。小说没有紧凑的故事情节，忽而似梦，忽而又像幻觉，东拼西凑地用二十几个大段组成，内容无聊。其中描写纵欲乱交、吸毒、斗殴的场面，详细冗长，比起"太阳族"文学也有过之而无不及。

中上健次的《岬》是描写一对同父异母的兄妹，通过近亲相奸进行自我摧残，发泄对血缘关系的愤懑。池田满寿夫的《献给爱琴海》则是描写一个颓废的雕刻家只身留美，瞒着在日本的妻子，同两个外国女人同时鬼混的故事。

这类颓废派文学在资本主义社会是司空见惯，不足为奇的，然而它们却在文坛上鼓噪一时，先后获得了日本号称"登龙门"的文学奖—芥川奖，还被称为"敢于蔑视日本文学传统，体现正在形成的新文学动向"。它实际上给日本社会和文坛带来了某种冲击，对日本文学界的创作活动带来了一定的混乱，闹得文学界满城风雨。被誉为培育芥川奖之父的永井龙男，因此愤然辞去了评选委员的职务。

这些自虐狂的畸形文学作品的共同特点是：（1）对生活感到幻灭，精神空虚，丧失了对社会的信赖，把现实描绘成疯狂、混乱、漆黑一团，把人描写成只是本能冲动的动物，流露出一种不仅是个人的，也是社会的没落意识和"末日感"。(2) 否定理性和理性思维的能力，否定任何感性以外的东西，把感觉和感性抬到首要地位。在表现方法上，它们运用的不是思想的语言，而是感觉的语言，描绘的是由性、麻醉、刺激神经等形成的感觉世界。没有鲜明的主题，也不讲情节。(3) 内容荒诞，形式离奇，语言淫秽，完全抛弃了日本传统文学那种委婉含蓄的文风，断然摒弃、贬低或否认文学的任何思想内容。但这种非理性的形式主义，依然表现出他们对现实生活的看法和态度，也就是没有思想内容的思想内容——颓废。

当代文学的另一个主要潮流，是"作为人派"的挫折文学思潮。它之所以形成于60年代末70年代初，是同当时的社会历史条件分不开的。这个时期，接受"新左翼"社会思潮影响和中国"文化大革命""极左"思潮的种种影响的学生运动，从高潮转向低潮，再加上国际共运经历了迂回曲折的道路，在一些重大的马列主义理论问题上，混淆乃至颠倒了是非标准，形形色色的社会思潮开始产生并蔓延。相当一部分小资产阶级知识分子和学生，对这种状态颇为不满，积极要求改变这种状况，但他们又看不到问题的症结，找不到改革力量的所在，所以走上了激进主义、无政府主义的道路，提出了否定这个社会和国家的新见解，在群众中开展一个包括先锋派戏剧运动（即小剧场运动）、全共斗运动、反战运动、反"公害"运动等广泛含义的反体制运动，以表示对现行体制的反抗。

三、流派的解体与多样化的发展

日本经济高速增长之后，不仅促进了高科技的形成与发展，社会经济形态也由工业经济型转向知识经济型，价值观念继战后的大转变之后，又发生了一次更大的转变，文学观念也进一步更新。尤其是随着知识经济的产生，各自然学科的发达和边缘学科的出现，自然科学和人文社会科学的交叉互动和互相渗透这种趋势日益明显。文学也不例外，随着"边缘学科"的出现，文学与其他学科的联系更加密切，文学的表现手段更加多样化。它不仅与其他人文科学、社会科学，如哲学、美学、宗教学、伦理学等有着直接的血脉联系，而且与相去甚远的医学、精神医学、病态心理学和生物学等也有着相互补充的作用。明显的例子，在文学理论方面，作为医学博士的加藤周一运用医学和生物学的"杂交优生"和"进化论"的理论，提出"日本文化的杂种性"，强调了日本文学上土著世界观与外来思想的对应与融合，从而创造出具有日本民族特质的文学来。在文学创作方面，同样作为医学博士的加贺乙彦以处女作《佛兰德之冬》(1968) 的问世，从医学走向文学，大胆地将精神医学和病态心理学的原理，引进文学创作，充分利用了两者的对应性与互补性，并在一定限度内发挥它的有效性，从而创作出具有独特个性的加贺文学来。

具体地说，加贺乙彦从这里出发，提出"在病态的现代里"，一切事象的本质，"实际上却表现为幻想性的、病态的、极端的现象"。并且强调"站在这种观点上的文学，才是真正的现代的文学"。他就是根据这一观点来构建他的创作定式的，即"创作靠疯狂来进行"的定式。也就是说，以医学置换"疯狂"，以"现代性的疯狂"作为文学空间，以使创作获得独自的、更为丰富的想象力。比如，加贺在处女作《佛兰德的冬天》（1967）里，通过一个医生的眼光，映现科学进步但文化荒芜的世界，是一个巨大的牢狱，而在这个世界里的人都被判了无期徒刑成了囚犯这样一个想象的事实。《不复返的夏天》（1985）以其在战争时期的日常体验，作为"现代性的疯狂"的"现实场"，来捕捉他这一代人被卷入这场疯狂的战争中去的情景。在加贺的文学概念里，医学上的"疯狂"，不仅存在于疯人的个体之中，同时也存在于各种社会体制之中。所以他像医生要医治疯人就要从其身上找出发疯的原因一样，要通过文学发现"疯狂"，去探究"病态的现代"深层所潜藏的病根。

从这里可以看出，上述两部作品，也包括他的《宣判》（1979）这部作品所表现的，首先是文学状况，同时在某种程度上也是医学的状况。在加贺文学的结构里，存在两个不同思维结构——医学的具象思维结构与文学的抽象思维结构的对立与对应，作家在这两者中找到了平衡，进而切断医学与文学的二律背反，在医学中的文学机制上贯注了巨大的热情，完全将医学变形为文学。

但是加贺乙彦作为文学家，首先考虑的是，文学是一种人学，是反映人所面临的纷繁的人际纠葛，以及捕捉人的日常性生活的脉搏、表现、语言和思考的方法。因此，他处理医学的知性、理性与文学本体的感性的关系时，力求其统一，在发挥其知性、理性在文学的有效性方面，是非常严格地限制在一定限度之内的。他仍然像所有文学家一样，视文学为传达人的感情的一种手段，以情为中核构成感性、知性、理性三者一体的复合体。比如，加贺写作《宣判》的时候，对死刑犯的犯罪学与精神病理学作了深入对比的研究，以"疯狂"来作为小说的中轴，将死刑犯被收容在监狱内的场面，设置在监内的所谓"0号区"，围绕犯罪和死，进行自己的思考。

所谓"0号区"，可以有种种的解释。笔者以为这既是指一个"死灭的空间"，更是指一个更广泛的"社会空间"乃至"现代空间"，而这个空间，在作者来看，是由"现代性的疯狂"所造成的。于是作者在把握这种"疯狂"的时候，不是停留在精神医学即精神病理学上，而是与现代文明批评结合，突破传统的习俗和价值观念、思考方法，对死刑犯的形形色色的犯罪到宣判死刑后所经历的心理流程进行了精细的描写。也就是说，作者描写死刑犯的异常与正常的心理时，就不能不首先捕捉他们的"疯狂"，要捕捉他们的"疯狂"就不能不着重发现作为人的本质性的、根源性的东西，进而挖掘监狱相和社会相的深层的东西。这样，情就必然在知、理之中，达到内在的统一。可以说，加贺乙彦在二律背反的文学与医学之间架起了一座桥，使感性、知性、理性三者通向内在的完美的合一，从而形成加贺文学的独特性，取得了很大的成就，同时提示了文学与其他边缘学科互相渗透和交叉发展的新命题、新经验。

文艺评论家秋山骏还把某些小说，噱称为"病患者的光学"，即作家通过病患者的视线，来观察人们的日常生活。风见治的《鼻子的周围》，就是一部有代表性的作品，故事描写一个麻风病患者虽然已经病愈了，但由于鼻子上留下了病迹，不能在社会上正常生活，于是造了一个新鼻子，才免遭社会的摒弃。全篇是通过"病患者的光学"来折射日常生活的孤独感和空虚感。有的评论家联系到这种文学现象，估计由于艾滋病这种新的病菌的出现，也许这种"病患者的光学"会发生作用，产生新的主人公，文学也会发生变化，面临自我面貌大改观的局面。

关于当代日本文学的走向，自70年代中期以来，许多日本文艺评论家就指出："日本文学处在沉寂状态。"评论家奥野健男说："整个文坛仿佛失去了目标，失去了抱负，剩下的是疲惫的景象。"其后开高健提出了："丰衣足食，难道就可以忘却文学吗？"这些观点引起了日本文坛广泛的讨论，说明日本作家、评论家对这个问题的重视，也反映了当代日本文学的状态，以及作家不满于文学现状的精神。但如果说，此时开高健提出这个问题还能引起赞成与否定两种强烈反应的话，80年代以后他以同样的题目撰写了一篇随笔，旧事重提时，文坛上却几乎没有什么反响。一些报刊就此提出了这样一个猜想：是不是大家都有了同感的缘故呢？

于是，"日本文学向何处去"就成为80年代至90年代以来日本文坛的一个话题。一些报刊就这个问题展开热烈的讨论，并连载文章，以期引起人们的关注。那么最令人瞩目的问题是什么呢？用一句话归纳：一是淡化主题，二是用新的视角处理描写的对象问题。

首先从诗界开始，提出诗探求现实的、思想的主题是无意义的，主张诗不是用语言表现外在的、内在的主题，而是以发现乃至创造语言本身的多样性和魅力为目的。因此，他们特别强调主题应还原于它的母胎，即他们所说的"语言的海洋"。及至小说界则趋向淡化主题。就日本小说的传统来说，其主流是出世的，淡化政治和社会性的，近现代日本文学的发展，又受到历史条件的限制，比较缺乏批判社会的精神和积极性。再加上当今日本政治、经济趋于平稳发展，一般来说物质丰富、生活安定，人们便满足于现状，更强烈地追求获得人生的快乐，于是普遍产生了"中流意识"。据一家报纸的社会调查，国民百分之九十具有这种"中流意识"。作家也不例外地或多或少具有这种意识。

开高健曾说过："在现今这样开放的、宽松的、丰富的社会里，除了自己以外，没有敌人了。"他的结论是："小说写反抗的习惯虽然已经延续了近百年，可是现在小说已经失去了敌人。"当前的小说，"一味爆发自我"，"竟相描写自己如何窘迫的一面"，就是描写"所谓丰衣足食的自己心中的敌人、内部的敌人"。也就是说，作家承蒙经济繁荣的恩惠，心满意足了。他们相信自己与贫困、疾病、不自由无缘。这样文学领域似乎也就没有可斗争的敌人了。

作家小川国夫在解释其获川端康成文学奖的作品《逸民》时说道："日本人不习惯于在文学上对社会进行批判、批判社会表面化后就会同文学乖戾。日本文学非常痛苦，社会学与美学是乖戾的，真善美三位不能成为一体。"他认为："日本文学是隐从者的事业，是很容易停滞在隐从之中，一发展到抗议，也就是发展到对社会批判之前就屈服了。"

作家这样一味追求自我内心的非现实的东西，小说也就愈发缺乏社会意识和批判精神了。《朝日新闻》文学记者由礼幸子回顾战后40年的日本文学史时这样评述："从'战后文学'开始，是用社会与政治关系的观点创作文学的，但经过'第三批新人'、'内向一代'之后，文学之眼越来越内向，犹如锁在单细胞内，不是已经走到尽头再也走不通了吗？……从整体来看，当代日本文坛是低调的、不正常的。"

当代日本文学的发展趋向确乎如此，文学越来越成为"语言的游戏"。有的作家说：现代文学的危机是因为认识到规定行动的"语言"危机，所以作家必须正确捕捉语言。有的文学评论家也说，作家犹如科学家，科学家把不合理的超现实——宇宙空间，当作"现实"的东西，让人体验到是"新的现实"；作家就是要用语言来表现这种"新的现实"，这是作家的使命。也就是说，人的内心世界也有"新的认识"和"新的现实"，通过故事形式表现出来，这就是文学的努力。把它写成作品，就是今天的文学。这样，文学之路越来越狭隘，越来越"内向化""空虚化"，几乎切断了自我同社会和现实的联系。

作为"内向派"评论家，秋山骏曾在《朝日新闻》上发表一篇题为《掌握80年代文学的特征》（1987）的"文艺时评"，强调：回顾当代文学的走向，小说的一种机能就是起到望远镜和显微镜的作用，作家和读者各自可以看到小说描写的范围以外的东西。这就给予人们对人生的透视力。这位评论家进一步指出：这种望远镜和显微镜的作用，就是80年代文学思潮的特征，即文学作品越来越缺乏社会意识，愈是最近的现实，其轮廓就愈写得模糊了。

所以产生这种文学现象，是与当前的社会思潮存在某些联系的。今天"日本赶超欧美的时代已经结束，正为丧失目标而苦恼，都在重新探求从物到心的生的意义"。（《朝日新闻》社论）一位文学评论家将当代文学的当前境遇，与经济学联系起来，作了一个比喻说明：现在经济学家的忧郁，与小说家尤其是青年小说家的忧郁是相通的。经济学家必须以贫困和失业为对象，才洋溢着更加明确的热情。可是现在没有极端的贫困，没有与饥饿直接联系在一起的失业，他们那股子明朗的热情淡薄了，挂着一副忧郁的面孔……虽然在小说家面前可以掀起写作热情的问题很多，不仅是贫困与失业，还有各种政治性、社会性问题，然而经济高速发展以来，随着生活水平"梦一般"地提高，这种主题的现实力量就开始动摇了。失去了重心，失去了紧张，作家就顺着缺乏紧张的、稀薄的、生存的表面滑下去。面对这种生存的现状，便缺乏批评精神了，变得空虚了。过去经济虽然贫困，但人们充满着克服贫困的活力，感到精神生活是充实的。然而经济高速发展之后，生活本身却像缺少某种东西，反而想在流逝的过去中寻求。

这说明日本文学面临危机的症结。文艺评论家尾崎秀树谈当代日本文学发展趋势时，一针见血地指出："物质丰富，宣传媒介发达，作家也麻木了。"有的作家甚至认为自己"这几年像死了一样"。《读卖新闻》一篇题为《大声疾呼文学的危机》的评论文章也发出了这样的声音："今天，依据人道主义和市民社会支持的现代小说即将完全崩溃，小说的不景气、危机感，也是面对这种巨大的动荡而产生的。"当前这种文学现象的出现，除了社会思潮的影响以外，恐怕也与日本的浓重的佛教宿命思想，以及日本传统文学中的虚无美学的渗透不无关系吧。因此，可以说日本文学"沉寂"也好，"停滞"也罢，主要表现在作家的创作指导思想上。

但是，作家丸谷才一对当代日本文学的走向则持乐观的态度，他说：现在日本文学处在转折期，这是个本质的问题。我想说的是，经济高速发展之后，日本社会起了很大的变化，这就要求小说采取与过去不同的新的写法或新的类型。然而目前的日本，新的写法和新的类型还没有出现。作家用过去的文学模式，去捕捉复杂而多样化的日本现代社会的现实，已经不大可能了。这就是问题的所在。他还以描写家族制度为例加以说明：过去自然主义作家如实地描写这个问题是比较深刻的，而且获得了某种程度的成功，可是现在用这种创作方法就不足以真正捕捉到家族制度的现实，所以必须寻找一种小说的新模式去捕捉它，这就要花相当大的力气。

可以说，当代日本文学各种思潮纷呈，正趋向多样化，无论是现实主义作家还是现代主义作家，都不能以过去的单一的文学模式、单一的创作方法，来解决他们各自面临的问题，他们正在努力在文学上做出新的探索和新的选择。

第四章 日本文化的特征

第一节 日本文化的基本特征

一、日本文化的开放性与主体性

如果将中国文化称之为自创性文化，那么，日本文化可以说是摄取性文化。摄取性的特点决定了日本文化具有开放性和主体性的基本特征。

众所周知，东亚文明圈或"儒教"文明圈、西洋基督教文明圈、西亚中东伊斯兰教文明圈、南亚佛教——印度教文明圈被称为四大文明圈。其中，具有悠久历史的东亚文明圈的核心——"儒教"便起源形成于中国。中国作为东亚传统文明的轴心，对其周边诸国产生了巨大的影响。

中华文明是以汉族为主体的中华民族在漫长的人类历史长河的发展当中，在东亚大陆这块土地上，在与大自然的抗争中形成的。中华民族自主地创造了独特的传统文明，历经几千年的发展，在春秋战国时期初步形成了中华文明的基本特征。中华文明自形成以来，便表现出强大的主导性和自主性。几千年来，历经多次民族之间的战乱和与世界大型宗教文明或文化圈的文化要素相碰撞，但中华文明的主体和基本构成很少发生变化，一直得以自创性的持续发展。对内，在发生强大的不同文化的民族冲突时，要么以中华文明去同化它（如清朝满族文化），要么将其排除在中华文明圈外（如元朝蒙古文化）。对外，当与同水平的世界大型宗教文明或文化圈的文化要素相碰撞时也是一样。例如，佛教文化自东汉从印度传入中国，至隋唐达到鼎盛，一时因统治者个人的嗜好，竟与"儒教"平起平坐。纵观佛教文化的发展，虽然其对中国文化产生了很大的影响，最终还是作为"儒教"的附庸，被融合为中国传统文化的一个重要组成部分。伊斯兰教自7世纪传入中国，宋元以后得到发展。但从伊斯兰教文化在世界各地的浸透力来看，其对中国文化的影响和渗透不能不说是微弱的，伊斯兰教文化在中国虽然占有相当广阔的地域，却无法与中国文化的核心儒教相抗衡，对中国文化的主体——汉民族的文化也没有产生多少影响。与"儒教"文化差异颇大的基督教文化自唐传入中国以来，虽于元、明、清数次再度传入中国，但始终受到中国文化的排斥，多次传入，多次中断。可以说，中国文化的强大的排斥力和同化力，使中国文化保持了自创性的持续性发展。

与中国文化的自创性特征相比较，日本文化表现出了周边性与摄取性特征。日本自古以来就作为文明古国中国的周边国家，孤悬海外。直到公元前3世纪为止，在漫长的8000年中，日本一直处于缓慢的绳文文化发展当中。"同欧洲、中东、印度次大陆和中国比起来，在这个岛国，农业的出现晚了几千年，青铜和铁的使用晚了几个世纪。"在包括中国在内的世界文明古国已经将铁器运用于农业，创造出了灿烂的人类文化时，日本尚处于原始的采集文化和旧石器文化当中，几乎是以停滞的速、度缓慢地发展着自身的文化。"当我们的祖先聚居在日本列岛上，长期停留在石器文化阶段而裹足不前时，大陆的汉族却很早就迎来了金属文化时代，建立了强大的国家。汉族向四周地区的扩展引人瞩目，其部分势力也达到日本列岛，给日本带来了金属文化和农耕技术。"是大陆的中国文化给日本带来了飞跃的发展，日本社会从采集文化转为农耕文化、从旧石器时代进入铁器与青铜器、新石器并用的金石时代，从此，日本社会进入弥生文化时代。

弥生文化的重要作用是不可忽视的，在漫长的8000年中，在本土文化——绳文文化缓慢发展过程当中，是外来的先进文化——弥生文化的冲击使日本自身的发展被中断。日本绳文文化与大陆中国文化的巨大落差，使日本对于汹涌而来的外来先进文化——大陆文化是怀着惊喜与渴慕的态度接受的。日本民族是在绳文文化与弥生文化"混血"状态下形成的，而日本民族喜爱与渴慕优秀外来文化的心态，善于摄取外来文化的特点可以说也是自日本民族形成时便具备了。可以说，摄取性的特点决定了日本文化具有开放性和主体性的基本特征。

善于摄取文化的日本文化呈现的是其开放性的基本特征。自弥生时代以来，日本是一直不断地吸取各国先进文化发展其文化的。从古至今，日本文化先后吸收了中国文化、朝鲜文化、印度文化、南蛮文化（葡萄牙）、红毛文化（荷兰），西欧文化、美国文化等。其中，645年大化改新前后对中国隋唐文化的吸收、1968年明治维新时期对西欧文化的吸收、第二次世界大战后对美国文化的吸收是日本吸收外来文化的三大高潮时期。

但是，擅长于吸收外来文化的日本文化不仅具有"开放性"，还具有"主体性"。日本近代伦理学者和过哲郎（1889—1960）曾指出，即便从日本文化中拿走外来文化，剩下的没有什么，作为摄取者、加工者的日本人还是保存了自己的独立性。他强调了日本文化的"主体性"。

日本文化的"主体性"首先表现在日本文化的独自性方面。日本从古代就开始对外来文化进行了大规模的吸收，引进了外来的思想与文化，在这个基础之上创立了自己独自的思想与文化，并保存至今。例如，日本6世纪就引进了中国的佛教，到了江户时代，又受到寺请制度的影响，佛教成为与民众生活关系最为密切的宗教，几乎成为全民佛教徒的国家，影响力最终输于神道。根据平成15年日本《宗教年鉴》的统计，日本佛教信徒人数9555万人，神道信徒则为1亿777万人。日本人最为重视的正月参拜、结婚仪式、出生参拜、七五三等活动几乎在神社举行。

儒学的伦理思想自古代传入日本，仁义礼智信等成为日本人际关系的根本伦理思想，对日本人的精神形成产生了巨大的影响。直到近日，重视集团主义、重视人际关系的日本人的行为方式依旧遵循仁义礼智信等儒家纲常。但是，日本当代学者相良亨认为，在日本人心底深处真正产生作用的不能不说是传统日本的"心情的纯粹性、无私性的追求"伦理观。传统的日本伦理思想不拘泥于客观规范与理法，对现实存在给予充分的肯定，追求心情的纯粹性，古代追求"清明心"，中世追求"正直之心"，近世则追求不欺不伪真实的"诚"。

日本文化的"主体性"还表现在日本吸收外来文化的方式与过程中。日本不只是单纯、被动地吸收外来文化，而是进行主动性吸收、消化性吸收、改造性吸收后，使外来文化日本化。日本对外来文化的摄取不只是单纯的摄取模仿，而是根据本国的需要与现实的可能性，对外来文化进行有选择性的吸收。日本文化吸收外来文化的主体性特征表现还有如下几点：

第一，日本吸收外来文化的主体性首先表现为主导性。日本在吸收外来文化的过程当中，每次吸收的都是当时世界上最先进的文化，古代中国隋唐的昌盛处于当时世界文明的顶峰，日本绵绵不绝以国家的规模进行了全方位的摄取。18—19世纪，西欧作为世界近代资本主义的发祥地，处于世界文明中心，日本又源源不绝从西欧吸收近代学术与近代思想、近代产业与经济制度。而第二次世界大战后，美国作为现代文明的理想模式，成为世界各国追赶的目标，日本又积极快速地引进了美国的议会制度等政治方面的先进制度与管理科学等经济方面的先进理念，普及了美国的生活方式。

第二，日本吸收外来文化的主体性表现在于日本在引进外来文化过程中，具有极强的选择性。日本虽然自弥生文化以来，一直积极主动吸收世界上最先进的外来文化，但日本从来都没有全盘照收外来文化。日本吸收外来文化，一直是有选择性的，它只吸收对自国有益、适合自国实情的文化。日本对中国隋唐文化的吸收，虽然移植了先进的生产方式和政治制度，但没有引进不合乎日本固有世袭制和身份制之国情的科举制，更没有引进摧残人性的宦官制和裹脚风俗。18—19世纪，日本引进了西欧各国先进的近代思想、制度等，并实行了"明治维新"，但却没有像法国那样，彻底推翻皇朝统治，而是像英国那样建立了"君主立宪制"的近代国家。与英国"君主立宪制"不同的是，日本天皇的权利要比英王的权利大多了，因为日本第一部近代宪法是以德国普鲁士式宪法为蓝本制定的，其宪法充分肯定了天皇的绝对统治权，体现了"君权大，民权小"的思想。

第三，日本吸收外来文化主体性的表现还在于，日本文化具有融合性。日本在吸收外来文化的过程当中，不只是单纯机械地吸收，而呈现出强烈的融合性。日本对外来文化进行改造与融合，使其日本化。日本通过对汉字的改造创造了日本文字，即，以汉字的草书为基础，创造了平假名，以楷书为基础，创造了片假名。对从中国传来的佛教进行改造，融入日本固有思想，改造成日本特色的"现世佛教"。日本从中国引进了儒家思想，却将中国以"仁"为中心的儒家思想变为以"忠"为中心的儒教，并为效忠日本天皇制的军国主义所利用。

第四，日本吸收外来文化主体性的表现还在于，其对固有传统文化的保守性。日本虽然自弥生文化发生以来陆续吸收了来自中国、西欧及美国等外来文化，但日本民族自古以来固有的传统文化积淀在各种表象文化的最深处，固有的宗教意识、固有的道德伦理意识、固有的生活习惯等一直支配着日本人的思想与生活。所以，也有了诸如绳魂弥才、和魂汉才、和魂洋才的口号和实践。对固有传统文化的保守性的另一个表现，还体现在对中国古文化的保存上。那些起源于中国，并由于战争毁掉的一些中国隋唐古老文化完整地保存在日本，不能不说是日本文化保守性的最好体现。郭沫若曾经指出，"……中国在隋唐以后经过好些的外族蹂躏，古代的衣冠人物每荡然无存而又另起炉灶。日本则是因岛国的关系，没有受到这种外来的损害。因此隋、唐时代的封建文物乃至良风美俗，差不多原封不动地被保存着。例如唐代的宫廷音乐和舞蹈，在中国是失传了的，而在日本却还有保存。有些乐谱被改称五线谱，并灌入了胶片，日本人竟把这些乐舞视为'国粹'，用以招待外宾。"这些文物，典籍有各朝代中日文化交流使者带到日本去的，也有近代以后日本通过侵华战争掠夺的。无论如何，日本对文物、典籍一直采取的是保护的政策。还有一些为中国人所忽略的文化传统如茶道、花道，在日本被完好地保存，并发展至今。这一切充分体现了日本文化的保守性。

日本文化的开放性与主体性带来了日本文化的混杂性。在日本文化中，古与今、和与外、外与外等文化诸要素在一个统一体内杂然并存。例如，以明治文化而论，一方面基于神话传说的"神的子孙"天皇具有政治及宗教的无上权威，另一方面，具有近代意义的议会也在起着某种作用。日本人的日常生活当中，一方面存在着洋室、洋服；洋食、洋乐等，而另一方面又存在着和室、和服、和食、邦乐等。外来文化也是不同国籍的文化"和平共处"，如既有英国的功利主义、实证主义与进化论，又有法国的天赋人权思想，还有德国的国家主义、观念论等。

　　日本作家、评论家加藤周一在《杂种文化》一书中，对于日本文化的特征做出如下的结论："我在欧洲生活时，常常围绕着传统的日本考虑日本的问题，可是当我回到日本，却不得不承认日本与其他亚洲诸国不同，日本的西洋化进行得比较深入。这绝不是说，我的关心点从传统的日本转向了西洋化的日本。我认为，日本文化的特征是两种因素深深地交织在一起，正因为如此，任何一种都不能单独抽取出来。"，他认为日本文化是一种杂种文化。日本政治思想史研究者丸山真男（1914—1996）在《日本思想》一书中指出，日本思想处于"精神的杂居"状态，"多种思想并未从内部真正相'交'，只是在空间上同时存在着。"

　　在现代日语中，除汉语外，还包含着数十种语言的大量外来语。有人预言，再过一、二百年，就会有一半，或70%是外来语。从信仰上来看，日本人既敬日本的神，又敬中国的、印度的乃至西方的神。据统计，日本全国总人口为1亿3000万，但宗教人口为2亿以上，超过日本总人口，这是因为一个日本人往往同时信仰神道与佛教。从节日上看，日本人既过日本原有的节日，也过中国与西欧传过去的节日。中国的七夕节、中秋节、重阳节、年三十与西欧的情人节、圣诞节全是日本的节日。如前所述，在衣食住等生活方面，日本文化显示出了强烈的"混杂性。"所以，日本文化又被称为双重文化、混合文化、混血文化、杂种文化、合金文化等。

二、基本特征形成的原因

1. 日本文明的周边性

　　在长时间内，日本是一个文明周边国，它孤悬海外，独自地发生发展着自身的文化。与亚洲的文明中心中国和印度的文化相比，无疑是一种势差很大的低水平状态文化。这样，当与高水平文化的中国文化相联通时，中国文化便极易汹涌而入。近世以后，日本的封建文化尽管有相当的发展，但比起资本主义文化来还很落后。所以，对西欧文化的吸收也是一种高向低处，形成了日本文化的开放性。

2. 岛国的地理环境

日本是一个岛国，与长期居于中心文明的中国以及与中国相连的朝鲜隔海相望。在近代以前，这一段海上距离给日本提供了与外界交往的主动权。如果形势平和或自认需要，便可以以海为路，从大陆移植文化，但如果形势险恶或对外冷漠，又可以以海为城切断来往。这种有利的地理环境使日本自形成统一国家以来，1000多年免于受外族入侵。成吉思汗的军事扩张虽然波及朝鲜半岛，但由于对马海峡的天然壁障的隔离，忽必烈的两次入侵皆因为台风的肆虐失败。这与中国大陆和西欧常年战争不断，民族冲突繁多的情况恰恰相反，使日本能够在自主调节的状态下，决定自己的取舍，从而形成了日本的自主性。

3. 单一民族

现在的日本除大和民族以外，还有自古以来的阿依努族和朝鲜族等少数民族。但从民族构成状况来看，少数民族占极少比例，可以称日本为单一民族国家。单一民族文化心理的高度一致成为日本易于吸收外来文化的有利因素。日本人常说的"以心传心"也正基于这种民族共同心理。这种民族共同心理使日本能够做到上下一致，使政府推行新政策、提倡社会新思潮能够得到上下一致的拥护。例如，信仰佛教的古代日本人没有食肉的习惯，但明治维新以后，作为"文明开化"内容之一，日本倡导全民食肉。于是，东京街头到处飘荡着牛肉的香味，日本人争先恐后食肉。相同的例子在日本外来文化吸收史上不胜枚举。

4. 在民族性格形成期具有大规模吸收外来文化的深刻体验

在日本岛上缓慢发展的本土文化绳文文化自生自长长达8000年。但是到公元前3世纪时，大陆上的种稻民族携带金属器具登上列岛，使日本一举进入水田农耕阶段，进入弥生文化时期。绳文文化与弥生文化的"混血"使日本民族得以形成，又由于列岛上发生的这次飞跃是由外来文化的传入激起的，给日本民族性格形成期的日本以深刻的体验和重大的影响。每次外来文化的引进都意味着可以享受到更好的物质与精神财富。久而久之，对外来文化怀有好奇与喜爱成为日本民族性格的一个构成部分了。

5. 多元并存的思维方式

根据考古发掘和体质人类学、文化人类学以及民俗学等多种学科的研究，得知日本人是由南北不同的人种混血而成的。这意味着日本人种的发生是以多元因素并存为前提的。因而，多元并存的思维方式对于日本人来说几乎是天经地义的。在这种思维方式下，外来文化容易进入日本并获得一席容身之地。在一般情况下，不同地区和不同时代的文化都可以杂然并存于日本文化的统一体内。这种思维方式使日本文化具有更大的宽容性和包容性。

第二节 日本稻作文化的特质

一、稻作文化的出现

大约公元前1万年左右，日本从旧石器时期进入新石器时期，即进入绳文文化时期。绳文文化时期，日本列岛上还没有开始真正的农业活动，从绳文遗迹可知，当时绳文人处于狩猎、采集经济阶段。在日本处于绳文文化的氏族社会时，中国正处于由奴隶社会向封建社会过渡的历史阶段。中国已经经历了夏、商、西周、东周（春秋、战国）、秦等朝代，强盛的汉帝国正在兴起。这时的中国文化已达到较高的发展程度，农业生产也已较成熟。

公元前3世纪至2世纪，日本社会进入了新的时期，先进的大陆文明经由朝鲜半岛传播到日本列岛，日本开始形成作为文明社会之基础的农耕文化。同时，日本从石器时期进入铁器时期，这在日本文化史上具有划时代意义。随着以使用金属器具和水田耕作为主要内容的农耕技术的传入，日本形成了以稻米耕种为基础的农耕社会。

农耕文化的产生，是人类文化史上的巨大进步。稻作文化传入日本列岛，使日本文化的发展产生了巨大变化，日本社会由绳文时期进入弥生时期。这一变化是在外来文化特别是在中国文化的刺激下实现的。作为中国先进文化之一的稻作文化，经由渡来人传到日本西部地区，然后渐次向日本列岛的东北地方和东日本普及。随着农耕和金属器具的使用，生产力得到了很大提高。

从生产和生活的历史传统来看，日本属于农耕文化圈，与游牧文化圈存在显著差异。农耕文化圈在世界范围内的分布很广，包括亚洲、非洲、欧洲，又可分为小麦栽培圈和水稻栽培圈。大体上欧洲、中国北部及朝鲜半岛属于小麦栽培圈，中国南部、朝鲜半岛南部、日本、南亚和东南亚地区气候温暖湿润，属于水稻栽培圈。虽然中国和日本同属农耕地域，但中国分为北方黄河流域的小麦栽培区和南方长江、珠江流域的水稻栽培区。中国还同时拥有广阔的游牧文化圈，内蒙古、西藏等（西部，西北部地区）就属于游牧文化圈。在漫长的历史长河中，民族迁徙、民族大融合时有发生，中国的农耕文化受游牧文化的影响也不小。与中国相似，欧洲虽然地处农耕文化圈，但畜牧业发达，对畜牧业的依赖甚至比中国还要大。其他如阿拉伯人、犹太人、印度人等也有较长的游牧史。与游牧文化几乎没有瓜葛的日本文化，其稻作文化的特质相当明显。

二、集团主义的形成

稻作文化对日本人集团主义的形成影响很大。日本属于稻作文化圈，自古以来，日本人都是在高温潮湿的环境中，以集体劳作的方式种植水稻。笕泰彦是如此描述稻作文化的："日本人的社会性、日语和日本文化，在表面上来看与发源于游牧、畜牧生活的西欧文化具有相似性，但实际上二者之间存在着显著差异"。水稻的耕种，每年都是在同一块土地上进行的，因此田地和用水设施是固定的，居民的住所也固定在这些田地与用水设施周围。

水稻栽培自古以来是"在耕地共有和为保全耕地而需集体协作完成灌溉土木工程的基础上形成的农业共同体的集团生活"为前提的，在灌溉秧田、插秧、收割、脱粒等方面都需要共同作业。因此，在日本以家庭为单位进行横向协作的村落共同生活中，协作、团结、和睦精神受到推崇。这样，以家族和家族之间的协调合作为纽带，形成了稳固的地域社会。在同一片水域，村落居民的命运被紧密地联系在一起，生死与共。年初，大家聚在一起祈祷风调雨顺；在少雨干旱河流干涸时，种水田的家家户户共同求雨；遇上风调雨顺的好年景，同一流域的各家族共同庆祝丰收，举行感谢神灵护佑的新尝祭。

在设施共同管理和共同作业较多的地域社会，但凡是自我为中心的行为举动，都会给全体居民带来麻烦。于是，集体利益优先于个人的伙伴意识，即今天所说的集团主义就形成了。川岛武宜是这样形容日本的集团主义社会的："所有人都不可采取个人行动，意识不到自己是独立个体"的日本人，总是顺从集体的意向，为集体利益牺牲个人。"所有人常被共同体秩序的氛围所包围，每个人都意识到自己是那种占支配地位的氛围的必然客体。违反这种氛围与之相对抗的意识和行动，都意味着要破坏这种牧歌式的和平。那是被严格禁止的大忌，实际上也没有任何人持有那样的想法"。现如今，这种集团性行为方式被企业、团体继承下来，重视与他人协调的特性，被看作日本特有的集团性。

三、亲植物性

水稻栽培也孕育了日本人对植物的特殊感情。在欧洲，形容战场上众多的士兵时说"像羊群一样多"，而在日本，则说"像云一样多"。日本人还多用"花"来描绘女性的美貌，用"水萝卜"比喻女性皮肤的白皙。城户幡太郎提出，"国语中很多情况下都借用植物来表述色彩的，这可以理解为和欧洲人相比日本人对于大自然的生活态度与草木间的关系更密切"。

日本人喜好植物的性格特点，体现在衣、食、住等诸多方面。在衣饰方面，日本人多使用麻、棉、绢等植物性纤维，而在欧洲用动物毛皮制作服装则比较常见。围绕日本传统服装和服与大自然之间的关系，芳贺矢一指出：和服"从印染着大大的菊花、樱花、梅花、牡丹花的皱绸、友禅绸、锦缎和服腰带到木屐带，都装饰着自然界的花草树木花纹。其色彩的名称，取自于植物界的很多，如，樱色、桃色、棣棠色、葡萄色……。现在各家族的家徽中，以桔梗、樱、梅、野慈姑、葵、牡丹、地锦、藤、松等图样最多，也属情理之中"。

饮食方面，日本人主要食用大米和蔬菜，使用用竹子等植物性材料做成的餐具。明治维新以前的日本人几乎不食肉，而欧洲人则主要食用家畜的肉和乳制品，餐具则使用金属制成的刀叉等。"我们的日常生活与自然趣味及植物的关系密不可分，从食物方面看，春风、秋风时节的牡丹饼数御萩最为有名，看看点心铺的点心名便可知其大概。松风、红梅烧、矶松、桃山等一般名称自不必说，还有叫椿饼、抚子饼等名称的。不只是名称，形状也以做成花木形状者居多。……盛料理的器皿上也都是花木形状的泥金画。毋庸赘言，一切漆器、陶器美术工艺品上都有草木花鸟画"。

至于住宅，日本人住的是木结构的茅草屋，而欧洲人的住所则以石造的居多。"只要坐在日式房间里，一边欣赏着日本庭园，一边吃着日本料理，西方人恐怕就能体会到，日本人的家居生活很好地融入了丰富的花草树木等外景。餐厅取名为红叶馆，进到屋里，壁龛处墙壁上或挂有花鸟水彩画，或挂有山水水墨画。壁龛上摆放着的插花虽不知属于哪个流派，不过很是精致。横楣上雕刻的是蔓藤、竹子、梅花等图案，女侍者们穿着华丽的底襟带花的和服忙碌着。如果问及她们的名字，一般都叫阿花、阿松、阿梅、阿菊、阿蝶等名字"。

不仅仅限于衣、食、住方面，日本人喜好植物的特性对日本文学的影响也很大。在日本，以俳句、和歌那样非常简短、独特的文学形式咏颂风花雪月，赞美大自然。而在欧洲，与政治思想以及人类的内心世界相关的作品很受欢迎。日本文学中的"比较人事和自然，从人生马上想到自然，从自然马上考虑到人生。从和歌中引申出来，通过所有文学作品，渗透到军记小说、谣曲、净琉璃等一般的文字形式中。说到秋风就会联想到寂寥的事情，说到春雨就会有温暖、寂静的感觉"。

喜好植物的日本人在抚育子女的时候，以栽培植物、蔬菜的心情，细致、温柔地教育孩子，孩子们在娇宠中成长。源了圆在《文化与人的形成》一书中指出，西方人的儿童观和日本人的儿童观"截然相反"，娇宠子女的日本，对于小孩来说是"天堂"。从古至今，日本的母子之间始终保持着温暖的情感上的共鸣。大人们通过孩子回想起美好的过去，构筑起土居健太郎所谓的日本式的"娇宠"的基础。与东方人不同，西方人在养育小孩时，是以一种饲养、训练动物的心理和体验，磨炼小孩的体力和意志力。关于东方人和西方人在孩子教育方式上的差异，土居健太郎在《"娇宠"的构造》中这样分析："总而言之，日本早在奈良时期，山上亿良叫（660—733）就曾写过如此主体的和歌：有人重病在床，做好了死的打算，但看到孩子们又不忍心死去。人本来就对小孩就有一种特别的情怀。而在这一点上日本人比西方人做得更好。之所以这么说，是因为西方在中世纪之前乃至中世纪以后，下层阶级对孩子几乎是放任自流，即便是父母考虑到要对子女进行教育，也早早地将孩子送到寄宿学校而不是留在父母身边，让他们在寄宿学校接受严格的管教，这种做法已经成为惯例"。东方人这种对小孩感性的"特别"的爱，大概是一种将小孩儿看作是"树木""花草"而产生的"园丁"情怀吧。

四、纤细性

稻作文化也造就了日本人纤细的性格特点。水稻栽培的劳动，从灌溉秧田到插秧、收割、脱粒等整个过程，都需要农民细致地作业和观察，稍有粗心大意，一年的辛苦劳作就会付诸东流。

另外，为了不错过农耕的最佳时节，必须仔细体察季节的变化，事先做好充分的准备。为了掌握季节变迁的规律，人们认真观察自然景观的变化情况。在日本，人们观察的重点不是天象的变化，而是地上自然景物的变化。如"樱花盛开之日"等词语所表述的，通过捕捉自然界的变化来认知季节更替。受中国的影响，日本人将一年分为若干时节，不同时节逐渐形成了各种不同的庆典活动仪式。在漫长的历史生活中，养成了日本人对季节敏锐的感受性，造就了日本人独特的纤细性格。

日本人的纤细特性，以各种形式体现在日本人的文学、艺术、日常生活等广泛领域中。日本文学中独特的审美意识如"物哀""幽玄""信""寂""粹"等都来源于日本人的纤细性格。对于社会和自然的细腻感觉，可能都存在世界各民族身上，但像日本人那样从平安时期开始直到江户时期漫长的文学发展历史中，源于纤细感触而形成的审美意识始终占重要地位的情况，恐怕就是日本人特有的特征了。川端康成（1899—1972）在《我在美丽的日本》中如是说："西洋的庭园建筑一般都是对称结构，相反日本庭园的风格则以不对称为美，大概日本人觉得不对称结构表现的东西比对称结构表现得更多更广泛吧。当然，这种不对称性美，和日本人纤细微妙的感受性之间能够保持协调。……'山水'一词，既有山和水即自然景色，或山水画即风景画、庭园之意，也包含着'荒凉'、'冷清、破败'等意思。可是，讲究'和敬静寂'的茶道所推崇的'侘、寂'，则蕴含着人们丰富的心性体验，极其狭小、简陋的茶室，内含着无边的广阔和无限的温文尔雅。"由此可见，无论是日本庭园也好，还是日本画抑或是茶道，日本艺术的所有领域无不渗透着日本人的纤细个性。

这种纤细个性，也充分体现在日本人的日常生活中。日本人的纤细性格，造就了日本人的精巧手艺，使他们能够制造出优良的艺术品。古代日本就向中国出口扇子、刀等手工艺品，很受中国人喜爱。如今，日本的电器产品和汽车，也以其优良的品质和优雅的设计日益受到世界各国消费者的青睐。

五、勤劳性

稻作劳动对日本人勤劳品质的形成也有很大影响。关于稻作和劳动的关系，饭冢浩二有如下见解："水稻栽培需要体力好、有耐力而又细致的劳动力。不仅在耕耘时要求男子全力以赴，同样重要的是，更需要所有人手的劳作，如插秧、除草、收割、脱粒等，家里的女性和少男少女也是不可缺少的劳动力。"也就是说，在水稻生产过程中，必须经过大量的重复、协作劳动，才能有收获。

在热带地区种植水稻，劳动者不需要费太多的功夫去照应也能有好收成，相反在寒冷地带则无论耕作者如何努力都无法栽培成功。日本位于热带和寒带之间的温带地区。日本的自然环境比中国和其他亚洲国家好，如，虽然日本也会发生洪灾，不过不会每年都发生，一般3、4年才会有一次。因此，只要辛勤劳作，总能从大自然得到回报。中国的情况则和日本稍有不同。中国的北部和中部每年都灾害连连，与日本相反，每隔3、4年才会有一个风调雨顺的好年景。即使在中国的南方水稻种植地区，尽管土地肥沃，阳光充足，雨量丰富，但气候变化还是直接影响到水稻的丰歉。

如上所述，日本处于这样的自然环境中，只要人们积极努力、辛勤劳作，总能从大自然得到丰厚的馈赠。特别是水稻种植，与其他作物相比需要费更多的工夫。在日本，"米"字本身就意味着就是要经过"八十八"道工序才能收获的意思。而且，越是下功夫，就越能获得丰收，勤劳耕作的效果就愈明显地显现出来。日本人充分地认识到，人从自然那儿获得的收获与人自身的努力息息相关，他们相信只要付出努力就必然能得到回报。只要人不辞辛苦勤劳肯干，就能克服劣势的环境，使增收成为可能。这样就形成了在有限的土地上投入较多的劳力，尽可能地提高产量的集约型农业生产。在这种只要付出辛勤劳作就会有回报的认识基础上，渐次形成了以勤勉为善的伦理观。日本人被称为世界上最尊重劳动的民族之一，这种民族性是基于农业劳作体验而形成的。

现代以来，日本以勤劳精神弥补了国土狭小和资源匮乏的不足。"加班""工蜂""压力""过劳死"等用来形容日本人工作、生活状况的词语频频出现，恐怕与过于强调勤劳有密切的关系。

六、顺应自然和多神信仰

一般来说，无论何种农作物，一年之间的最佳生长期是有限的。水稻也有最佳生长期，一旦错过了就无法获得丰收。一年收成的丰歉，取决于能否抓住水稻的最佳生长期。在抓住水稻最佳生长期的同时，还必须随时充分注意到天气的变化。此外，水稻的栽培和成长都需要充足的降雨量。但是，只下雨而日照不足也无法种植水稻，滴雨不下也是不行的。而且，如果在播种和插秧的十来天里连续受到日照，其危害是致命的，相反在水稻开花期和成熟期日照不足，就会导致减产或是颗粒无收。好不容易迎来硕果累累的金秋，一旦台风袭来，一年的辛苦劳作就将付诸东流。

如此这般，属于农耕文化圈的日本，自古以来农业生产就在很大程度上受到天气变化的影响和制约。因此，自古就有"靠天吃饭"的谚语，这反映了日本人对自然的依赖性，同时也道出了自然的神秘和不可知性。日本四季分明，有利于农耕，但和欧洲相比也有不利之处。如，夏季台风或旱灾频发，冬季时常是大雪纷飞，更甚者地震等自然灾害也是不期而至。生存在这种天灾频发等自然界变化莫测的环境中，日本人和大部分东方人一样，形成了一种与自然融合、顺应自然的思维方式。与西方人那种理智、合理的生存方式不同，日本人养成了模仿自然，在生活中享受自然的习惯和生存方式。因此，从哲学的角度出发考虑，包括日本人在内的东方人是把人当作自然的一部分，倡导天人合一。

如上所述，日本在与自然融合、顺应自然的农业生产劳动中，形成了具有东方特色的祈求丰年的多神论。"因一粒农作物种子中孕育着万万倍不可思议的奇妙的生命而崇敬谷物神，同时形成了这样一种习俗，即把谷物神当作在现实中获得万粒丰收所不可或缺的奇妙的存在而崇拜。"农民在水稻生产过程中，感觉到谷物神的神秘，随之也对身边的自然事物产生了敬畏之意。"因此，日本人的神观念不是超越性的一元神崇拜，而是通过身边和周围的万物认知神，崇敬且祭祀在不同时间和场合以不同姿态出现并具有种种职能的八百万众神。"多神信仰的日本人，认为自然界的山川草木乃至万物中都孕育着神灵，凡事都要向八百万众神祈祷。从事农业生产的日本人，每年年初都要举行祈祷风调雨顺、水稻丰收的祈年祭，年末则要举行感谢五谷丰饶的大尝祭。在生产过程中，不同时节还要举行各种祭祀仪式，另一方面，在新年、生日、结婚等喜庆节日还要进行所谓冠婚葬祭的庆典仪式。

第三节 日本心理文化的特征

一、日本人的"即物主义"性格

比较东方哲学（此处主要依儒学而论）和西方哲学，西方在自然中探求科学根据，对世界的本源进行思辨性探究，而东方哲学特别是中国的原始儒学，是以伦理思想、政治思想为中心展开的。在春秋战国之前，已经存在超越有关世界本源之感觉和经验的形而上学的思维。如，《易经》中"一阴一阳之谓道"中的"道"，乃万事万物根本规律的"道"，是"阴"和"阳"的推移和运动。这是有关世界观的抽象性哲学思考。汉代董仲舒的"天人感应"思想体系中所包含的阴阳五铲思想和儒家的仁、义、礼、智、信的结合也是一种形而上学的思想。宋代的理学家们吸收了佛教华严宗、禅宗的世界观和认识论，以及道教的宇宙化成说，从本体论、宇宙论方面为儒家的人性论、伦理学构建了抽象的哲学基础，形成了中国思想史上规模最为宏大严整，分析最为细致精密的思辨哲学体系，即理学体系。

日本自古代就开始吸收中国的儒学思想，也吸收了宋明理学。但日本大多数儒学者吸收的重点不在于形而上学的内容，正如源了圆所言，一部分儒学者"不知什么时候变成了可称为'经验合理主义'的实学思想。"毋庸赘言，日本的儒学并非全然无视形而上学，只是不太注重而已。相良亨曾指出："以儒学为中心的江户时期日本人的思维方式印刻在日本人的精神里，尽管其不是全部，却是一种最基本的作为人在现实社会赖以生存的觉悟，而不是对关于世界本源之法则的形而上学的思维的启发"。也就是说，日本人不喜欢思辨性的形而上学的内容，而对事实、现象、经验、实证方法等表现出强烈兴趣。因此，尽管佛教很早就经由中国传入日本，但在日本始终未形成像中国那样宏大的佛教思想体系。

王家骅在《儒家思想与日本文化》中这样写道：日本人比之理智更重视直觉，比之理论更重视实用。其表现在于，日本儒学缺乏抽象的世界观认识，在认识论方面重视感觉经验，伦理观富有感情色彩。

日本儒学与中国儒学不同。在《古事记》《日本书记》等古文献中，虽然也有若干关于宇宙生成的记载,但从中却看不到有关世界观的抽象思考。奈良及平安时期的早期儒学是一种政治的思想体系,其中鲜有关于世界观的抽象思考。镰仓、室町时期,朱子学虽已传入日本,但它是佛教的附庸,缺乏独立的抽象世界观思考。进入江户时期,日本儒学者尽管接受了具有强烈思辨性质的中国宋明理学,并对其表示出一定程度的理解,但他们更多的是将其理解为与经验事物相关联的自然规律与道德准则,而不大将其理解为形而上学的世界的本体存在。这与源了圆所说的日本人的"即物主义"性格不无关联,与中村元所说的"非合理主义"亦不无关联。如上文所述,源了圆在《日本人的自然观》中详细论述了日本人的自然观。作为日本人或日本文化的性格特点之一,日本人的自然观体现了日本人的"即物主义"性格倾向。按照源了圆的说法,古代日本没有古希腊和中国那样的哲学反思。此外,古代日语中表示山、川、草、木等自然物的词汇很丰富,但是没有相当于汉语中"自然"的词汇。

对于古代日本人来说,"自然"就是一山、一水、一草、一木,而没有形成超越这些具体自然物的"自然"的概念。从古代末期到中世,与佛教的无常观相表里,形成了日本人"风花雪月"的"美的自然观",但尚未形成统合"超越的自然""外在自然"和"内在自然"的哲学视点。进入近世,在上述文化背景下,统一把握"超越的自然""外在自然"和"内在自然"的朱子学思想体系受到重大冲击,出现了不少将朱子学思想向经验主义修正(贝原益轩),或对其予以全面否定的学者(古学派)。此外,中村元在《东方民族的思维方法》中,也认定"非合理主义倾向"为日本人思维方法的特征之一。他提出:"日本人的思维方法中最基本最引人注目的,是全盘肯定他们赖以生存的环境或客观条件,有一种倾向,即把包含诸多现象的现象世界当作是绝对存在,拒绝认可脱离现象的境地为绝对存在。明治维新以来,哲学家称这种思维方式为'现象即实在论',一时广为流传,但实际上其渊源甚为久远"。他认为日本人思辨性理论思维能力较差,缺乏抽象性的普遍的想象力。日本儒学不关心形而上的内容,源于作为日本人或日本文化性格中的"即物主义"特质,"即物主义"是其性格特点之一。

在认识论方面,日本比中国儒学更重视感觉经验,重视事实、现象、经验和实证。中国儒学的认识论,从孔子时就开始重视天赋和先验的道德意识,认可"见闻之知"和"德性之知"同时并存,但未能正确理解感性认识和理性认识的区别和统一。中国的儒学者追求的是不通过思维的,与"天命""天理""良知"直接合一的精神世界。中国的大多数儒学者不是面向自然界,将自然界作为认识对象,而是致力于内在的道德修养,形成了"君子不器"的鄙薄科学技术的传统。与中国相比，日本儒学比中国更重视事实、现象、经验和实证。日本的大多数儒学者在重视感觉经验的同时，也重视经世之学和科学技术，有些儒学者还亲自参与自然科学研究。从这一意义上说，日本儒学者比中国儒学者更容易面向世界，更容易接受自然科学，更容易走上近代的科学认识之路。

在伦理观方面，日本人富于感情色彩，这一特色与日本文化较之理智更重视感情的性格有关。在竹内正雄的《日本的儒学》和相良亨的《近世的儒学思想》中，二者指出，在中国形成了以"敬"为中心的儒学和以"致良知"为中心的儒学，而日本则形成了以"诚"为中心的儒学。王家骅则认为，实际上，中国早就存在以"诚"为中心的儒学理论。但与中国将"诚"作为客观实在性最高范畴不同的是，日本儒学将"诚"作为表现主观心情的伦理学概念。如，山鹿素行强调人们应尽情抒发内心涌现出来的难以抑制之情，内心涌现出来的难以抑制之情是"不得已之物"，对他来说就是"诚"。这样，"与全盘认可外界的自然存在同样，日本人具有全盘认可人的自然欲望、情感而不去努力克制或与之抗衡的倾向。"∞因此，与中国的伦理思想相比，日本的伦理思想较少抽象的形而上学性质，富于感情色彩，较少禁欲主义色彩，表现了对情欲的宽容。而这一特点，与日本民族尊重感情的文化传统有关。这种文化传统在《古事记》《日本书纪》的歌谣，以《万叶集》为代表的和歌，以《源氏物语》为代表的物语文学中均有明显体现。古代日本人对浪漫的恋爱和性爱，并不像中国人那样采取克制态度。在伦理思想方面，古代日本人重视"清明心"，中世日本人强调"正直"，江户时期的儒学者将"诚"解释为内心的纯真不二，重视人的情感真实性和纯粹性。因此，日本虽然吸收了佛教和中国的宋明理学，却没有吸收宋明理学当中的禁欲思想，从古到今，日本人一贯重视人的内心感情。日本儒学这种重视主观心情的倾向，与日本人重视"明净正直"的性格具有一致性。

日本文化的这种"即物主义"性格，形成了日本人重视现实、重视实用、重视实践的特点。日本人的日常行动中包含着多元性和有效性，日本人以其日常的实践能力和政治实践能力创造了特殊的思维方式和能力。日本虽未诞生过举世闻名的哲学思想体系，但作为世界先进文化的优秀继承者和实践者，在实践中将外来文化予以日本化了。

日本从古代开始毫无抗拒的摄取外来文化，并摄取了当时世界上最优秀的文化。日本人的"实用主义"文化心理，养成了日本人对"异文化"的好奇心和模仿性。日本人借好奇心积极吸收外来先进文化，通过模仿、加工，改造外国先进的科学技术。无论是中国古代的隋唐文化，还是近代欧洲文化，抑或是现代美国文化，日本都从中选取吸收对自己有利的部分。而且，即便是在体系上相互冲突的外来文化，在被日本吸收的过程中都能相互融合，并实现与日本文化的共存、融合，形成了日本文化的混杂性。可以说日本文化的混杂性也是其实用主义的表现之一。这种混杂性表现为古与今、日与外、外与外这三组文化内容的共存融合状态。

二、日本人的"实用主义"宗教观

日本人的宗教观也反映了日本人的实用主义性格特点。很多日本人信奉两种以上的宗教。"出生不久，便被带到神社，进行'初次参拜'"，"结婚典礼在神社或教堂举行"，"日常生活则遵从儒家道德"，"死后依据佛教仪式葬在寺院"，形成了日本人一生所要经历的重要仪式，这便是实用主义宗教信仰的特点。日本人的信仰心，主要来自于日本固有的神道信仰、佛教、中国的儒学以及西方的基督教四种宗教和道德。儒学主要是关于道德的教化。

一般而言，所有宗教的基础中都存在万物有灵论。万物有灵论是"崇拜宇宙万物有灵的原始信仰"。在这种原始神观念的基础上，萨满教（以女巫即萨满教徒的诅咒术为中心的原始宗教）及一神教、多神教得以形成。

基于这样的土壤，从古至今日本人精神文化的中心都有一种神道性质的东西。神道是日本自古以来的多神教信仰，其核心内容是世界万物皆由神创造，万物有灵，由此带来神道的"自然崇拜"。奈良时代编纂的《古事记》是记述日本古代众神与日本国土生成神话的书籍，其中有这样一段对自然的描写："一草一木都有各自的语言，遍地的岩石草木相互交谈，夜间像燃烧着奇怪的鬼火，昼间象群集昆虫的振翅声，到处热闹非凡"。日本人认为神在宇宙中无处不在，树木、山、河、岩石都是他们祭祀的对象。这种对自然和神的态度，就称为万物有灵论，或者称为精灵信仰。

另一方面，日本人的神道信仰还对古代逝去的先祖怀有尊敬与敬畏之情，由此带来了神道的"祖先崇拜"。日本人以《古事记》及《日本书纪》所记载的有关祖先的神话传说为基础敬神祭祖，举行祭祀活动。在这些氏族中，天皇氏族最强大，于是皇室渐渐形成了最大的氏族国，进而统一了全国。从而，维系皇室祖先同一血统的思想成为日本民族连带感的中心，最后发展为万世一系思想。

除了"自然崇拜"与"祖先崇拜"以外，日本的原始神道和农村的农耕文化紧密相关，没有众神的护佑就无法期待稻米的丰收。为了祈求农业的丰收，也为了感谢秋后的丰收，于是在一年四季的农业劳动中，出现了许多与农耕相关的祭祀活动。例如，每年年初要举行祈祷风调雨顺、水稻丰收的祈年祭，年末则要举行感谢五谷丰饶的大尝祭，在生产过程中，不同时节还要举行各种祭祀仪式。

同时，神道中也有祭祀家、村、乡土这些共同体中有功者的习惯，通过"神"和人的交流，通过祭祀，祈求家、村、乡土共同体的繁荣发展。日本人的祖先生活在丰饶但严酷的自然环境之中，"讴歌现世"就是生存的目的。在佛教传来之前，以现世为中心的乐观的古代日本人，已具有了无论面对怎样的现实都能接受的思维方式。日本的原始神道，一贯认可现世的价值。

综上所述，日本的神道信仰体现了日本人世界观、人生观，它是一种自发的与日本人日常生活习惯密切相关的信仰，它没有特定的教祖，也没有经典。因为日本人所信奉的神的数量众多，因此有"八百万众神"之说。

6世纪佛教传来以后，神道的概念开始体系化。此外，天皇家自古传承下来的惯例，都由来于神道。在奈良时期，日本固有的神道信仰和佛教信仰相互融合协调，开始了同时祭奉两者的神佛习合信仰。到明治时期，政府废除了神佛习合信仰，将国家神道制度化，并强制国民信仰。所谓国家神道，是将各地的神社、神道置于皇室神道之下改造而成的国家宗教。国家神道与军国主义、国家主义相结合，将天皇视为"现人神"，成为天皇制统治的思想支柱。第二次世界大战战败后，日本按照占领军的指令，解散了国家神道，将国家和神道完全分离开。

然而，以"自然崇拜"和"祖先崇拜"为中心的神道思想依然根深蒂固。说神道观念形成了日本人的精神文化，并不言过其实。

作为世界三大宗教之一的佛教于公元前5世纪创立于印度，创始人为释迦牟尼（前566—4867、前463—383）。佛教创立后，得到广泛传播。佛灭百年后，佛教分裂，进入部派佛教时代，公元1世纪，兴起了"大乘佛教"，并传到中国。6世纪中叶，佛教经由朝鲜半岛传到日本。飞鸟时期，经过圣德太子的努力，佛教在日本得到传播，当时日本的佛教文化受中国北魏与六朝文化的影响很深，法隆寺便是当时佛教文化的代表作。奈良时期，佛教与国家权利相结合发展起来，即佛教担负着"镇护国家"的任务，成为国家佛教，受到国家的保护和控制。当时的佛教与其说是信仰，不如说是一种教化，僧侣们以通过佛教实现国家太平为使命。奈良中期的圣武天皇（701—756）建立了国分寺和东大寺大佛，佛教开始向地方传播，但当时僧侣们的活动还是被限制在寺院范围内，几乎没有民间的传教活动。

从奈良时期到平安时期，日本人信仰佛教，认为佛教能够为人们去病消灾、能够祈求风调雨顺等为人们带来现实的利益。平安时期，最澄（767—822）与空海（774—835）到中国唐朝学佛，为日本带来了天台宗与真言宗。

最澄在比睿山延历寺创立了天台宗，他以《法华经》为中心传播佛教，传播了以密宗、戒律为中心的佛教思想。空海则以高野山金刚奉祀为据点创立了真言宗，他认为，宇宙间万物皆为大日如来之显现，只要按照密教方式修行，手结印契，口念真言，意与佛一体，便可即身成佛。密教重视加持与祈祷的仪式，这恰恰满足了那些喜爱神秘气氛的贵族的爱好，因此空海的真言宗拥有了很多的信徒。随之，天台宗也渐渐走向密教化的道路，密教成为平安时代佛教的主流。最澄与空海皆否定宗教从属于国家，但实际上，这些宗教自创立之日便重视国家的守护与个人的现世利益。所以，它们与世俗权利的结合还是很密切的。

另外，平安时代的"神佛习合"思想进一步得到发展，出现了"本地垂迹"说。所谓"本地垂迹"，即日本诸神原本是佛与菩萨，为了教化与普渡日本民众才化身为日本诸神的样子，而"本地垂迹"说也获得了广大日本民众的信仰。

平安中期以后，贵族政治发生动摇，战乱不断，社会越来越不安起来，在日本兴起了净土教。净土教的兴起，使佛教渗透到日常生活中，渐渐向庶民易于接受的方向发展下去。空也（903—972）一边行走地方念佛，一边为广大的民众排忧解难，开路挖井，葬尸医病，被民间称为阿弥陀圣。源信（942—1017）喊出了"厌离秽土，欣求净土"，在这样的背景下，产生了日本镰仓新佛教。

镰仓时期，日本形成了被称为镰仓六宗的净土宗、净土真宗、时宗、临济宗、曹洞宗、日莲宗等佛教派别。法然（1133—1212）创立了净土宗，他认为，处于末世烦恼中的人们，靠自力修行达到开悟是不可能的，因此他排斥自力教，主张人们依靠阿弥陀佛的法力，只要口中念"南无阿弥陀佛"，"专修念佛"就能往生净土。无论是谁，只要口中念佛，就能获得往生，法然的教说为那些战乱时期担心堕入地狱的人们带去了一丝光明。

亲鸾（1173—1262）出自法然门下，在法然的基础之上，他创立了更加彻底的他力信仰的净土真宗。亲鸾认为，人们依靠自力不能获得往生，只能依靠阿弥陀佛的慈悲才能得到往生。亲鸾的恶人正机说认为，"善人尚能往生，况恶人乎？"。善人过于相信自己的力量，反而难以依靠佛的慈悲，倒是那些身陷烦恼难以自拔的恶人只好依靠佛祖的法力，他们倒容易往生。亲鸾的净土真宗认为，只有完全依靠阿弥陀佛的绝对他力信仰才能往生成佛，所以"称名念佛"才是最好的"佛恩报谢"行为。他强调了佛祖的广大慈悲，给那些软弱无助的人们带来了希望。绝对的他力信仰，赋予日本的净土真宗独特的意义。

一遍（1239—1289）创立了时宗，时宗所依《阿弥陀佛经》，虽同属净土派，却主张视平生为临终，游行念佛。一遍主张，无论信与不信，只要口中念佛，便能往生。他将写有"南无阿弥陀佛"的念佛札散发给众人，游行于日本各地方，劝人们信佛。一遍一边念佛，一边舞蹈，他的"蹈念佛"获得了广泛的信仰。因一遍主张信徒视平生为临终，因此也称此派为临命终时宗。

道元（1200—1253）对于末法思想与他力信仰提出了批判，建立了基于禅基础之上的自力信仰之路。禅宗主张以坐禅解除烦恼，达到解脱。禅宗产生于中国，日本僧人荣西（1141—1215）与道元（1200—1253）留学宋朝学习佛教，为日本传回了禅宗。荣西三次入宋学禅，回到日本后在京都传播临济宗，以公案教化弟子。室町幕府在京都与镰仓建立五山，保护荣西的布教活动。

道元虽然出身于临济宗，最终却诀别了临济宗，他将中国曹洞宗的禅风带到了日本。曹洞宗主张"只管打坐"，提倡纯粹的禅宗实践。道元认为，通过坐禅，可以脱离一切执着，到达开悟的境界，这便是"身心脱落"。他还认为，参禅本身便是证，因此提出"修证一如"。道元主张的这种修行方式，后来为日本武士道所接受，对日本人精神世界的形成产生了很大的影响。

镰仓新佛教中，还出现了独具特色的日莲宗，创始人为日莲（1222—1282）。日莲宗不仅仅停留在对个人内心世界的救赎，还将国家与社会纳入到宗教的救赎当中。日莲以《法华经》为所依，主张口诵《法华经》中的中心题目"南无妙法莲华经"，即可得到现世利益与来生解脱，可"即身成佛。立正安国"。日莲著有《立正安国论》一书，主张以《法华经》思想统一多种思想与信仰，进一步实现国土的安稳。因此，日莲坚决排斥以净土宗为首的其他宗教，这也带来了其他宗派的反击，但日莲不为排挤所屈服，更加积极推广日莲教，获得了广大信徒的支持。

以上镰仓六宗，虽派别不同，但有共同之处，其共同之处是"易行""选择""专修"。"易行"是指"他力念佛"，"选择"是指"扬善弃恶"，"专修"是指"只需念佛，无需其他修行"。也就是说，"人们无需进行艰辛的修行即可获得救济。在数量众多的经典中选取其一专事诵读即可"。镰仓时代以前，主要作为祈祷和学问的佛教，通过引入"利他济世思想，人人平等皆可成佛"的新理论，将佛教深深地渗透到当时人们的内心世界。

江户时期，佛教一直处于幕府权利的控制之下。因为幕府实施了寺请制度，即要求庶民向寺院证明自己不是基督徒而是佛教徒，所以绝大多数人和佛教不无瓜葛。虽然实施了寺请制度，佛教作为日常信仰得到继续发展。在神佛习合时期，神道与佛教两者并未完全一体化，而是各自既保持自身特色又得到了共同发展。

明治时期，力争富国强兵的明治政府实施了国家神道主义的政策，颁布了"神佛判然令"。日本兴起了破坏寺院、佛具、经文的运动，废佛法、弃释尊的"废佛毁释"运动使佛教遭到巨大打击。第二次世界大战以后，宗教摆脱了国家的控制，佛教慢慢开始复兴，延续至今。

现在，日本国内的佛教宗派有华严宗、法相宗、律宗、天台宗、真言宗、净土宗、净土真宗、时宗、融通念佛宗、日莲宗、临济宗、曹洞宗、黄檗宗等十三宗。日本各地方保存下来的寺院，作为重要文化遗产受到精心保护。佛教对日本人的理念、美术及文学等传统文化的方方面面均产生过较大影响。

那么，基督教的状况又如何呢？室町时期的1549（天文18）年，为了对抗新教势力的扩大，耶稣会传教士佛朗西斯哥来到鹿儿岛传教，后来以佛朗西斯哥为首，西班牙、葡萄牙的罗马天主教会、耶稣会的传教士纷纷来到日本传教，基督教向日本各地传播。基督教提倡的一夫一妻制、禁止堕胎等新教伦理与新的教育思想深入人心，短短的时间内，便在日本获得了大量的信徒。1580年信徒高达12万。主张平等的天主教与日本传统宗教迥然有异，信徒人数不断增长。1587年，丰臣秀吉发布《伴天连追放令》，对基督教实施了禁教令，但基督教势力仍不见衰弱，信徒人数依然有30万。进入江户时期后，德川幕府于1612（庆长17）年发布了禁教令，基督教徒被驱逐出境等，基督教受到严厉镇压。在江户幕府实施禁教政策后，据称在江户初期（17世纪初）曾达到75万人之多的基督教信徒中的大部分改变了信仰，也有部分信徒惨遭迫害殉教而死。此外，私自偷偷信仰基督教的信徒也不少，这些人被称为"隐教徒"。

明治政府于1873（明治6）年解除了禁教令，因放宽了对基督教的禁令，再加上新增加的新教信徒，基督教徒人数激增。明治时期的基督教徒以武士子弟居多，代表人物有新岛襄（1843—1890）、内村鉴三（1861—1930）、新渡户稻造（1862—1933）等。他们跟从外国传教士学习语言与技术，认识到新教是近代西洋思想的精神基础，站在基督教人道主义的立场，对国家意识不断高涨的日本时局进行了冷静的批判。基督教的人道主义、人人平等的精神对追求独立精神的日本青年产生了极大的影响。第二次世界大战以后，日本社会进入民主主义时代，基督教各派进入日本，日本的基督教信徒稳步增加，现在处于迟缓阶段。根据日本文化厅的《宗教年鉴》统计，2003年日本基督教各派人数合计为约191万人。

综上所述，日本人思维方式的特点，是对置身其中的自然环境和条件全盘接受。将现实社会中目之所见当作绝对存在，否定远离现实世界的绝对神的存在。因此，日本自古以来的信仰就是自然发生的，和人们日常的生活习惯密切相关。可以说，对现实世界赋予绝对意义的思维方式，由来于日本人对自然的爱好。日本人在深受自然威胁的同时，深感"自然与人类并不对立，自然对人类恩惠颇深，自然与人类是统一的"。

凡事皆以现世为中心的气质，养成了日本人对人的自然欲望和感情采取容忍认可态度而不是抑制或排除的生活习惯。在日本佛教中，不遵守印度原始佛教或中国佛教那样的清规戒律之处并不少见。如，日本佛教徒无需遵守"不饮酒"的戒律。此外，像除夕夜的钟声和立春等中国的习俗也传到了日本，这些被作为佛教仪式，成为日本独特的和生活密切相关的庆典仪式。另一方面，民众间无组织、无系统教义的民间信仰也以各种形式传承下来，成为日本佛教的又一特点。

综上所述，日本人的宗教信仰以神道信仰为核心，同时积极吸取容纳佛教中的相关内容，并吸收了基督教。以现世为中心的"多神教"思维方式，深深植根于日本人的信念中。可以说是实用的宗教观和宽松的信仰心，形成了日本人的精神文化。日本人在"苦难时想起神"，所以，求助的时候总是口念"神呀，佛呀，祖先呀……"，拜求所有的神。

三、对中国儒学的吸收

孔子始创的儒学称为先秦儒学，即原始儒学。原始儒学是中国古代的政治道德学说，是诸子百家的流派之一，其代表人物除孔子之外，还有孟子、荀子等。孔子是春秋时期的思想家、教育家，是中国古代思想之集大成者，他创立了原始儒学的思想体系。孔子尊崇尧、舜、文王、武王、周公等，提倡以"礼"治国，以"仁"为理想道德，以孝悌、忠顺为手段。孔子曾出仕鲁国，其思想不被当政者接纳，便开始周游各国，历陈自己的治国之道。孔子周游列国，历经十余年不被重用，眼见时局动荡，便专心于教育和著书立说，整理了《易经》《书经》《诗经》《春秋》《礼记》《乐经》等，后统称为《六经》。《论语》是后来弟子们对孔子言论的记录汇总。

早期儒学的另一个重要代表人物是孟子。孟子属于儒家理想主义思想流派，他向各国游说王道主义而不被采用，退而为《诗》《书》作序，祖述孔子之用意，完成《孟子》七编。孟子的伦理观以性善论为依据，主张发挥仁义礼智等德目。孟子的政治哲学主张"王道"，反对"霸道"，建立在这种思想基础上的"革命"理论对中国历史的发展产生了重大影响。

早期儒学的另一个代表人物荀子，属于和孟子对立的儒家现实主义思想流派。荀子否定传统的天人关系，是先秦时代唯物论的集大成者。与孟子提倡"性善"论不同，荀子主张"性恶"论，提倡以"礼"匡正社会秩序。

早期儒学发展到后汉时期，《五经》等权威经典受到重视，经董仲舒之手被经学化，以对经典的训诂注释为主的训诂学开始流行。儒学发展出现了停滞，六朝隋唐时期与对经典的解释学（训诂学）大发展相反，在哲学方面老庄思想和佛教一时处于落后状态。

儒学有了新发展是宋代以来的事情。北宋的周敦颐（1017—1073）、张载（1020—1077）、程颢（1032—1085）、程颐（1033—1107）等人，吸收了阴阳五行等传统观念和老庄思想、佛教哲学及其世界观，使儒学得到新的发展。南宋的朱熹（1130—1200 年）以北宋以来的理气世界观为基础，完成了新儒学之大成。

随着宋学的勃兴，集儒学之大成的朱子学，直到清末始终在中国思想界占主流地位。朱熹认为，宇宙分为作为存在的气和作为存在之法则、存在之根据的理，他认为，对于人来说前者为气质之性，后者为本然之性，本然之性具理，所以性即理。朱熹以理的自我实现为儒家之命题，其方法在于格物致知、敬居穷理等。朱子之后的整个明清时期，朱子学作为维护封建等级秩序的理念被体系化，并被朝鲜和江户时期的日本所吸收。明代中期以后，以王阳明（1472—1528）为首的思想家们，通过批判和修正朱子学，使儒学在学理上得到革新。阳明心学对清末的共和思想产生影响，在中国思想史上占有一席之地。

关于中国儒学传入日本的具体时间和途径，目前尚无定论。据《日本书纪》《古事记》的记载，应神天皇十六年即西历 285 年，朝鲜百济的王仁将《论语》和《千字文》带到了日本，但此说可信度不足。

6 世纪，百济的五经博士相继渡来日本，传播儒学。圣德太子在制定《宪法十七条》时，吸收了中国法家、儒家、墨家及佛教等各流派的思想，其中儒家思想所占比重最大，其思想基调为儒家思想。圣德太子颁布的"冠位十二阶"，以德、仁、义、礼、智、信（各德目又分为大小两阶）命名官位，以儒学的社会政治思想来巩固政权基础。

圣德太子派往中国的留学生和留学僧南渊请安、僧晏等人，滞留中国二十余年，苦心钻研中国文物，学习儒家典籍。回到日本后，他们作为中大兄皇子和中臣镰足的顾问，对大化改新起了推动和促进作用。大化改新后的 7 世纪 60、70 年代，日本已经设置了学校、大学寮等机构，展开了以儒学为主要内容的教育。

从初传日本到平安末期，这一阶段的儒学为日本的"早期儒学"。这一时期的日本儒学具有如下特点：（1）中国的原始儒学，无论是孔子、孟子还是荀子，其共同点是均以"修身为本"，即以"修身"为起点，继之强调"齐家""治国""平天下"。也就是说，他们的思想具有较强的政治性和道德性。而日本的早期儒学主要是作为政治理念对日本的政治生活产生影响，而实际上对日本人的道德生活几乎未产生影响。(2) 中国儒学具有较强的包容性，在发展过程中从未间断过对其他思想流派的吸收。同时，中国儒学对外具有较强的排他性，在坚持自我的同时反对其他思想。而日本的早期儒学显示出明显的共存性。中国儒学在传入日本的时候，荀孟论争、今古文学论争已经终止了，并未影响到日本。(3) 日本的早期儒学不是原生的，不是日本人在自己的实际生活中酝酿而生成的。早期儒学作为政治理念和教养对日本社会产生过积极作用，但日本的早期儒学者们在现实生活中未能将儒学思想作为哲学武器，同其他思想展开论争，在其思想的创造性和发展方面几乎了无新意。在这一意义上，可以说日本的早期儒学缺乏哲学意味。

如上所述，中国的儒学发展到宋代发生了巨大变化，儒学者们从先秦儒学中发掘出"形而上"的东西，并汲取了佛教、道教思想的精华，形成了宋学（也称为新儒学、宋明道学、宋明理学）。新儒学以"理"为最高范畴，倡导天人合一，增强了哲学思辨性。"理"与儒学传统的仁义礼智等德目相通，避开了佛教"空寂"的方面，汲取了老庄思想。朱熹集其大成，使新儒学成为中国封建社会后期的统治思想。

中国儒学的发展变化，也影响到日本儒学的发展。镰仓时期（1184—1333年）新儒学传入日本。中国宋学和禅宗的传入和普及，给日本儒学思想带来了革新的气运。

在整个镰仓室町时期，宋学几乎都是经五山禅僧之手传承的，这与中国宋学的发展情况大不相同。朱子学吸收了禅宗、华严宗等思想，具有高度的思想完结性，无需以佛教补完。因此，朱子学一贯主张排佛。但是，中国却出现了通过包容儒学、力说儒佛一致来对抗宋学的禅僧。日本的禅僧受到大陆禅僧的影响，从禅佛一致的立场出发讲求宋学。日本禅僧们提倡宋学，根本不是以普及宋学为目的，而是将宋学视为"助道之一"，归根到底是为了方便禅法的弘扬才提倡宋学的。这些禅僧为了图谋武家皈依禅宗，首先利用武家政权统治者的儒学素养，倡导儒学和佛教，特别是宋学和禅宗的一致和融合，然后再弘扬佛法。可以说禅僧们提倡宋学是出于功利主义目的，他们关注的仅仅是儒学和佛教，特别是宋学和禅宗在形式上的关联，而未论及两者的交流和融合并进一步把握宋学本质。当时的宋学，只是作为禅宗的附庸而存在的。

镰仓时期禅僧问所提倡的宋学，其影响到镰仓末期波及宫廷的天皇、公卿、博士家。镰仓时期，儒学的新注派是禅林的宋学，古注派是清原的诸博士家。

四、日本的儒学

（一）日本的朱子学派

进入江户时期，儒学摆脱了对禅宗的附庸地位，开始独立发展并进入全盛时期。

藤原惺窝（1561—1619）脱离禅宗转向儒学，是日本儒学独立的象征。藤原惺窝之所以脱离禅宗，是因为他认为，佛教无视人伦纲常，主张脱离现世的出世主义，而儒学关心社会，"人伦皆真"。但藤原惺窝并不是纯粹的朱子学者，他对已经传入日本的陆象山（1139—1192）、王阳明的陆王之学采取包容折衷的态度，同时也没有忽视儒学汉唐训诂学的作用。和朱熹一样，藤原惺窝也视理为形而上的万事万物的本源。藤原惺窝培养了大批儒学者，使朱子学官学化的林罗山（1583—1657）便出于其门下。

日本朱子学真正的开创者是林罗山。信奉朱子学的林罗山主张日常生活中的"居敬穷理""上下定分之理"。天地万物有上下尊卑，人伦社会也同样，君臣、父子、夫妇、兄弟之间也应该按照上下的身份秩序来指导自己的日常行为。林罗山还以朱子学的理论解释日本神道，主张神佛一致。为使朱子学更好地适应日本社会，林罗山对朱子学的思想内容进行了修正，更换了一些概念，使朱子学更具日本特色。如，说到忠孝间的关系，按中国的传统看法，比之"忠"更重视"孝"，而林罗山则认为忠为公，孝为私，比起孝来说，更重要的是忠。由此，林罗山的思想吻合了德川幕藩的统治思想，使朱子学称为德川幕府的官学。

林罗山死后，日本朱子学沿着两个不同方向分化发展。其中一派强化了朱子学的唯心主义色彩，更加强调其封建伦理学侧面，较之"穷理"更加重视"居敬"。另一派则强调朱子学的唯物论要素，强调朱子学认识论的合理内容，较之"居敬"，更重视"穷理"，对"民生日用之学"和自然科学表现出浓厚的兴趣。属前者的有山崎暗斋（1618—1682）及崎门学派的弟子、幕末开国论者横井小楠（1809—1869）、参加《教育敕语》起草的元田永孚（1818—1891）等。属后者的有贝原益轩（1630—1714）、新井白石（1657—1725）、幕末人士佐久问象山（1811—1864）等。

山崎暗斋属于日本朱子学唯心论学派。山崎暗斋著书立说，抨击佛教，论说居敬穷理之理论。山崎暗斋和贝原益轩的区别之一，在于山崎暗斋持教条主义思想，另一点是山崎暗斋重"居敬"而轻"格物""穷理"。山崎暗斋主张的是一种道德至上，严肃主义的学风。他将朱子学和神道结合在一起，创造了新的神道流派"垂加神道"。此外，山崎暗斋强调朱子学的大义名分论。其神道论的神国思想和朱子学的大义名分论相结合后，对内形成了尊王论，对外确立了对国家的反省和自觉，成为日本忠君爱国思想发展的动因。山崎暗斋学派的思想一直传承至明治维新以后，作为支撑天皇制国家的理念，其尊王思想、神道思想受到国粹主义者的赞誉，并且这一点，在太平洋战争时期发展到了极致。实际上山崎暗斋学派的思想特点体现了日本朱子学落后和固陋的一面。

贝原益轩（1630—1714年）强调朱子学内含的唯物论因素，强调朱子学认识论的合理部分，较之"居敬"，更重"穷理"，这一派表现出对"民生日用之学'：和自然科学技术的兴趣。贝原益轩较之"格物"，更重视"穷理"，他强调朱子学认识论中的合理部分。朱子学的"穷理"包含着道德的形而上学之理和自然法则之理，朱熹更重视前者。而贝原益轩主张的"穷理"，则是由道德的形而上学之理向自然法则之理转化的产物。也就是说，贝原益轩的"穷理"，最终走向了对事物的规律性进行客观探求发展方向。此外，贝原益轩提倡贯彻"穷理"的合理性和客观性，主张学问以博学为主旨。在医学、本草学等各方面具有影响力的贝原益轩的博学学风与山崎暗斋学派的学风形成鲜明对照。

（二）日本的阳明学

一般认为，中江藤树（1608—1648年）是日本阳明学的鼻祖，而实际上早在室町时期就有日本人曾接触过王阳明。江户时期的日本，确实存在过以中江藤树及其门人熊泽蕃山（1619—1691）、三轮执斋（1669—1744）、佐藤一斋（1772—1859）、大盐中斋（1793—1837）等为代表的与王阳明思想相共鸣的思想倾向，但与中国的阳明学不同，这些学者们并未全面接受王阳明的思想，他们之间并未形成明确的具有传承关系的学派，这点与中国的阳明学形成了鲜明对比。江户时期日本阳明学的发展举步维艰。

被日本称为"近江圣人"的中江藤树尽管是阳明学者，但其思想体系独具特色。他认为，所有人伦之根源在于"孝""天地万物皆由孝生"，"孝"不仅是人类社会的最高道德准则，也是万事万物的根本道理和宇宙万物的本源。中江藤树最初虽然热心于朱子学，渐渐对朱子学产生怀疑，晚年对王阳明的"知行合一""致良知"学说产生共鸣，开始力说实践的重要性。中江藤树的门人中最为优秀的当数熊泽蕃山。以熊泽蕃山为中心的阳明学者被称为事功派，事功派不盲从师说，独具见地。熊泽蕃山学习阳明学的动机，在于"自反慎独""心向内"，即和所谓"心学"相通的重视心之内在契机这一点。实际上，熊泽蕃山采取的是朱子学和阳明学的中间立场。尽管如此，他仍遭受了幕府的压迫，在困境中离开了人世。

　　三轮执斋被称为日本阳明学的中兴之祖，他的主要业绩是1712年翻刻了《传习录》。"原本深信王，对朱亦尊奉不浅"是三轮执斋对自己思想立场的真实表白。

　　三轮执斋之后的18世纪末19世纪初，日本阳明学再现复兴之势。其代表人物是佐藤一斋和大盐中斋。佐藤一斋34岁成为林家塾的塾长，70岁成为幕府官学校昌平黉的儒官。佐藤一斋在当时的学界、教育界长期据中心地位，因此，尽管他信奉阳明学，表面上却必须讲述朱子学，故而被称为"阳朱阴王"。佐藤一斋作为哲学者，虽不具有同时代的大盐中斋的敏锐和独创性，不过其思想的影响力却远远超过了其他阳明学者。行动主义阳明学之所以能在幕末思想界广为流传，在当时学界占中心地位的佐藤一斋起了很大的促进作用。佐藤一斋门下人才辈出，包括公武合体派思想家佐久间象山、尊王攘夷派活动家吉田松阴、西乡隆盛等。总之，日本的阳明学，时有作为个人深深醉心于阳明学的学者，但整体上几乎未对社会产生持续性的影响，未形成学派。日本的阳明学者并未全面接受王阳明的思想，他们也未必自称是阳明学者。因此，日本的阳明学只是作为一种思想倾向而存在。

　　日本的阳明学具有如下特点：

　　反体制性：中国阳明学的左派，特别是泰州学派的学者中有一些反体制思想家，而考察从中江藤树直至幕末大盐中斋、吉田松阴，在这些日本阳明学者的思想中，均可发现其中内含的不同程度的反体制批判精神。在中江藤树和熊泽蕃山之后，日本阳明学的批判精神并未消退，只是变换了形式。通过大盐中斋、吉田松阴等人，日本阳明学的批判精神在思想上或政治行动上得到了展开。

　　行动性：王阳明的"知行合一"思想，既重视知又重视行。这种思想若经过改造，用来加强革命思想家的意志，就能在行动上体现出勇猛果敢。但是，在中国的阳明学者中，即便存在像泰州学派那样对封建正统思想在言论上予以批判的学者，但鲜见在行动上反对国家体制的实践者。阳明学对日本人的影响，不仅加深了日本人的内心修养，同时也加强了社会中的行动性。幕末的阳明学者大盐中斋以及明治维新时期的吉田松阴等便是这种行动性的实践者。大盐中斋，即日本历史上有名的"大盐平八郎之乱"的主谋者。他在《洗心洞札记》中指出，圣人之学是"明体适用之学"，主张在修养内心的同时，将其运用到具体的实践中。此外，大盐中斋的"明体适用"不仅强调个人行动的重要性，也强调社会性实践的重要性。他将阳明学的个人改造理论发展为改造社会结构理论。这就是大盐中斋思想的主要特点。幕末的尊王攘夷派思想家和活动家也受到阳明学行动性的影响，表现出好战的性格特点。

（三）日本的古学派

一般认为，山鹿素行（1622—1685）、伊藤仁斋（1627—1705）、荻生徂徕（1666—1728）是日本古学派的三个代表人物，但他们之间没有明确的师承关系，他们的思想既有相同之处也存在差异。他们的共同点是提倡复古，与以朱子学为主要内容的后世儒学相对立，将朱子学和阳明学看成是与佛、老相似的存在，主张真正的圣人之教必须从中国儒学的古典中直接读取。因为他们主张回归古典，所以被称为"古学派"。然而，他们的复古要求并非简单回归中国传统的孔孟之学（原始儒学），而是以古典否定日本的朱子学，探求思想上的自由，从古典中寻求在当代社会中能够作为实践理论发挥作用的生活智慧。

山鹿素行是古学派的先驱者。目前，日本学界对山鹿素行在日本思想史上地位的评价，大体可概括为如下几个方面：（1）山鹿素行和伊藤仁斋、荻生徂徕同为日本古学的代表人物。（2）山鹿素行尊称日本为中朝，极力证明日本自古已有圣人之教存在，被认为是日本主义的鼓吹者。（3）山鹿素行在吸收儒学君子之道的基础上力说士道，是日本武士道的首倡者。山鹿素行奠定了以文献学方法，即依据古典创新儒学思想的古学的基本方向。山鹿素行既是古学思想的先驱者，也是日本武士道的首倡者，毋宁说他在日本武士道思想确立方面具有更大的历史意义。江户时期之前的武士作为战士发挥其社会作用，当时武士道的核心是对主君的献身精神。山鹿素行将"死之觉悟"的武士道转变发展为"道之觉悟"的武士道思想。在武士的两大职责中，首先是像古代武士那样对主君尽忠。其次是自觉实践"人伦之道"，为世人明示人之楷模。江户时期出现鼓吹战国武士道的《叶隐》那样的武士道理论，经山鹿素行儒学化的武士道，对江户时期的武士们产生了重大影响。兼通文武两道是当时武士的理想。

伊藤仁斋（1627—1705 年）以文献学方法否定朱子学派视为经典的《大学》《中庸》的正统性，将《论语》推崇为"最上至极宇宙第一书"，将《孟子》作为《论语》不可或缺的注脚。伊藤仁斋的古学不是对原始儒学的简单复归，他以《论语》《孟子》为依据对后世儒学展开批判，构建了自己的思想体系。伊藤仁斋将孔孟思想作为"古义"来继承，也就是以对孔孟之教进行哲学解明为其表面上的目标,因此被称为"古文学"。伊藤仁斋推崇《论语》《孟子》,提倡气一元论,对情欲持宽容态度,对否定情欲的朱熹和王阳明的"穷天理、灭人欲"理论持批判态度。

荻生徂徕(1666—1728年)在文学方面提倡"古文辞"。中国16世纪的"古文辞"运动主张"文则秦汉","诗则汉魏盛唐",极力推崇古典主义文学。荻生徂徕将这种主张引入到对儒学经典的解释中,应用到儒学中。在荻生徂徕看来,"道"不是朱子学倡导的形而上的东西,而是"圣人之道","安天下之道",因此具有政治性。"道"的具体内容,是《诗》《书》等六经所记载的中国古代先王为民众制定的"礼乐刑政",而不是自然或道德规范。日本学者对荻生徂徕在日本思想史上的贡献评价相当高。丸山真男在《日本政治思想史研究》中提出,荻生徂徕打破了认为自然、社会、人类具有连续性的朱子学的道德合理主义思想体系。他的思想,切断了政治和道德、公之领域和私之领域之间的连续性,在思想上确立了政治、公之领域的优越地位,同时承认私人的、内心世界的自立性,这些地方具有近代精神。从自然制度观向作为制度观变迁的角度看,他将现实的政治秩序视为圣人、君主作为的产物,徂徕学开拓了向近代制度观转变的道路。

荻生徂徕的思想富有实证主义精神,他的这种思想倾向为弟子太宰春台(1680—1747)所继承,对日本国学集大成者本居宣长(1730—1801)的为学方法论的形成也产生了影响。

(四)儒学向民间普及

江户时期,随着儒学流派的发展,儒家思想开始向民间普及。特别是8代将军德川吉宗(1684—1751)推行的教化政策,促使幕府和诸藩着力于对武士教育的开展,藩校的数目急剧增加。而且这种风潮也影响到了民间。在民间乡学得以创立,寺子屋的数量也急剧增加。随着学问的普及,在民间出现了一些庶民出身的儒学者。

18世纪初,位于士农工商严格的等级身份制度最末端的町人的经济实力日益增强,其社会自觉性渐渐增强,在町人中产生了和现实生活紧密相关的新思想,其代表人物就是石田梅岩(1685—1744年)。石田梅岩出生于农家,日本的"家"制度为长子继承制,身为次子的石田梅岩只好被父亲送到京都的商家去当学徒。在经商的学徒生活中,石田梅岩利用业余时间自学儒学,并融会了神道、佛教等思想,他将这三种思想学说和自己作为商人的种种切身体验相结合,创立了系统的作为町人修养的独特的心学(石田梅岩死后被称为"石门心学")。石田梅岩提倡以"知心"为学问之根本,"我乃万物之一","汝不面对万物,心如何产生?万物乃心之所在。"他主张"形即心",士农工商无论身份高低贵贱,他们对仁义礼智信的向往之"心"相同,但由于士农工商各自的"形"有所不同,所以"道"的内容则因"形"不同而有所不同。作为"商人道","商人以直接谋取利益安身立命","得买卖之利为商人之道也","商人需思彼立我立","如能为客勤俭操持,真情相待,则不忧何以度世?"石田梅岩对商业活动中追求利益的正当行为予以肯定的同时,主张商人为商要遵从商人道,做正当买卖,成为堂堂正正的商人。石田梅岩提出,商人的实践伦理道德,是"正值"和"俭约","倡俭约,无他义,为复天生之正直","俭约非只衣食财物,俭约教人无私,俭约可正人心志",石田梅岩主张通过"俭约",消除人的贪欲,使人悟到本来之"心"。

　　石田梅岩在"儒家文化圈"中第一次以经济和道德可两立的经营理念为基础,独创"商人道"思想,其历史功绩和现实意义重大。石田梅岩结合商人的日常生活,深入浅出地论说其理论,其思想被商人阶层广泛接受。石田梅岩死后,其弟子手岛堵庵(1718—1786年)创"明伦舍",更浅显地介绍解说石田梅岩的思想,并向庶民阶层传播,其思想流派被称作"石门心学"。手岛堵庵的弟子中泽道二(1725—1803年)将"石门心学"推广到上流武士阶层中,形成了日本全国性的心学运动,使"石门心学"成为对近世日本产生广泛影响的庶民思想运动。

　　安藤昌益(1703—1762年)是一位代表农民利益的思想家。江户时期的农民,深受苛捐杂税的盘剥,过渡的剥削使农民内部发生了阶级分化,出现了大批生活困苦的农民,到18世纪前后,农民暴动蔓延到日本全国各地。在这种状况下,安藤昌益将目光投向广大劳苦大众,认为等级身份严格的封建剥削制度为"法世",并对此予以尖锐批评。在对"法世"予以批评的同时,提出"万人直耕"的平等社会,亦即"自然世"才是理想社会。安藤昌益提出的所谓"自然世",是指人人都参与水稻农耕,在衣食住行等方面做到自给自足没有等级差别的社会。在此基础上,安藤昌益提出了独特的自然观——"直耕"理念,他认为,"直耕"这种人类劳动和天地自然的生成活动相互促进。同时,他还对不亲自参与农耕而盘剥农民劳动成果的"不耕贪食之徒",即作为统治阶级的武士提出尖锐批评。安藤昌益的思想,对处于社会底层的农民表示了充分的重视和尊重,是一种超越封建思想之藩篱的先进思想。

　　二宫尊德(1787—1856年)也是一位农民思想家,其思想体系自成一家。二宫尊德出生于农家,通称金次郎。二宫尊德自幼父母双亡,被叔父收养。他辛勤劳动,发奋学习,到26时出仕小田原藩。后来被幕府录用,从事复兴并开发已经疲惫不堪的农村工作。二宫尊德在农民中,展开了切合农村和农民实际的称作"报德仕法"的实践活动。他认为"自然运行之道"为"天道","人世施行之道"为"人道"。他将"天道"和"人道"相结合,为农业劳动的根本意义赋予了理论基础。二宫尊德提倡的复兴农村的方法,包括由小事开始一点点积累成大的"积小为大"思想,经过合理推算,在一定限度内生活度日的"分度"思想,以及将由此产生的剩余财富返还给社会的"推让"思想等内容。二宫尊德的"报德仕法"思想背景中,包含着他对天地以及他人所施恩惠的报答思想,即"报德"思想。总而言之,二宫尊德倡导的不单单是一种说教和空论,而是体现为"勤劳""分度""推让"等具体规范的具有现实意义的伦理思想。

如上所述,中国儒学传到日本,到江户时期形成了具有日本特色的儒学,成为德川幕府的意识形态后,作为准官学统治着大众的思想。在明治维新后实行的文明开化政策中,佛教、神道、儒学等封建文化受到批判,儒学一时承衰落之势。然而,自由民权运动的迅猛发展使明治政府感到了威胁,于是政府开始复兴儒学。1890年《教育敕语》的颁布,确立了以儒家道德为核心的近代教育抑或是国民道德的方针。这不仅影响到日本的近代教育发展,而且对日本近代教育思想产生了广泛而久远的桎梏作用。直到1945年8月日本战败,《教育敕语》一直被当作日本教育乃至国家主义理念最基本的经典。总之,明治维新后,儒学自然观的影响几乎被消灭殆尽,而儒学的道德规则与日本的国家主义概念相结合被传承下来。

日本军国主义在其膨胀过程中,也恶用了儒学。其主要表现:在国内,军国主义者把以儒家德目为基本内容的"武士道"精神,以"军人精神"的形式再现,并将其作为国民精神大肆宣扬。对国外,则以建设"王道乐土"为宣传工具,侵略了中国和其他亚洲国家。

第二次世界大战后,战前以儒家德目为学校德育乃至国民教化根本方针的政策被废止。在现代日本,儒学作为一种思想体系,仅仅成为人文科学研究的对象,成为中国思想史或日本思想史著作中所论述和评价的内容。但这并不意味着儒学对日本的现代生活完全失去了影响力。儒学伦理观和价值观的一部分,植根于日本人的心底,成为日本人的道德规范和民族心理的重要内容。

第五章 日本的艺术、体育、教育与语言

第一节 日本的艺术

一、日本文学

日本文学有着悠久的历史，在口头文学的原始阶段就已形成三个系列：①咒语、祝词系列；②神话、传说系列；③原初歌谣系列。这些口头文学是以潜在的生活意识为中心，与劳动、信仰和性欲的意识结合得非常紧密。从本质上说，它们只不过是当时实际生活的自然胚胎。口头文学是口诵传承，并无文字记载，只能依靠考古学的发现、民俗学的考察和后世记录下来的文献来窥视古代文学的状况。

最早的文字文学出现在奈良时代（710—794年）。日本于285年从中国最初传入汉字和典籍，经过长期的吸纳和应用，首创了用变体汉文或纯体汉文来书写的文字文学－历史文学《古事记》《日本书纪》（两书简称《记·纪》），它们经过朴素的、定程度的文学润色，记录了大量的神话、传说、原初歌谣等口头文学，并具有一定的叙事性格。但是从严格的意义上说，它们仍属于史书类。日本第一部汉诗文集《怀风藻》、和歌总集《万叶集》的问世，展现了日本奈良时代的抒情文学的世界。

平安时代（794—1192年）贵族社会形成，男性贵族更多使用汉文创作汉诗文，认为是一种高尚的、有学识教养的表现。所以平安时代初期出现了《凌云集》《文华秀丽集》等一大批汉诗文集，汉诗文一度占据了日本古代文学的主流地位，曾出现过"汉风化"的风潮。但是日本最早的小说模式——物语文学的诞生，改变了迄今以汉文书写的习惯，改用新创造的和文（假名文字）来书写。物语文学最初分虚构物语（如《竹取物语》）、和歌物语（如《伊势物语》）两大类。女作家紫式部创作的《源氏物语》是这两大类的集大成者，它不仅成为日本物语文学的高峰之作，而且也成为世界第一部长篇小说，大

大推动了日本古代散文文学的发展。

散文文学,除了物语文学这一形态之外,还出现了与《源氏物语》并称为古代日本文学双璧的、同样是女性作家的清少纳言的随笔文学《枕草子》,还有王朝女性日记文学《和泉式部日记》《紫式部日记》等。作者都是后宫的女官,她们为日本古代文学增添了异彩。而且同时期还诞生了第一部敕撰和歌集《古今和歌集》,从此私撰和歌集、敕撰和歌集也流行起来,逐渐反拨以汉诗为主题的风潮,形成"和汉并存"的局面,迎来了和歌中兴的时期。

因此可以说,11纪初期平安王朝女性和文文学的流行以及和歌的中兴进一步推动了日本文学的"和风化",加速了取代"汉风化"的进程。到12世纪在日本汉文学走向解体的过程中,和歌和汉诗迅速接近与融合,和汉文学的交流发生了根本性的变化,日本文学拥有了自己的独特形式和一定的规模,并确立了日本民族的独特审美体系,从而由"汉风时代"转向"和风时代",从对汉文学的表面模仿,到深层的消化,迎来了古代日本民族文学的辉煌时期。这成为日本文学史上的一个独特的现象,在世界文学史上是不多见的。

平安时代末期武士势力兴起,日本建立了以封建体制为基础的武士政权后,进入镰仓时代(1192—1333年),此时日本文学也发生了重大的变革。一方面新撰了具有贵族和歌性格的敕撰集,反映了对古代和歌的眷恋;另一方面又兴起自撰私家集,十之八九属新古今的歌风,贵族歌坛渐趋瓦解。与此同时,为了适应武士阶层的爱好,于室町时代(1392—1573年),以和歌为母胎诞生了独特的新艺术体裁——连歌,在戏剧方面新出台的"能乐"和"狂言"开始在武士阶层和民间同时流行起来,意味着民间艺术的兴起。

就整个日本文学发展史而言,这一时期是王朝贵族文学与武士文学两种异质文学的对立和并存的过渡时期,两者的消长是渐进的,不是后者迅速取代前者,而是逐渐使前者变容变质,不断消除旧的因素,增大新的因素,是在不变中的变。物语文学到了镰仓时代,无论在内容上或形式上都发生了根本性的变化。由宫廷外的职业艺人创作的战记物语,主要描写战乱时代的武士英雄业绩,迎来了英雄的叙事诗时代,《平家物语》是战记物语的最高杰作。

在历史进程中,江户时代(1603—1868年)随着町人(工商业者)阶层的社会地位的提高,经济实力的增强,庶民教育开始普及,识字率普遍提高,以庶民为对象,描写庶民自身的生活和理想的作品日渐增多,文学技巧也日臻成熟。出现了松尾芭蕉的俳句、松永贞德的狂歌、井原西鹤的浮世草子、上田秋成和曲亭马琴的读本、近松门左卫门的净琉璃、歌舞伎剧本等,创造了丰富多彩的文学模式。作者大部分是武士、僧侣、町人、艺人出身,他们都以描写大众生活为己任。

日本文学从古代向近代过渡的过程中，首先是引进西方人文主义，提倡以人为本的人道主义精神，革新文学观念，在批判继承传统文学的基础上进行再创造，以适应新时期的需要。比如，浮世草子、洒落本、人情本、滑稽本、读本，虽然发展阶段不同、文学形式不同，但都在不同层面上真正地了解了人情，发现了人性的真实，表现了人性的自由与解放，而且在近古向近代以人为本的文学过渡期，也都对提升人文精神、变革文学观念起到了桥梁的作用。可以说，西方文化的人文主义精神成为日本文学理念向近代化转化的创造性要素，为近古日本文学向近代过渡创造了必要的历史条件。

江户时代各种类型通俗文学的勃兴，作为转型时代的文学模式，提供了产生近代初期文学的重要契机。虽然有些作品尚未超脱近古小说的传奇怪异性，还带有古旧的套路，但也有不少作品具备了许多近代小说的因素。比如，有不少通俗文学作品，脱尽古旧的传奇模式，而客观写实地描写町人社会的男女日常生活，赤裸裸地描写下层庶民的人情，包括性与爱的情态，尽情挥洒浮世的人心诸相。虽然有追随于当时的风气之嫌，写得十分放荡，十分逼真，但内容并不夸张，不淫秽，都是常见的人情之事，是写实性的，是真实与虚构结合，是接近近代式的。在描写方法上，对于市井人情和庶民心里的描写虽不多，但已开始摆脱平面式的描写，在行文措辞中活泼可爱，显扬了人物的个性，而且小说的文本结构、叙说方法、情意表达以及纤细的意识，都是最接近近代意义小说的。在语言文体上，多采用接近口语的和汉折中体。在叙事文表现法上，增加了许多会话体、书简体等，尤其充分发挥文章的个性和气魄，摆脱了近古初期通俗文学的束缚，与大众语言更加贴近。

江户时代的通俗小说能够延伸至近代，是因为近古后期通俗小说写实的表现方法、人情风俗的描写、人物心理的挖掘、纤细美意识的潜流、通俗语言文体的使用等，这些无疑都是近代文学形成的源泉。它们对于近古文学向近代文学转型起到了桥梁的作用，其历史意义是重大的。可以说，近古各类型的通俗小说孕育了近代小说的故事结构、叙事视角、角色模式和语言文体。

日本文学向近代转型接受西方文学是始于 18 世纪中后期。明治维新近十年后，日本近代文坛以文学启蒙为目的掀起了一股介绍西方文学作品的"翻译热"，至明治二十年达到了全盛期。西周、中江兆民和菊池大麓在翻译介绍西方美学方面做出了出色的启蒙工作。坪内逍遥的《小说神髓》的问世，标志着写实主义文学的诞生，其写实主义启蒙文学理论，与二叶亭四迷的文学实践一起，承担了变革一切旧文学的任务。同时，森鸥外的译作《于母影》也促进了近代诗和浪漫主义的诞生。但是文学改良运动是在明治维新不彻底的资产阶级革命的背景下进行的，这给近代文学带来了种种弱点和局限，所以日本文学不像西欧那样以浪漫主义文学作为近代文学的开端，而是以写实主义文学的诞生迎来了近代文学的曙光。

在文学上向近代转型的中心问题是对传统的再评价问题。坪内逍遥、森鸥外主张借助西方文学观念与方法来完成日本文学传统的创造性转化。幸田露伴、尾崎红叶则是主张继承江户的町人文学，最后反拨启蒙文学而走向拟古典主义和拟写实主义。在19世纪20世纪之交，日本近代文学史进入"红露时代"。20世纪初以岛崎藤村的《破戒》为导火线，掀起了日本自然主义的文学运动。与此同时展开了日本近代文学史上最大的一场文学争论——自然主义与反自然主义的文学大论争，这对于近代文学理论的建设和近代文学创作的实践都具有重大的历史意义。

在过渡时期，理想主义的白桦派、新现实主义的新思潮派作为日本近代文学史上最后两个流派而走向极盛。随着工人文学的诞生，现代艺术派的萌芽，诗坛也呈现出"民众诗派"与以象征派为中心的"艺术诗派"共荣的多彩局面。

概言之，日本近代文学以启蒙思潮为先导，经过了写实主义、浪漫主义、自然主义而到唯美主义、理想主义、新现实主义象征主义的历程，诸思潮和流派都是以促进人的解放和近代自我的觉醒为中轴，多方位、多层次地冲击着千余年来日本文学传统中的封建性，为日本文学内在的发展提供了必要的新理论和新形式，并在促进以资产阶级个人主义为中心的近代日本文学的形成和发展诸方面起到了极大的历史作用。这既预示着近代文学的终结，又感觉到了日本现代文学的胎动。

在对现代文学的探索中，各种近代文学流派逐渐形成了以《文艺时代》为据点的日本第一代现代主义文学即新感觉派以及以《文艺战线》为阵地的新兴的无产阶级文学，从"文学革命"和"革命文学"两个方面破坏了近代文学的主流。从这个意义上说，新感觉派文学和无产阶级文学是近代文学解体期的产物，前者脱离社会意识而封闭在个人意识之中，试图以文学革命的形式来完成这一解体。后者从个人意识转向社会意识，以实现革命文学的形式加快了这种解体的进程。它们的诞生宣告了近代日本文学的终结，拉开了现代日本文学史的序幕。

进入20世纪30年代，日本卷入了世界性的资本主义经济危机，在国内实行法西斯化，对外实行侵略和扩张。日本历史迅速从半封建主义直接发展到帝国主义，现代日本文学在战争体制下进入最黑暗的时期，背负着特殊的历史重荷。世界反法西斯国家和人民在德、意、日发动的第二次世界大战中获得了伟大的胜利，日本对中国和亚洲的侵略遭到了彻底的失败，于1945年

8月15日接受《波茨坦公告》无条件投降，开始了日本现代史的转折。此时传统派文学重登文坛，发表了不少填补战时文学空白的力作，显示了他们传统的文学功力和较高的艺术性、真实性。以《近代文学》和《新日本文学》为中心的战后派以及战后文学的"第二代新人"和"第三代新人"，开创了在现代文学史上具有显著特色的战后文学。

其后的日本现代文学潮流就是在这个基础上的继续发展，其特征是：①对现实不满，积极关心社会问题，反抗现行体制，可又不相信人民群众的力量，追求一种绝望的反抗；②不关心现实，缺乏社会意识，只追求自我内心的不安和日常生活中非现实的东西；③从"自我"的立场出发，要求从"封建社会"的禁锢中解放出来，追求所谓"精神自由""个性解放"；④否定过去的一切文学传统，全力追求形式革新、文体革新。日本现代文学潮流包括了许多派别，它们是在错综复杂的社会思潮和文学思潮中展开的，主要派别有透明族和内向派等。

随着20世纪六七十年代日本经济的高速增长，社会经济形态也由工业经济型转向知识经济型，价值观念继二战后的大转变之后又发生了一次更大的转变，普遍产生了"中流意识"，文学观念也进一步更新。于是"日本文学向何处去？"就成为20世纪八九十年代以来日本文坛的一个话题。最令人瞩目的问题：是淡化主题；二是用新的视角处理描写的对象。作家一味追求自我内心的非现实的东西，小说也就愈发缺乏社会意识和批判精神了。但是作家丸谷才一对当代日本文学的走向则持乐观态度，他说："现代日本文学处在转折期，这是个本质的问题。我想说的是，经济高速发展后日本社会起了很大的变化，这就要求小说采取与过去不同的新的写法或新的类型。然而目前在日本新的写法和新的类型还没有出现，而作家用过去的文学模式去捕捉复杂而多样化的日本现代社会的现实已经不大可能了，这就是问题的所在。"他还以描写家族制度为例加以说明：过去自然主义作家如实地描写这个问题是比较深刻的，而且获得了某种程度的成功，可是现在用这种创作方法就不足以真正捕捉到家族制度的现实，所以必须寻找一种小说的新模式去捕捉它，这就要花相当大的力气。

可以说当代日本文学各种思潮纷呈，正趋向多样化，无论是现实主义作家还是现代主义作家都不能以过去的单一的文学模式、单一的创作方法来解决他们各自面临的问题，他们正努力在文学上做出新的探索和新的选择。

不管怎么说，在现、当代日本文坛上出现了像谷崎润一郎、川端康成、井上靖、三岛由纪夫、安部公房、大江健三郎这样批驰名日本国内外的大作家，他们在东西方文学的接合点上创造了自己民族文学的辉煌。他们的文学既是日本的，也是世界的。尤其是川端康成和大江健三郎获得了诺贝尔文学奖，使日本文学走向了世界。21世纪是网络时代，日本文学将迎来更加多样化的新发展。

二、歌舞伎

歌舞伎是最具代表性的日本传统戏剧之一，它始于江户时代（17世纪）初期，至今已有400年的历史。歌舞伎的创始人据说是当时出云（现在的岛根县东部）名为"阿国"的女性。庆长（1596—1615年）年间，当时身为"出云大社"巫女的阿国为其神社化缘，组织了以女性为中心的歌舞剧团。庆长八年（1603年），阿国在京都演出歌舞伎舞，受到人们的喜爱，从此产生了最早的歌舞伎。

最早的歌舞伎表演者均为女性，身着艳丽服饰，有时女扮男装，表演一些通俗、大众化的滑稽歌舞。宽永六年（1629年）幕府以"紊乱风纪"为由开始禁止女性表演，从此以后，所有演员均为男性，成了歌舞伎的一大特色。到了元禄时代（18世纪初），歌舞伎迅速发展，与当时的单纯侧重于音乐、舞蹈的特色相比，增加了不少反映江户、京坂风情而且充满梦幻性的武打剧及侧重于写实性的恋爱剧场面。与此同时，又吸收了当时作为民众娱乐的木偶戏剧（人形净琉璃）及各种音乐艺术的诸多要素，使其内容逐渐复杂多样化，形成了现在这种独特的古典戏剧风格。

歌舞伎的特色正如"歌舞伎"这三个字所表示的，"歌"即音乐，一般由日本的传统乐器三弦、鼓等做音乐伴奏，配合演员的动作，有着独特的节奏感。"舞"即舞蹈，"伎"即演技。另外，所有演员均为男性，饰演女子角色的叫"女形"。演员的服饰也很艳丽，在舞剧及舞蹈演出时，演员也勾画类似中国京剧中的脸谱。舞台是旋转式舞台，场景变换时不需一一落幕。还有被称为"花道"的舞台与观众席相连的通道，除供演员上下场时使用外，还可作为舞台的一部分，作为剧中场景的河流或房屋的走廊等。同时也起到了增加演员与观众交流互动的效果。

歌舞伎的表演剧目既有描写贵族、上流社会、武士阶层的历史剧，也有真实表现平民百姓生活的现代剧。不管是历史剧还是现代剧，歌舞伎都追求着一个形式美的世界。歌舞伎的台词，即便是日本人一般也很难听懂，因此剧场都配有背景解说及台词的现代语翻译。歌舞伎的演员几乎都是代代相传，演员从幼小时期开始就要接受前辈的严格训练。著名演员有坂田藤十郎、市川团十郎、松本幸四郎、中村歌右卫门、尾上菊五郎、坂东玉三郎等。著名剧场有东京银座的"歌舞伎座"、大阪难波的"新歌舞伎座"及京都四条街的

"南座"等。

在日本歌舞伎比任何一种古典戏剧都更受欢迎,近几年又产生了不少新的剧本和制作,歌舞伎与中国京剧素有"东方艺术传统的姊妹花"之称。晚清诗人黄遵宪在《日本杂事诗》中赞美道:"玉箫声里锦屏舒,铁板停敲上舞初,多少痴情儿女泪,一齐弹与看芝居。"他把歌舞伎看作"异乡境里遇故知"了。日本歌舞伎曾到中国多次访问演出,还到澳大利亚、加拿大、美国、埃及等国演出。外国人虽然听不懂它的高度风格化的舞台语言,但它强调戏曲效果的姿势、动作、眼神以及它的摆架子玩特技和夸张的出场、快速的换装、神奇的转变,这些都是欣赏歌舞伎表演的乐趣所在。

三、"能乐"与"狂言"

日本的能乐和狂言的产生可以追溯到8世纪,随后的发展又融入了多种艺术表现形式,如杂技、歌曲、舞蹈和滑稽戏。今天,它已经成为日本最主要的传统戏剧。这类剧主要以日本传统文学作品为脚本,在表演形式上辅以面具、服装、道具和舞蹈组成。

14世纪早期,秉承数个世纪舞台传统的各种各样的表演剧团巡回地在寺庙、神社和节庆场合演出,他们一般都有贵族的赞助。"猿乐"就是这诸多流派之一。出色的戏剧作家兼演员观阿弥及其子世阿弥将猿乐改革成为能乐,他们创设的表演形式基本上被沿袭至今。观阿弥将大众娱乐"救世舞"的音乐和舞蹈元素引入猿乐,它的行动吸引了室町幕府将军足利仪满的注意并且得到了后者赞助。观阿弥死后,世阿弥成为观世剧团的头目。室町幕府倒台之后,能乐得到军事领袖丰臣秀吉的赞助。17世纪,能乐成为德川庆喜的官方财产。在这些年里,表演比世阿弥时代变得更为缓慢凝重。随着幕府制度结束,明治时代的能乐由于梅若实这样的表演者的执着以及贵族的赞助,得以继续发展下去。二战之后,能乐必须完全仰赖公众的支持方能生存。今天,人数不多但是非常热忱的观众继续支持能乐,相当数量的业余爱好者通过缴纳歌舞学费在继续支持能乐。

能乐的舞台,本来是在室外,现在一般都在大建筑物里面,能乐舞台本身就是艺术品。主台长宽各六米,用磨光的日本柏树建成,上面覆盖神道风格的屋顶,另外建有一座通往舞台的桥("桥悬")。主台的右边和后面是乐师和合唱团所在的地方。后墙上面绘有松树,这是所有节目所使用唯一的背景,布景由演员的词汇和合唱来创造。舞台后面有三四个乐师,吹笛、打小手鼓和大手鼓,当剧情需要时则打大鼓。合唱坐在舞台的右边,它的主要作用是用歌唱出主角的话语和思想。能乐的面具可以分为很多种类,例如青年女子、老人和恶魔；用于同个角色的面具也还有不同等级，这影响到角色和戏剧将如何表演。欢乐和悲伤可以通过同一个面具来表现，而仅仅需要稍稍调整。一般说来，只有主角戴面具，但是在有些剧目中伴角也戴面具。但是配角、配角的伴角以及儿童角均不戴面具。如同面具一样，能乐中鲜艳奢华的服装也非常著名，这与能乐的光秃秃的舞台和拘谨的动作相比，形成十分鲜明的对比。主角服装厚达五层，还有用锦缎制作的外套。演员穿上这套行头营造出威严伟岸的效果，在某些演出中还要加上红色或者白色的假发，效果非凡。主角和配角可以用手势表达复杂的意思，通过使用道具这种手势语言的效果得到加强。最常见的道具就是折扇。扇子可以用来象征一个物品，例如匕首或者勺子，也可以用来表示动作，例如召唤或者赏月。

传统的能剧包括五出戏，中间三出或者四出穿插狂言，但今天的能剧更可能仅包括两出或者三出戏，中间穿插一出或者两出狂言。节目或者单剧都是基于序、破、急的基本戏剧结构，单剧则通常只有一个序，三部分破，加上一个急部分。能剧的保留剧目，由《翁》和现存的分为五组的240个剧本组成。《翁》更多的是一种仪式而非演出。五个组的能剧，第一组为神剧，主角首先以人出现，再以神明形式出现。这些剧动作缓慢，今天已经很少表演。第二组为战士剧。多数表演当中有这样的场景：在平源战争中战败一方的战士请求祭司为他的灵魂祈祷。第三组能剧是假发戏。通常，假发戏是关于平安时期的一个美丽女人的故事，这个女人陷入深深的爱情之中。第四组能剧是最大的一组，一般称为杂能，因为这种剧目涉及多样的主题第五组能剧叫作恶魔能。这种戏动作最快，主角经常首先以人的形式出现在第一场，后来第二场中复以恶魔的身份出场。

狂言和能乐几乎在同一时期产生，在奈良初期，中国唐朝的散乐（杂技）传入日本。平安时代，民间艺人在此基础上加入了一些模拟人物的滑稽表演，逐渐形成了"猿乐"，这就是狂言的前身。到了镰仓时代，狂言已渐渐显现出与能剧的不同，直到南北朝末室町初，由于贵族武士阶级的支持与援助，狂言和能乐才算是正式登上历史舞台，此后的江户时代，狂言发展迅速并已经非常成熟。二次世界大战以后，狂言摆脱了长期以来只能作为能的附属地位而转向独立发展。今天，专业的狂言表演者一方面独立表演，另外也跟能搭档演出。

狂言在15世纪中叶趋于定型后，主要分成"大藏流""鹭流"与"和泉流"三个流派。由于与大藏流同为幕府直属的鹭流经历了江户末期的动荡以后，在明治时期已经失传，所以我们在这里主要介绍的是现在仍然活跃在表演舞台的和泉流与大藏流。和泉流从创派到现在已经有500多年的历史，流派的表演地点主要集中在东京和名古屋一带。在表演上带有关西风格，演技的风格很有现代的抒情主义特色，表演时也很注重柔和的都市风格式表现手法。大藏流的演出地点主要在东京和京都，其中位于东京的大藏流的表演风格比较正统，而关西一些地方的大藏流表演却没有一个统一的定式，风格比较零散。

和能乐上百种的面具比起来，狂言的面具种类就少了许多。因为现代狂言表演者在上台表演时是很少戴面具的。和能乐剧的面无表情相比，狂言虽然在角色上只有神、鬼、精灵、老人、动物等很少几类，但面部表情却有二十几种之多。所以狂言的面具也就主要分为四类：武恶（用来表现鬼）、乙（用来表现年轻的女子）、猿（用来表现动物）、空吹（用来表现精灵）。狂言的服装比起能剧来也简单很多。和能剧雍容华贵的服装相比起来，狂言的服装大多是中世纪日本的日常服饰，很贴近般平民穿。狂言虽然是科白剧（科白剧就是话剧），但在表演时也加入了相当多的音乐成分。乐器方面和能一样没有使用常规的乐器，而是使用笛、肩鼓、日本鼓和鼓。和能不一样的是，狂言在歌谣的演唱方面是比较舒缓的。狂言的歌谣主要分为四类：嘴子物、小谣、谣和小舞。

狂言的主要道具没有能丰富，大的道具只有樱花树、大屋台和冢等几种而已。在小道具里，相对于在能里被广泛使用的葛木桶，在狂言里带盖子的木桶使用范围相当广。另外就是扇子和其他诸如短刀、竹杖之类的小道具的频繁使用也显现出了狂言表演时的独特气氛。

狂言在刚开始时是没有剧本的，后来经过慢慢地发展，逐渐有了剧情的记述，再经过狂言师的记录，就成了今天我们所看到的狂言剧本。现在保存下来的狂言剧本大约有260多个，其中大藏流保存了180个，和泉流保存了254个，不过二者有174个剧目是相同的。狂言在表演时，每出剧目演员不超过4人，主角称为"仕手"，配角称为"胁"。狂言的剧目主要分为：胁狂言、大名狂言、他罗狂言、女狂言、鬼狂言、山伏狂言、出家狂言、杂狂言和舞狂言等。除了杂狂言以外，最大的类别就是他罗狂言。

能乐和狂言属于两种不同的戏剧类型形态。能乐表现的是一种超现实世界，其中的主角人物是以超自然的英雄的化身形象出现的，由他来讲述故事并完成剧情的推动。现实中的切，则以面具遮面的形式出现，用来表现幽灵、女人、孩子和老人。"狂言"则是以滑稽的对白、类似相声剧一样的形式来表演。无论是能乐还是狂言，剧本所采用的语言均为中世纪时的口语。能乐及狂言在今天的社会中，遇到的最大威胁，就是青年人对古老戏剧失去了兴趣。

联合国世界遗产委员会对能乐和狂言提出了具体的保护计划，日本政府也已经把能乐及狂言列入"文化财产"之列，能乐和狂言及其艺术家们得到了全方位的保护。培训戏剧演员的计划得到了日本政府提供的财政支持，一整套记录该古老剧种的计划正在筹备实施当中。

四、净琉璃

净琉璃、歌舞伎，在促进文学走向大众化方面起到了重要的作用。初期净琉璃以"平曲"等古代艺能为母胎，并吸取谣曲等要素，说唱词章，由琵琶伴奏，是一种具有朴素音乐性的说唱故事形式。其后净琉璃的发展，与傀儡戏以及从琉球传来的味线"（三弦琴）产生了密切的联系，使净琉璃、傀儡戏、三味线三位一体，于江户时代元禄年间通过竹本义太夫、近松门左卫门的努力，形成"义太夫曲调"——净琉璃一派。近松词章用义太夫曲调说唱，并在舞台上操木偶表演，融通了"净琉璃"（剧本）的文学性、"净琉璃曲调"的音乐性和"操净琉璃"（木偶戏）的戏剧性，创造了一种日本民族独特的崭新的木偶净琉璃。净琉璃作为一种独立的古典说唱艺能诞生了。

现在最早的古净琉璃脚本是《十二段草子》，这一脚本行文多为七五调的叙事体诗，词章优美，由琵琶伴奏，以哀愁为基调，博得观众的深深同情，颇具庶民性。当时净琉璃剧本的题材，其一多是取自源义经的故事；其二是改变平安时代、室町时代的小说片段；其三是以宗教说话、佛教说经为素材。

进入元禄时期前后，起用近松门左卫门担当净琉璃的作者，催生了近松的第一部净琉璃本《世继曾我》。接着竹本义太夫创设竹本座，近松为他创作了《景清出家》，此后净琉璃作品就正式成为文学的一种形式。接着近松为竹本座的竹本义太夫创作了《三世相》《佐佐木战地》，并搬上舞台。竹本座聘任近松为该座专职剧作者，这是前所未有的做法。此时剧作者的地位得到了大大地提高。这时期净琉璃作者辈出，知名的净琉璃作者有：纪海音、竹田出云父子、松田文耕堂、三好松洛、并木千柳以及近松半二、并木正三、樱田治助等。优秀作品有：近松的《世继曾我》《情死曾根崎》《情死天网岛》竹田出云及其子小出云等的《义经千株樱》《假名范本忠臣藏》、松田文耕堂等的《夜讨御所堀川》以及近松半二的《妹背山妇女庭训》等，这些都是不朽的名作。

剧本主题主要立足于时代和社会的现实性，反映封建社会的矛盾和人性的对立，比如义理与人情的纠葛、武士社会封建礼教下的殉情悲剧、森严身份制度下的非人性、町人在商品经济下生活的苦恼、金钱万能下物欲横流的社会黑暗、社会伦理对人性的压抑等，悲伤色彩十分浓重。净琉璃悲剧的发展大大地提高了净琉璃剧本的文学性。

现在的人形净琉璃，使用1—1.5米高低的木偶，舞台上由三个穿黑衣的演员操作，表演不同部位的动作，木偶伴着三弦等音乐和独特的说唱，做出各种各样的表演，其动作栩栩如生，而且由木偶的一些微妙动作还可以表现出其感情的变化。

五、花道

花道又称华道、日式插花，日本传统的插花艺术，它是"活植物花材"造型的艺术。

日本气候温和，四季鲜明，春夏秋冬适合各种各样的花卉草木生长。日本人自古就热爱美丽的自然，热爱美丽的具有生命的花草树木。花道艺术起源于佛教的供花，最初只在寺院内盛行，在举行各种仪式时供献花卉并起装饰作用。后来作为观赏的对象传入民间，逐渐形成一种以了解自然为目的的生活艺术。为便于了解日本的插花艺术，现把日本插花的兴衰分为几个阶段，并把左右其发展方向的主要流派做一简述。

1. 15世纪前僧侣中流传的供花

15世纪以前日本插花主要是在佛教寺庙内僧侣中流传的佛前供花。相传6世纪时日本天皇派遣使者小野妹子前往中国考察当时隋朝的佛教，看到中国佛教礼仪中有祭坛供花，印象极深，于是回国后特别向日本天皇报告插花之事，并和天皇一起研究插花，学习中国以花祭拜。后小野妹子辞官削发为僧，法号"专务"，住到日本京都一座著名的法寺内，那里有一六角堂，堂旁有一池塘，他就在池畔筑起厢坊隐居于此，故名"池坊"。自此他专心研究插花，世代相传，为日本插花的始源。

2. 16—19世纪初日本插花的黄金时代

这期间，日本太平盛世，民众生活水平提高，插花也从僧侣、贵族上层人士进入平民百姓家。池坊的"立华"不断完善达到定型，许多口传的插花书和著作先后问世，如《池坊专应口传书》《立花大全》《抛入花传书》等。但立华愈趋豪华，一般百姓难以接受。随着茶道的流行，又出现了简朴素雅的抛入花（俗称"茶花"），在此基础上逐渐演变为适合一般人家壁龛的"生花"。从此插花在日本得以普及池坊流也于此时开始分出不同的流派。

3. 20世纪迎来第二次插花高潮

20世纪是日本插花变革的时期，门户开放后，许多新奇的西洋花卉输入日本，五彩缤纷的色彩大开了插花人士的眼界。但原来的池坊流派较为保守，不愿接受新鲜事物，传统的立华和生花花型也不符合时代的潮流，因此引起弟子们的不满纷纷脱离池坊另立流派。日本现今号称三千流派，绝大部分都是这时期派生的。其中最有影响的是小原流（1911 年创立），小原云心受到当时流行的中国盆景和清代写景式插花手法的影响，又吸收了西洋花卉的色彩，把原来立华和生花那种"点"的插法，改为"面"的插法，自行设计了圆形浅盆，把自然景色移入盆中，称为"盛花"，从此盛花开始流行。他以"从房间发展到街头"为座右铭，第一次在百货公司举办插花展览，将盛花介绍给一般民众，备受欢迎。教学方法也从个人教授为主改为团体教授法，并积极培养女性教授者（以前都是男性教授插花的），在教学员插花时，还要求他们实际接触大自然的植物，采用了新的教学方法。现在许多插花书上介绍的基本花型，就是小原流派的花型。自此各流派（包括池坊流）都有了盛花和瓶花的花型。

4. 第二次大战后日本插花走向世界

战后日本沦为战败国，插花无人问津。但是美国驻军开进日本，却奇迹般地给了日本插花以起死回生的转机，并从此走向世界，也使"草月流"从此兴旺发展起来。1945 年麦克阿瑟的太太和驻军的夫人小姐们想学习插花，草月流的勒使河原氏被选作讲师，这就给了草月流发展的时机。1946 年草月流和小原流合作，在东京的废墟上开办了战后第一次展览会，恰好给当时精神处于极度虚脱的日本人带来精神食粮，有如打了一剂强心剂。展览会盛况空前，从此插花开始了新的转折。1952—1953 年各流派都掀起了大改革风潮，失散的又重新组合，插花又活跃起来。这时人民生活也开始稳定，插花教室的招牌四处林立，插花成了生活艺术，更是女子必修的科目。

5. 日本花道代表流派

（1）池坊流插花：池坊流是日本最为古老的插花流派已有五百多年历史，它恪守日本插花艺术传统，以"立花"（"立华"）为主，枝条数目取奇不取偶，一般以九条枝条最为常见，这九条枝条各安排在上、中、下段，形成特异的格调，插时各枝有一定的顺序和位置，不能前后倒置，总体成垂直并稍成圆柱型。它的插花构图着眼点在于线条的构成，讲究线条美。池坊流昔日只作为一种供花的式样，现今已成为插花艺术的一个大流派，并在形式上有了不少的改进。

（2）小原流插花：小原流插花是以色彩插花和写景插花为主。在色彩插花当中又分为写实与非写实两种。写实手法注重插花材料的季节性，形式上有较严密的约束，而非写实手法则不同，它并不受花材季节的限制，除了植物本身外，一些非植物的东西也可以配合使用，这也是一种自由式的插法。以色彩插花为主的作品，不管在什么场合都强调色彩美。写景插花则表现了插花者在描写风景方面的主观愿望，常常以石头、花、青苔来表现。一个插花作品有远、中、近景，在浅盘中，创造了"集自然艺术于一体，缩崇山峻岭于咫尺之间"的境界。小原流的表现手法是以"盛花"为主，即是把花"盛"于浅水盘中，表现出面的扩展。"盛花"的出现，打破了以立花于瓶中及投花于瓶中的传统插法。

（3）草月流插花：草月流插花，着意于使插花艺术和当前的生活实际相结合，以反映新生活为主，崇尚自然，各类花材与表现手法兼收并蓄。在花材的使用方面，除了生花外，还配以干燥的、染色的、枯萎的植物，甚至剥了皮的树头等，常以此描写个变化多端，五彩缤纷的世界，所强调的美，是夸张的，富于想象的，它不是简单地模拟自然，而是追求自然中所难寻的美。所插的花，在多变中保持平衡，在多向中保持统一。一般以三个主枝为构图中心，每一主枝取一个方向，其他的花材作为从枝衬托，整个作品蕴藏着丰富的想象和无穷的变化，达到较高的艺术境界。

六、茶道

12世纪末期，在中国宋朝学习禅宗的日本僧侣荣西，从中国带回了茶叶的种子以及饮茶器具等，茶叶开始在日本栽培，并广泛被人们饮用，饮茶的仪式也逐渐变得符合日本人的习惯。但给予饮茶仪式精神升华的是日本室町时代的村田珠光。村田珠光主张茶与禅宗的精神统一，创造了追求茶室静寂的草庵式的闲寂茶仪式。16世纪末期（安土、桃山时期），村田的第二代弟子千利休完善了这一仪式。由千利休完成的这一闲寂仪式，形成了精神与形式相随的茶道美学。

茶道所追求的是一种和、敬、清、寂的精神境界，茶道还强调人与人之间的和谐关系。所谓茶道，其基础是茶会，没有茶会也无所谓茶道。茶会即为人们的聚会，参加茶会的人们通过茶道的途径，摆脱凡俗现实社会的制约，在追求和、敬、清、寂的精神境界的同时，以达到人与人之间的关系融洽，心灵相互沟通。另外，与茶道流行发展的同时，还使得茶室、茶器、庭院艺术等得到了发展。

日本茶人在举行茶会时均抱有"一期一会"的心态。这词语出自江户幕府末期的大茶人井伊直弼所著的《茶汤一会集》。书中这样写道："追其本源，茶事之会，为一期一会，即使同主同客可反复多次举行茶事，也不能再现此时此刻之事。每次茶事之会，实为我一生一度之会。由此，主人要千方百计，尽深情实意，不能有半点疏忽。客人也须以此世不再相逢之情赴会，热心领受主人的每一个细小的匠心，以诚相交。此便是一期一会。"这种"一期一会"的观念，实质上就是佛教"无常"观的体现。佛教的无常观督促人们重视一分一秒，认真对待一时一事。当茶事举行时，主客均极为珍视，彼此怀着"一生一次"的信念，体味到人生如同茶的泡沫一般在世间转瞬即逝，并由此产生共鸣。于是与会者感到彼此紧紧相连，产生一种互相依存的感觉和生命的充实感。这是茶会之外的其他场合无法体验到的一种感觉。

茶室分书院式茶室和草庵式小茶室两种。在镰仓时代末期，茶室本来是从中国传入的两层式建筑，房间内部也相当明亮，但经过种种变迁，到室町时代中期，开始出现书院式茶室，房间较大，又由茶人珠光创造了纯日本式的草庵茶室，房间较小（四张半草垫），以后又有更小的茶室出现。同时，又有与正房完全隔离，叫作"数奇屋"（茶室）的出现，标志着茶室日本化的完成。现在的茶室一般以四张半草垫大小的茶室为标准茶室，大于四张半草垫的茶室为"广间"，小于四张半草垫的茶室为"小间"。茶室里一般都有壁龛和地炉，壁龛处悬挂字轴或画轴，下面摆设花瓶花卉。地炉的位置决定室内草垫的铺设方式，一般客人都坐在操作者的左手，称为顺手席。

茶器在这里主要指茶道所使用的工具，一般有釜、柄杓、风炉、茶碗、茶巾、茶筅、水差、茶杓、建水等。"釜"是烧水用的，一般为铁制。"柄杓"是把烧的水倒入茶碗的用具，一般为竹制品。"茶碗"是饮茶用的，一般为陶瓷制品，是茶道中重要也是最具代表性的器具。因在茶道艺术里，有一重要内容就是对茶器的欣赏，其中对茶碗的种类、形状、色彩等的欣赏是所有参加茶会的人们所期待的。"茶巾"是擦拭茶碗用的。"茶筅"是搅拌粉抹茶（抹茶）的一种竹制圆刷。"水差"是盛放往"釜"里加点水或洗"茶碗"和"茶筅"时用水的器具，一般为陶瓷器。"茶杓"是往茶碗"里放茶的竹制小勺，"建水"是盛放洗完"茶碗"等用过的水的器具。

茶室的庭院也很有日本特色，进入这个庭院就仿佛脱离开凡俗世界，身心清净，有种精神的超脱感。通往茶室的小路叫露地"，一般由卵石等铺成，走过"露地"有一"手水钵"，客人在此洗手、漱口，然后再进入茶室。

茶道的礼法一般分为三种，即炭礼法、浓茶礼法和薄茶礼法。其中炭礼法包括为烧沏茶水的地炉准备炭的程序，浓茶礼法为茶道中最郑重的礼法，饮茶之前，要请客人先吃叫作"怀石"的简单却是精雕细琢、充满美感的饭菜。薄茶礼法是茶道中最基本的礼法，一般学习茶道都先从薄茶礼法开始。茶道中使用的茶为粉末茶，是将四月末五月初采集的优质嫩茶，经洗、蒸、干燥后再研磨成粉末状后而成。在茶道的礼法当中，最受重视的是叫作"点前"的表演，是指在茶室的固定位置，按规定摆放、使用茶具，为客人沏茶的一系列动作。同样，客人饮茶时也有规定的顺序及一系列的动作。一般敬茶时，主人用左手掌托碗，右手五指持碗边，跪地后举起茶碗，恭送至正客前。待正客饮茶后，余下宾客才能一一依次传饮。饮时可每人一口轮流品饮，也可各人饮一碗，饮毕将茶碗递回给主人。

茶道的流派也有很多，以千利休为始祖的"千家流派"，至今已有400多年的历史。在代代相传中，"千家流派"又分成"表千家""里千家"和"武者小路千家"三个流派，虽然他们的一些礼法规矩不尽相同，但还是继承了千利休的传统，时至今日也是日本茶道的主流。除此之外，还有"薮内流派""'江户千家流派""远州流派""大口派"等。

七、浮世绘

在日本江户时代，由下级武士和平民百姓所创造、与日常生活密切相关的世俗艺术有了很大的发展，其中描写妓楼、歌舞伎等庶民生活风俗的绘画及版画作品被称之为浮世绘。

浮世绘不仅是江户时代最有特色的绘画，而且由于它对西方现代美术的推进作用而闻名世界，在西方甚至被作为整个日本绘画的代名词。从制作手段上看，浮世绘分为两种：木版画和肉笔画。前者是刻制印刷而成，后者是手绘而成。江户时代的人们更珍惜比版画产量小的肉笔画，也留下许多优秀作品。

肉笔的浮世绘，盛行于京都和大阪，这个画派的开始，是带有装饰性的。它为华贵的建筑做壁画，装饰室内的屏风。在绘画的内容上，有浓郁的本土气息，有四季风景、各地名胜，尤其善于表现女性美，有很高的写实技巧，为社会所欣赏。这些大和绘师的技术成就，代代相传，遂为其后的浮世绘艺术，开导了先路。

在形式方面成为浮世绘版画母胎的，是木版插图本。在内容上成为其母胎的则是宽永风俗画。木版画在日本曾用于佛画，17世纪以来受到新传入的明朝木版插图本的影响，在宽永年间形成日本木版插图的初级阶段。17世纪后期，成为浮世草子前驱的新插图本适应新兴市民阶级的要求陆续刊行，并取宽永风俗画样式。江户以1657年的大火为契机，市民阶层掀起移植京都文化并创造独自文化的热潮，大量刊行各种色情插图本，在木版插图上也出现新鲜的创造愿望。

直至师宣出现时，风俗画制作的据点仍然在京都，与浮世绘版歪相关的插图本新动向也首先在京都兴起。但是由于传统环境的原因，木版单张印刷业不太发达，致使浮世绘木版画始祖的桂冠戴到了菱川师宣的头上。京都的西川祐信的业绩同样值得注意，但活动年代稍迟于师宣。祐信除了肉笔画外，还有大量的歪本、插图本，可与江户浮世绘师抗衡。并且大多为墨印，题材大部分是美人风俗图。他擅长以京都风格的细致柔软的曲线将女性柔美的姿态表现在版画上，因此具有新的意义。

日本元禄时期的菱川师宣是浮世绘艺术的创始人。为日本绘画史打开了新的境界。浮世绘一经出世，就受到了广大市民的喜爱。这种版画的构成，与我国古代版画的画印方法相同，由画师、雕师、拓师按顺序分工合作来完成。首先由画师作画，再由雕师刻版，最后由拓师按照画面不同的色彩分别拓印成画。这种在木板平面上刻出复杂而又精致的线条，再彩拓成画的高超技术，曾被西方画家视为一种不可思议的技艺。

随着浮世绘艺术的发展，涌现出许多著名画师，除了创始人菱川师宣外，比较著名的还有揭开浮世绘的黄金时代帷幕的铃木春信，美人绘大师鸟居清长与喜多川歌吕，戏剧绘巨匠东洲斋写乐，还有写实派大师葛饰北斋以及将风景绘技巧推向顶峰的一立斋广重等名师，以上六人被称为"六大浮世绘师"。浮世绘艺术占据日本画坛二百六十余年，直至明治维新拉开序幕前逐渐消退。这颗跨越三个世纪的东洋艺术明珠，在世界美术史上占有它光辉的一页。

八、邦乐

邦乐一般指日本音乐的总称。通常是作为西洋乐的对称语使用的，指的是除西洋音乐以外的所有的日本传统音乐。根据使用乐器的种类，可以分为雅乐、声明、琵琶乐、筝曲、箫等①雅乐：在宫廷举行仪式时所演奏的仪式音乐，古代时从中国、朝鲜传入，可以说它保留了日本音乐最古老的风格。②声明：佛教的典礼音乐，是一种声乐。它与佛教同时传来，以后给日本音乐带来了很大的影响。③琵琶乐：战国时代以后，它是作为一种以琵琶伴奏叙述战争故事的音乐而得到发展的，是弹唱演奏的声乐曲；④筝曲：所谓"筝曲"除了指古琴曲以外，还指古琴、三弦、箫的合奏曲。古琴是有13根弦的弹拨弦乐器，江户时期和三弦琴音乐结合一起而得到发展。从大正时期到昭和初期留下许多名曲的官城道雄，给筝曲界带来很大的影响。⑤箫：箫产生于镰仓时期，那些虚无僧吹奏这种竖笛来代替念经。因为它长一尺八寸（约55厘米），故又被称为"尺八"。⑥三弦音乐：三弦的共鸣箱上贴着猫皮或者狗皮，是日本具有代表性的乐器。在江户时期，被广泛使用的三弦，不仅作为歌舞伎、人偶净琉璃等剧场音乐，而且还作为许多歌谣音乐的伴奏，至今仍然广泛使用。⑦民谣：各地歌唱承继下来的歌曲音乐。其中劳动歌曲较多，我们最熟悉的《拉网小调》便是此种精品。

与西洋音乐7个音阶相比，近代邦乐只有5个音阶（这一点应该是继承了我国的"宫商角徵羽"五声）。节奏大部分是2拍子和4拍子的偶数拍子，几乎没有3拍子。歌谣居多,纯器乐曲较少。乐器通常用作声乐伴奏,但和声乐的表演过程,有一种微妙、不一致的复杂的脱节现象。此外,三弦、古琴和箫形成的乐器组合,产生了杂音的要素,而这些却作为邦乐复杂的音色受到人们的喜爱。

明治时期西洋音乐进来以后,西洋音乐成了日本音乐的主流,邦乐渐渐被西洋乐所压倒。但是,近年来邦乐重新得到了重视,爱好者正在增加。日本音乐向来分为邦乐和洋乐两大类,人们在欣赏西方古典音乐的同时也会从雅乐中深切地体味日本传统音乐的乐趣。近来,有的日本人把西方音乐的手法引入邦乐。西方的作曲家向日本人寻求题材,邦乐和洋乐之间的藩篱似乎已经被拆除了,将来的音乐会成为采纳双方长处的美妙音乐。夏川里美正是日本近现代邦乐界的顶级艺人之一。她的曲风优美动听,无论在日本国内还是亚洲其他地区,都具有相当高的人气。

第二节 日本的体育

一、棒球

棒球运动本来源于英格兰的板球运动,19世纪初由英国殖民者传入美国,1873年(明治六年)在日本开设学校的美国教师教给了当时的日本学生,后来逐渐普及,目前已成为在日本最为盛行的体育运动。大正时期京都的铃鹿荣根据棒球规则还创造了日本独特的软式棒球(垒球)运动。现在日本的学校,不管是小学、中学、高中、大学,公司企业也不管其规模大小,一般都有自己的棒球队或垒球队。业余、休息日里,经常可见练习棒球和垒球的人们。可以说棒球运动已成为日本的全民性运动。

从战前开始每年夏天都在甲子园(位于兵库县西宫市,其甲子园棒球场因每年举行日本高中棒球全国比赛而闻名。)举行全日本高中棒球比赛,特别受到人们的喜爱。高中棒球比赛首先在春季由都、道、府、县举行选拔赛,在选拔赛中的获胜者,再分别代表都、道、府、县,参加夏季的甲子园全国比赛。比赛时都有各地组成的声援助威啦啦队,广播电视实况转播,收视率很高。高中棒球比赛中表现优秀的选手,大都成为各职业棒球队的选拔对象。

日本的职业棒球比赛始于20世纪30年代,现有的两个联盟创立于1950年,其中一个是中央联盟,另一个是太平洋联盟每一个联盟各有6支球队,在总共12支球队的分组循环赛后,两个联盟的冠军队再争夺日本第一的总冠军。

自从 1992 年棒球成为奥运会正式比赛项目，日本棒球队几乎在每届奥运会都有斩获，共摘得 1 银 2 铜。2000 年悉尼奥运因明星选手未能为国效力只获得第四。在 2003 年亚洲棒球锦标赛暨雅典奥运资格赛中，尽管松井秀喜、铃木一郎、佐佐木主浩、野茂英雄等效力于美国职棒大联盟的超级球星仍未归国效力，井川庆等一流日本职棒选手也没有参加比赛，但日本队还是以三场比赛全胜且仅失 1 分的骄人战绩轻松夺取冠军，其中最后一场完胜悉尼奥运会铜牌得主韩国队，令其无缘雅典。2006 年首届世界棒球经典赛上，日本击败古巴，夺得冠军。2007 年 12 月北京奥运会亚洲预选赛中，星野指挥日本队打败了韩国队和中国台北队，赢得了奥运会入场券。

被称为"日本棒球王""世界棒球王"和"世界三大体育巨星"的王贞治，凸显了其在国际棒球界的地位。他曾因打破世界纪录轰动了日本朝野，为此日本首相福田赳夫在官邸向王贞治赠送了一个大冠鹫标本和一面盾牌，并题写"百炼成钢"四个字。后来，福田赳夫首相又代表日本政府授予王贞治日本"第号国民"的荣誉奖，使他成为在日本荣获最高奖赏的第一个中国国民。

二、围棋、将棋

围棋起源于中国，8 世纪初期传入日本，开始在宫廷贵族之间流传，到 13 世纪前后逐渐在日本普及。现在的"本因坊"（江户幕府棋所之一）就是从德川时代的棋院发展而来的。大正十四年日本棋院成立，迎来了围棋的昌盛期。昭和十四年创立全国"本因坊赛"，另外还有名人赛、十段赛、天元赛、棋圣赛等多种比赛。现在日本围棋人口多达 1000 万，职业棋手有 500 人左右。

将棋起源于印度，在日本奈良时代，经遣唐使从中国传入日本，战国时期在武将之间盛行，到了江户时代逐渐在百姓中普及。1607 年德川幕府开设将棋所，1924 年成立东京将棋联盟，1948 年成立了社团法人。日本将棋联盟，成为日本将棋界的权威机构。日本现有将棋人口 2000 万人，职业将棋棋手约有 140 人，每年全国主要大赛近 10 种。将棋虽从中国传入，但现已不同于中国的象棋了。日本的将棋棋盘横竖 10 道线共划分出 81 格，棋子双方各 8 种 20 个，吃掉对方的部分棋子可以归己使用，最后以捉住对方王将为胜。围棋、将棋的段位都是从初段到九段，九段之上还有名人棋圣和十段等，初级之下又有 1 级、2 级、3 级。

三、足球、网球、高尔夫球滑雪及水上运动

足球在日本原本并不怎么受欢迎，但自 1993 年成立职业足球联盟以后人气大旺，从大人到小孩都开始喜欢踢足球了，广播电视的体育节目转播时间

现已同棒球大致相同，而且商家也不断打出与联盟相关的产品，可见足球现在所受欢迎的程度。目前联盟共有14支球队，每年从春季到秋季分两个阶段进行联盟赛。在2002年6月举行的第17届韩日足球世界杯赛上，日本队历史上第一次进入8强决赛。

网球运动是在日本经济快速增长时期发展起来的，现在日本全国已有1000多家网球俱乐部，从事网球运动的人口达500多万人，尤其受到年轻人及情侣、家庭主妇的喜爱。

高尔夫球在战前的日本只是一部分上流社会人们的运动，战后逐渐开始普及，现在从事高尔夫球运动的人口达1200万特别是作为社交运动，也经常以打高尔夫球为首选。现在日本全国已有高尔夫球场1400多处，高尔夫球俱乐部更是数不胜数，还出现了24小时营业的高尔夫球练习场。另外职业高尔夫球也很盛行，涌现了不少世界著名的高尔夫球选手。

滑雪运动的盛行得益于日本的自然环境，在日本的北海道及北部日本沿海一带，冬季多为积雪气候，使得人们能经常从事滑雪运动，有的中、小学校还把滑雪作为体育课程，近年来在城区还出现了不少人工滑雪场，使得喜爱滑雪的人们一年四季都可就近从事自己喜爱的运动。另外，1972年、1998年分别在札幌、长野举行过两次冬季奥林匹克运动会。

水上运动包括游泳、冲浪、快艇等运动。首先游泳在日本相当普及，曾被称为游泳大国，在第十届国际奥林匹克运动会上，日本游泳队几乎取得全部冠军。因日本四面环海，有众多的天然海滨浴场，加之日本的所有学校，包括中小学校几乎都有游泳池，要上游泳课，因此使得游泳运动有很大的发展。近年来在海滨浴场又开始盛行冲浪及赛艇运动，特别受到年轻人的喜爱。

四、相扑

相扑运动被称为日本的国技，其起源可追溯到上古时代，开始相扑只是占卜丰收的一种农耕礼仪，当获得丰收时在神前举行"奉纳相扑"（奉納相撲）来表示感激之情。后来进入皇宫，作为宫中仪式表演。据《日本书纪》记载，皇极天皇元年（日本第35代天皇）7月为款待百济（朝鲜半岛西南部的国家）的使者，召集相扑健儿举行了相扑比赛。天平六年圣武天皇观看相扑比赛，因此有了"天览相扑"（天覧相撲）的称谓。战国时代元龟元年武将织田信长非常喜欢相扑运动，因此有了"将军观相扑"（上覧相撲）的称谓，即在将军面前进行比赛。庆长元年诞生了职业力士团，原本在人群中进行的相扑运动开始转变成在"土俵"上进行。到了江户时代，有了等级划分，18世纪末期出现了"横纲"的称号。

相扑的历史悠久，相扑的精神也符合日本民族的国民性。相扑的最重要精神就是注重礼节，始于礼而终于礼。比如即便获胜，考虑到败者的心情，也不许有任何高兴的表现。

现在的相扑竞技是在直径为5.55米的圆形"土俵"内进行，参赛的力士都梳着固定的发式，身上只系兜裆布，登场后先要按照传统仪式在比赛开始前的限定时间内（大约4分钟），双脚用力交替踏地，用水漱口，用纸擦嘴，再往"土俵"上撒盐，以示驱邪净身。然后根据裁判的指示，身体下蹲，双手触地后，比赛开始。比赛的胜负以身体的一部分（除脚掌）触地或者是身体的一部分先出"土俵"的一方为负。

相扑有专门的竞技招术，共有70种，其中以推、拉、冲、撞为主。日本的专业相扑选手目前大约有800人左右，由专业相扑选手所举行的日本全国性比赛叫作"大相扑"（大相撲），每年举行6次，每次15天，其中每天最后一场比赛叫"结尾赛"，最后天的比赛叫"千秋乐"。1月举行的比赛叫"初赛场"，3月举行的叫"春赛场"，5月举行的叫"夏赛场"，7月举行的叫"名古屋赛场"，9月举行的叫"秋赛场"，11月举行的叫"九州赛场"。其中，初赛场""夏赛场""秋赛场"的比赛都是在东京国技馆进行，春赛场"在大阪进行，另外两场比赛分别在名古屋和福冈。进行"大相扑"的比赛深受日本人的喜爱，每次比赛包括电视观众大约有几千万人观看。

专业相扑选手的等级、地位，叫作"番付"，在"大相扑"中，根据实力，从下到上依次划分为序口、序二段、三段目、幕下、十两、幕内。其中幕内为"番付"的最高级别，这一级别里又从下到上依次有平幕、小结、关胁、大关、横纲，其中横纲为力士中的地位最高者。横纲和大关的地位在某种程度上虽有所保障，但以下等级的选手都按每个赛场的成绩升降其地位，胜负竞争相当激烈。在相扑比赛中，是以"星"来表示选手成绩的，胜者为"白星"或"胜星"，败者为"黑星"，如果平幕的力士战胜横纲那就是"金星"。每个专业相扑选手都有自己所属的派系，每个派系里又有指导训练生活的"前辈"，同一派系的相扑选手不进行比赛。平时，力士们都在早上五六点钟起床，进行第一次训练。然后洗浴，上午11点左右吃饭，饭后一定要午睡。下午6点左右再吃第二次饭，每天基本上只吃两顿饭，但每次吃很多，吃的是饭菜鱼肉等一锅烩，是一种营养价值很高的饭菜，所有这些都是为了增加体重。成为专业相扑选手的基本条件是要完成义务教育，只限身高173厘米、体重75公斤以上的男性。因为没有国籍限制，在日本的相扑选手里还有很多外国力士，1993年外籍相扑选手曙太郎（美籍夏威夷出身，现已人日本国籍，退役）获得横纲称号，成为第一个外籍横纲。现役的两位横纲也都是蒙古国出身，一位是朝青龙，另一位是白鹏翔，到目前为止，300 多年间获得横纲称号的只有 69 人。

日本相扑名将中最有人缘的是曾获得 16 次优胜的横纲贵乃花。他 24 岁，身高 185 厘米，体重 157 公斤。1997 年他迎战美国人横纲曙，沉稳、坚忍的贵乃花顽强拼搏，又荣获全国冠军。

出类拔萃的相扑手像影视明星一样受到日本国民，尤其是青少年的喜爱和崇拜，成为闻名的风云人物。日本人喜爱相扑，热情地观赏每一场高级别的相扑比赛，这不仅出于对比赛胜负的兴趣，更多的还是对这项运动反映出来的日本传统文化气氛的热爱。它代表着日本民族好胜求强、又刚又忍的心理和性格。相扑的魅力在于它提示人们只要善于拼搏，以小制大，以弱胜强，是可以实现的。相扑运动员即使在筋疲力尽的情况下，也有必胜的信念和坚强的毅力，一位日本老教授说："不懂相扑就无法真正了解日本文化"。

现在的相扑运动，技巧进一步提高，规则更加严格，而且逐渐转向商业化。近年来相扑运动出现了新的变化，一是日本女子正式加入了这项运动。1997 年 1 月，日本全国首次举行女子相扑锦标赛。据公元 720 年编撰的《日本书记》的记载，雄略天皇即位时"令宫女脱其衣，去其裙，着以兜挡，令相扑之"。近代认为女相扑有失大雅而被禁止。但山形、秋田、长崎、佐贺等县仍保留女子相扑。北海道现在的女子相扑穿 T 恤衫比赛。二是日本正在兴起业余相扑运动，业余选手大部分属于学校和公司的相扑俱乐部。业余相扑分 4 个级别：轻量级、中量级、重量级、自由重量级。上台比赛穿衬裤，不撒盐。女子锦标赛在塑料垫子上进行。裁判穿白衫、白裤、打黑色蝴蝶结。现在日本人正在努力争取相扑运动同柔道一样能走向世界进入奥运会。

五、柔道

柔道是一种以摔法和地面技为主的格斗术。日本素有"柔道之国"的称号。柔道是日本武术中特有的一科，是由柔术演变发展而来的。它具有悠久的历史，明末清初浙江人陈元赟于公元 1638 年去日本帮助创建柔术，日本人学到了其中的踢、打、摔、拿等技术，结合本国武术和本国国情以及外国武术形成了新的流派——柔术。1882 年，被誉为柔道之父"的日本东京帝国大学学生嘉纳治五郎综合当时流行的各派柔术的精华，创立了以投技、固技、当身技为主的现代柔道，同时创建了训练柔道运动员的讲道馆。从日本战国时期到德川时代（公元 15—16 世纪），一直把柔道称为柔术或体术。所用的柔道这一名词，是由"日本传讲道馆柔道"简化而来的。

柔道成型在 20 世纪初，成为世界性体育竞技项目是 20 世纪 50 年代。嘉纳治五郎1939年逝世，讲道馆的后继者主动进行改革，使柔道成为世界范围内被广泛接受的运动竞赛项目。如体重分级的采用；判定胜负方式的改革等。日本国内的柔道比赛，开始是不分体重级别的，但为适应国际比赛，在世锦赛与奥运会的柔道比赛中均采用体重分级。1949年欧洲成立了柔道联合会。1951年7月，由英国、法国、德国、日本等12个国家发起成立了国际柔道联合会。1956年，第一届世界柔道锦标赛在日本东京举行。1964年，男子柔道在东京奥运会上首次被列入正式项目。1968年奥运会上，柔道项目被取消。1972年男子柔道再次成为奥运会正式比赛项目。1973年柔道项目正式列入我国竞赛项目。全世界有194个国家和地区开展了柔道项目，并加入了国际柔道联合会。

女子柔道也始于日本。早在1893年，嘉纳治五郎就在日本讲道馆开始招收女生，传授柔道。20世纪70年代，女子柔道在全世界范围内开展起来。1978年，国际柔道联合会正式决定举办女子柔道比赛，并对女子比赛级别做了具体规定。这一决定很大程度上推进了女子柔道运动的迅猛发展。1980年1月29日，第一届世界女子柔道锦标赛在美国纽约举行，1988年，女子柔道首次被列入奥运会表演项目，1992年，女子柔道被列入奥运会正式项目。

从事柔道运动要穿柔道衣，柔道衣分"上着"和"下穿"，传统的柔道衣为白色，但为了便于裁判和观众识别选手，1997年10月，国际柔道联盟决定，在比赛时一方穿白色柔道衣，另一方要穿蓝色柔道衣。除柔道衣以外，选手还都系有腰带，腰带还是选手段位、级别的标志。其中段位共有10段，最高段位10段及9段系红色腰带，8段及6段系红白色腰带，5段至初段系黑色腰带。段下分为5个级别，1级为最高，1至3级都系茶色腰带，4级至初学者系白色腰带。

柔道比赛在日本国内是在50张草甸子见方（91平方米）的场地进行，国际比赛是在最大10平方米，最小8平方米的正方形场地内进行的。比赛分个人赛和团体赛，个人赛又分"无级别赛"和"体重级别赛"。"无级别赛"是与体重、身高、段位、年龄等无关的比赛，"体重级别赛"是分别按男女七个体重级别而划分开来的比赛。除此之外，还有分段位、年龄的比赛。比赛时间，日本国内比赛为3—20分钟，国际比赛为男子5分钟，女子4分钟。柔道竞技基本上是以摔、擒拿、拳打脚踢为主，如果细分，总共有80多种招数。比赛的胜负以选手使出的招数水平、效果而定。裁判为三人，一人为主裁判，两人为副裁判。柔道运动也非常注重礼节，强调始于礼终于礼。礼法分"立礼"和"座礼"，练习与比赛时根据需要区别使用。由于柔道运动通过进攻与防御的练习，不仅可以强身健体，又可以通过柔道礼法在与对手的接触中，尊敬对方的人格，调整人际关系，达到提高自身精神修养的目的。

柔道这项运动，在日本有着十分广泛的群众基础，深受人们的喜爱，目前在日本全国从事这项运动的有 160 万人以上。日本每年围绕着全国柔道比赛大会，要举办名目繁多的各种类型的比赛。例如，各地区的中学生（相当于我国的初中生）柔道比赛。高等学校（相当于我国的高中生）的全国比赛、全日大学生优胜赛以及各种形式的对抗赛等。柔道在日本不仅仅是娱乐性质的体育运动，而且是学校体育的一个教学项目。这就使日本人民从少年时代起就有机会接受系统训练，为提高柔道技艺奠定了坚实的基础。因此享有"柔道之国"美誉的日本，在历届奥运会和世界比赛中，几乎每次都获得半数以上的金牌和团体冠军。

六、空手道

空手道是由距今五百年前的古老格斗术和中国传入日本的拳法糅合而成的。那时在琉球上层阶级间，暗中参考中国的拳法创出了独特的唐手，即最初的"空手道"。而在"唐手"之前，已有"那霸手"和"首里手"两种名称是根据地域分别的，成为现今空手道各流派的渊源。1922 年 5 月，冲绳尚武会会长船越义珍赴东京，在文部省主办的体育展览会上表演唐手以后，唐手就在日本迅速普及。1935 年，船越义珍大师出版了《空手道教学方式》一书，唐手正式改名为"空手道"。

空手道以拳打脚踢为主，练习时分为"基本""型""组手"。"基本"是指基本动作，比如站立法、行走移动法等。"型"是指假设四面八方都有对手时，所要使用的各种拳法套术。"组手"是指与真正对手实际练习。一般平均通过 3—5 年一系列的练习可以取得初段资格。空手道发展到了现代已与其他一些运动一样成为一项体育比赛项目。自日本 1970 年成立了"世界空手道联盟"，并举办了第一届世界空手道锦标赛。空手道的比赛，男子为 3 分钟，女子为 2 分钟。当前空手道正式的国际组织为世界空手道联盟"，正统空手道主要有松涛馆流、和道流、刚柔流、系东流四大流派。"世界空手道联盟"的型（套路）的比赛标准仅以松涛馆等四大流派的指定型为标准。空手道的段级位制和色带制是参照柔道创立的。空手道段位制于 1924 年由船越义珍制定，为历史上最早的空手道段位制。

与柔道一样空手道分为黑带和白带。黑带为有段者，白带为入门者。黑带与白带之间（1—3 级），多数流派设有茶带。

些流派当初设有绿、黄、青等色带，今日已一般化。段级位和色带在各个流派中有差异，传统派空手道的段位为全日本空手道联盟的公认段位。

空手道的称号有范士、教士（达士）和镰士，最早由大日本武德会授予。1945年日本投降后，在联合国军最高司令官总司令部的命令下解散。此后由各个流派或会派自行授予。

关于空手道道服的记载，在琉球王国时代，习武者大多是赤裸上身练习空手道。在1929年发表的《拳法概说》中，喜屋武朝德提到赤裸上半身的目的是为了练习皮肤的强韧性。然而，在1921年日本裕仁皇太子访问冲绳之际，由容宜仁指挥的首里城正殿演武中，人们穿着白色上衣练习武术。今日的空手道道服是1922年船越义珍在讲道馆演武之际，从神田的生地问屋买入白木棉地，参照柔道道服的风格亲手缝制出来的。这是文献上记载最早的空手道道服。1934年在《空手研究》中刊登了空手道道服的广告，并于昭和初期开始贩卖。由于空手道与柔道的差异，人们对空手道道服逐渐改良，成为今天的样子。在今日的空手道道服中，传统派空手道的道服与全接触式空手道的道服有些许不同。

关于空手道的教授方法：在琉球王国时代，唐手（空手道）的教学是秘密进行的，往往是在夜深人静的时间，或是在人烟稀少的地点（如墓地）进行。这是为了避免被萨摩藩的在番役人所发现的缘故。因此当时没有道场，师徒的人数也很少。与同时期的日本武术不同的是，以空手道为代表的琉球武术没有专门的武术书籍，而是通过口耳相传和实际演练进行传承的。

当时采用的是约束组手而不是现在的自由组手，因此必须在实战中进行训练。明治以后，空手道的教授大为转变。冲绳县的各中学和师范学校开始公开教授空手道，师兄弟之间一对一地练习。在教练的号令下大量徒弟同时练习同一种型。进入大正时代后冲绳唐手俱乐部在那霸成立。当时冲绳的空手大家参加了俱乐部，第一次做出了共同研究、共同修炼唐手的努力，并且船越义珍和本部朝在此时期出版了空手道史上第一部研究书籍。昭和之后，空手道的技法名称开始出现，书籍纷纷出版，对组手的研究也不断深入，并做出了比赛的努力。空手道的段位制和色带制被认定，同时练习体系也逐渐合理化。空手家们相继建立自己的道场，以教授更多的徒弟。然而，随着空手道的近代化，西洋的身体动作、运动理论的传入，引起了空手家的反省。近年来兴起了对古传空手和冲绳空手再认识、再评价的热潮。

空手道不仅作为日本国民体育大会的正式比赛项目，而且也受到了世界各国人民的喜爱。目前已有164个国家加入了世界空手道联盟，其中拥有段位的选手已多达数万人。

七、剑道

日本剑道发源于中国的剑术,在隋、唐时期传入日本,再经日本人的研习修改,扬长补短,形成独特的刀法技术,古代用来保家卫国,防御外敌的侵犯及维护社会秩序与和平。

剑道"一词在中国最早见于中国先秦时期古籍《吴越春秋》。早在两汉时期,中日即有兵器及冶炼铸造技术的交流往来。同时中国刀法经过日本官方派遣遣隋使和遣唐使与中国大陆之间的官方往来以及朝鲜半岛和大陆沿海周边地区和日本群岛的民间交流,于隋唐时期流传到了日本,并和日本本土脉相承的双手刀法融合。传至日本的刀法经过日本本土刀法的融合并且经过长年的战争岁月不断演变,在日趋稳定的日本江户时期,模仿日本盔甲的样式,制作了剑道护具与竹剑的基本形制,确立了日后体育剑道的雏形。

一般认为剑道是在室町时代中期以后形成的,到江户时代已有200多个流派,其中以德川家御家流的柳生新阴流派和与其抗争的伊藤一刀斋的一刀流派最为著名。现在的剑道流派有被称之为剑道元祖的小野一刀流派,北辰一刀流派和由此派生出来的众多流派。明治时代以后,警察剑道成为主流,还被引进学校作为学校的体育课教学内容。第二次世界大战以后在美军占领时期曾经一度被禁止,昭和27年解除禁令。现在作为日本国民体育运动,有全日本剑道选手大会、大学剑道选手大会、高中剑道选手大会等比赛。

剑道比赛时要穿戴叫"面""笼手""垂"的护具,使用"木剑"和"竹刀"对打。比赛时间为5分钟,如果不能决定胜负,再延长3分钟。通常比赛以3分决定胜负,三名裁判中有两名认为有效进攻就得1分,犯规2次减掉1分。基本进攻方式为上部、中部下部进攻。根据水平也定有段位级别。段位分初段至10段,10段为最高段位,段下级别称号依次分为"练士""教士"和"范士"三种。

现代的剑道运动,是使用竹刀、穿着护具进行真实的各项招式的格斗。所以在器材上也有特别的讲究,竹刀是用四片竹板外加刀尖皮及握柄皮组合而成。护套有面具、护胸、腰垂、手套及棉质衣裤,场地通常在木制弹性地板上,赤脚对打。因而保护措施做得很完善,所以比其他武术运动所发生的伤害率较低剑道是属于武术的运动,初学时较需要使用体力来施展剑技,当技术成熟后则较多以智能谋略取胜,所以教学时需因人而异,给予适合的练习时间与次数。但是学习的态度必须严格认真,才能得到实质的效果。训练的方式,对初学者应先以分解动作开始,再由单击动作到连击动作,然后逐渐进入连锁式的练习,再转入密集型的冲击训练。训练间倘若发现个人有不易学习的动作时,再给予个别指导。如此演进到全盘性的练习,并且将反击动作巧妙地合并应用在练习当中,再扩展成互相对峙到心对心的攻守对抗。

剑道具有运动和武术的本质,长期修习,不仅能促进身体健康、增强精神活力,同时还能培养出坚强的意志力、专注力和果敢进取的性格以及敏锐的判断力和冷静自信的态度,这些优点不只用于武术,对各人处事的理法或事业的经营都助益良多。所以习之不辍,终身受益。目前剑道运动不仅在日本得到普及,自1970年世界剑道联盟成立以来,剑道已成为世界性体育项目,1976年在英国举行的第三次世界剑道锦标赛时,参赛国就已超过20多个国家。现在能参加世界锦标赛的有40个国家和地区,从事这一运动的已达700多万人,有段位的已达110万人,而且女性日趋增加。我国的香港、澳门、台湾地区早有剑道馆,2001年2月在北京也出现了由日本人教授的剑道俱乐部。

第三节 日本的教育

一、教育状况

明治维新以前,日本是一个封建、闭塞、落后的国家。在经济上,日本要比欧美资本主义国家落后一二百年;在教育上,实施的是儒家教育制度,对社会经济、政治的发展起了一定作用。1868年,日本德川幕府的统治被倒幕派推翻,倒幕派建立了天皇制的明治政府。这个政府是大资产阶级和大地主阶级的联合专政,为维护民族独立,发展资本主义,明治政府成立后,马上开始进行政治、经济、军事及文化教育等方面的改革。

据此,便把"倒幕开国"及国家由上而下实行的一系列资产阶级性质的改革称之为"明治维新"。它具有划时代的意义,是日本近代史上的一次重大转折。通过明治维新,日本跨上了资本主义近代化的道路。日本仅用50年的时间就走完了西方国家用200年左右才走完的路,实现了由封建社会转变为资本主义社会的目标,避免了沦为殖民地的险路,成为亚洲第一个资产阶级国家。

明治时期日本全国有"藩学"240所,教学科目中设有"数学"课程的有141所,开设"洋学"课程的有77所,开设"医学"课程的有68所,开设"天文学"课程的有5所。明治政府建立之后,西方学者不断入境,在藩校中洋学课程显著增加。其中最有影响的是现东京大学前身的"开成所",当时在京都、大阪、江户等地还有不少著名的洋学塾。在初等教育方面,有乡校 125 所，专供武士学习用的"教谕所" 418 所，也可供商人、地主子弟学习之用，而一般的劳动人民子弟只能到"寺子屋"学习简单的读、写、算知识。另据统计，幕府末年大约有 20% 的平民粗通文字。如果与同时期的其他东方国家相比，教育的普及程度较高，这是日本近代教育发展、改革的前提条件。当然，如果与同时期西方资本主义国家相比，日本的教育水平是很低的，无论在数量、内容方面还是在教育体制方面，都远远不能适应日本资本主义发展的需要。日本当时著名的政治家木户孝允访欧归国时说"国基在于人才，人才在于教育"，可见教育改革势在必行。

但是就当时日本的现实而言，改革确实是一项复杂而艰巨的工作。要进行教育改革，必须首先确立改革的方针，在经过了激烈的争论之后，最终对此达成共识。明治政府确定了推行教育改革的三条方针：①提高国民知识水准，普及初等教育；②为培养科技指导人才，创办科技教育机关；③通过教育迅速掌握欧美先进科学技术。

二、教育改革

（一）颁布《学制》

1871 年 7 月 18 日，明治政府设立了文部省，作为全国的教育机关，统一管理全国各府县的学校和教育事业，逐步向中央集权的教育体制发展。文部省成立后开展的第一项工作是调整、接管和新设一些学校。第一，将东京的大学校改为"大学本校""大学南校""大学东校"，统归文部省管辖。第二，把大阪开成所、大阪医学校、长崎医学校等也归文部省管辖。第三，直辖东京府下设中、小学校。第四，全国各府县的学校都由文部省管理。第五，重新设置直辖的学校和洋学校，设立文部省直辖的官立女子学校。

在文部省领导下设立了学制调整研究委员会，负责草拟学制改革方案。他们广泛搜集介绍欧美学校制度的著作和译著，以法国的教育制度为蓝本，参照英国、荷兰、德国、美国等先进国家的教育制度，也兼顾国学家和儒学家的意见，以求在学制中体现日本传统的经验，贯彻"和洋结合"的兼容并包精神。

1872 年 1 月制定出《学制》大纲，同年 3 月完成草案，由文部省上报，提交太政官审批，于 1872 年 8 月 3 日颁布了《学制》令。《学制》最初由学区、学校、教员、学生和考试学费 5 个部分组成，共分 5 篇 109 章。1873 年又追加"学制"篇，增补关于海外留学生规则、专门学校的规定，总计 213 章，对学校教育的有关事件做了全面规定，这是一个庞大的国民教育计划。

按《学制》令全国分为八大学区，每个大区设一所大学；每一大学区分设 32 个中学区，全国共设 256 个中学区，各中学区设一所中学；每一中学区又细分成 210 个小学区，全国设立 53760 所小学。小学分为上等小学和下等小学，各为四年；中学分为两段，初中三年，高中三年。大学分理学、化学、法学、医学、数理学五个学科。小学教员年龄应在 20 岁以上，具有中师毕业文凭。中学教员年龄应在 25 岁以上，须持大学毕业证书。大学教员必须具有学士学位。不论何种学科，学生都必须经过考试，达到规定要求。学校经费有三个来源：①学生缴纳的学费；②民间赞助；③国库补给。同时还规定，大学区设专职督学，中学区设监督，全面负责学区的教育工作。

但是，由于《学制》脱离各地区、各学校的实际，脱离学生的能力和水平，缺少教学上的灵活性，加重了学生家长的负担。迫于民众呼声，《学制》在 1879 年被废除。

（二）颁布《教育令》

《教育令》是一个与《学制》完全不同的教育法令。它由 47 个条款组成，明确规定学校的种类为：小学校、中学校、大学校、师范学校、专门学校。小学是儿童接受教育的地方，教学科目有：读、写、算数、地理、历史、修身等。各地方还可根据实际需要开设图画、唱歌、体操，还可以为女子开设缝纫课。公立小学可以在一个镇、村设立，也可由几个镇、村联合设立，不强求一律。中学的任务在于传授高等普通教育。大学则要进行法学、理学、医学、文学等专门教育。专门学校专门传授某一学科的内容。对于义务教育没有做强制性的规定，只说 6—14 岁为学龄期，儿童在学龄期内只要接受 16 个月的普通教育就可以了。如果不能进入正规的学校，也可以通过其他途径接受教育。教育行政管理权由中央下放给地方。只要得到府知事、县知事的批准，即可设立或撤销公立学校。废除从前的学制和学区的监督，设置地方的学务委员会，由公选产生。总之，不论从哪个方面看，《教育令》都比《学制》灵活得多，充满浓郁的资本主义自由化色彩。所以日本当时的舆论界称《教育令》为"自由教育令"。

但是《教育令》的颁布与实施，不但没有解决教育思想上的分歧，也未能克服教育制度中存在的问题，反而造成全国学龄儿童入学率急剧下降。一方面民众强烈要求继续下放教育权利，另一方面政府官员反对教育上的自由放任，不断指责文部省，要求对《教育令》进行修改。这样，1880 年 12 月 28 日，政府对《教育令》进行修改，其要点为：强化中央对教育的监督权利，明确规定：公立、私立学校的创设、停办、就学资格，律由中央决定；府县公立学校的创设、停办，必须经文部省认可；私立学校也照此办理；小学的修业年限为 3 年，每年授课时间为 32 周以上，每天授课时数为 3—6 小时；教学科目以修身为主，以加强道德教育。修改后的《教育令》缓解了民众与官府的矛盾。

（三）颁布国家检定教科书制度和《小学教则》

《教育令》的基本思想是国家强制办教育，为了更好地实行国家强制教育，文部省试图建立一套系统的教科书检查审定制度。这个计划是分步骤实施的。1833 年，政府将东京师范学校编辑局和文部省的编辑寮合并，共同编辑教科书。1880 年，按照国家的要求，将教科书分成三种类型分别对待：第一类是指明治初期以来在多数学校一直采用但现在已不合时宜的；第二类多半是有关政治方面的著作、与小学教学用书的性质不符的，不宜采用为教科书；第三类是指内容或体裁有不当之处，使用时应予以注意的。这些措施，在一定程度上强化了国家对教育的控制和管理。

在颁布和修改的各类学校法令中，变化次数最多的是小学校的法令。1881 年 5 月，政府又颁布了《小学教则》，规定小学分为初、中、高三科，每科为三年。修身为最主要的课程，重视"德性的修养"，反对道德说教。在初等科，主要的教学内容是简易格言和事实。在中等和高等科，主要的教学内容是更高尚一些的格言和事实。授课的时数为：初等和中等科每周 6 小时，高等科为 3 小时。与 1874 年颁布的《小学教则》相比，两年内授课时数增加了约 12 倍。《小学修身训》为统一教材。可见，随着国家对教育干预程度的不断加深，在课程的设置和教学内容上，儒学的比重逐渐增大，以便"教化"国人，培养国人爱国精神。

三、战后日本教育理念的重构及教育改革

（一）教育理念的重构

日本于 19 世纪末进入帝国主义体系，它不仅具有封建帝国主义的性质，而且具有强烈的侵略野心。日本的垄断资产阶级和大地主阶级，在第一次世界大战期间，利用帝国主义列强忙于欧战无暇东顾的时机，极力在远东太平洋地区扩张势力，大发战争横财。但是到了 20 世纪 20 年代初，日本连续发生了经济危机和金融危机，再加上 1929—1932 年资本主义世界性的经济总危机的爆发，致使日本大批企业倒闭，工业生产和进出口贸易额急剧下降，失业人数猛增，农村贫困化严重，这一切又导致了严重的政治危机，垄断资产

阶级和大地主阶级的统治受到威胁，给日本帝国主义以沉重的打击。为摆脱困境它极力向外侵略扩张。1931年9月18日发动了侵华战争。由于日本政治、经济、军事的变化，日本的教育也逐渐转变为更加注重灌输军国主义、国家资本主义思想和极力实行严格军事训练的教育制度，用以训练为侵略扩张充当工具的法西斯军人。

日本为第二次世界大战中的战败国，战后在美国军事占领下，日本在经济濒临崩溃的废墟上度过了最艰难的物资匮乏时期，并着手大规模的全面改革。1950年，美国发动了侵略朝鲜的战争。在美国的扶持下日本变成了亚洲的兵工厂，经济急速发展。1955年恢复到了战前最高水平并进入"经济高速增长"期。1967年，日本的国民生产总值已分别超过英国和法国1968年超过了联邦德国，位居资本主义世界的第二位，日本的很多产品产量已名列世界第一位。造船和电子工业居世界首位，粗钢产量和汽车制造业也已取代美国而独占鳌头。战后日本经济奇迹般地发展，其原因很多，而其中日本教育的发展对经济的促进起到了举足轻重的作用。

1. 四项指令——驱除军国主义毒素

1945年8月14日，日本正式接受《波茨坦宣言》而无条件投降。在美国占领军的强烈影响和干预下，日本进行了教育改革。

1945年10月22日，发布第一项指令，即《对日本教育制度的管理政策》。该指令包括：在教育内容方面，禁止军国主义、极端国家主义的教育，废止军事教育科目和训练，鼓励教授和平、个人权利、信仰自由等基本思想；在教育工作者方面，提出罢免职业军人、军国主义者、极端国家主义者和反对占领政策者的教员职务，其中还发布了对文部省与占领军的联络指示，对教育有关人员遵守本指令的命令等内容。

1945年10月30日，占领军总部向日本政府发出了第二项教育指令，即《关于教员、教育官员的调查、开除和任命》。其主要内容：一是为了清除教育机构中军国主义和极端国家主义的影响，解除军国主义者和极端国家主义者的职务，开除反对占领政策的人，禁止录用闲置军人或停战后复员的军人为教师和教育官员；二是为此设置教员资格审查机构。

1945年12月15日，日本发布第三项指令，即《关于取消政府对国家神道、神社神道的保证、支援、保护、监督及宣传》。其主要目的有两个：一是实施国家与神道分离；二是从教育制度中排除神道。

第四项指令是1945年12月31日发出的，即《关于停止修身、日本历史及地理课》的指令，其内容包括：停开修身、日本历史、地理的教学科目，禁止制定该三门学科教学法的法规，收回这三门课程的教科书和教师用书，文部省制定替代这些课程的计划方案并提交占领军总部等。其目的主要是清除军国主义、极端国家主义教育及在这种思想体系下建立起来的战时教育体制和教育理念。

2.《教育基本法》——重构日本教育理念

1946年8月，教育刷新委员会下设了审议教育根本理念的第一特别委员会，着手制定新的教育制度。

委员会依据同年11月公布的《日本国宪法》精神，制定了《教育基本法》和《学校教育法》。第一特别委员会是以田中耕太郎主持下的文部省《教育基本法纲要案》为基础开始审议的。基本理念形成于进步派对保守派的论争中。保守派主张"奉公""忠孝"、反对"个人的完善"，进步派主张"和平""个人的尊严""勤劳"，最终以进步派的胜利而告终。

《教育基本法》由前言和11条组成，主要是根据日本新宪法精神阐述了日本国民教育的目的和原则，重构了日本教育的理念，并对其他教育问题做了规定。《学校教育法》分9章110条和附则，更具体地阐述了教育的目的、方法、内容以及组织体制和管理学等。具体内容如下：①建立旨在促进个性发展的教育理想；②废除中央集权的教育行政领导体制；③延长义务教育年限为9年；④改战前的六五三三制为战后的六三三四制；⑤教师是全社会的仆人，应受到与他们服务相适应的道义支持和物质供应；⑥允许私立学校存在；⑦强调应当特别重视学术自由、教育的时效性。

这两个教育立法奠定了日本新学制的基础。虽然20世纪50年代以后日本的学制有些变化，但其基本结构仍然是这两个教育立法所做出的规定。后来日本国会又颁布了一些其他教育立法，例如《教育委员会法》《文部省设置法》《私立学校法》《社会教育法》以及《科学教育振兴法》，这些法律促使日本各类学校得到了显著发展。

（二）教育改革

1. 20世纪5060年代的教育改革

20世纪50年代初期，日本的政治和经济都发生了变化。1955年，日本经济已恢复到战前最高水平，开始进入经济"高速增长时期"，国际的竞争也随之加强。日本人认为"国际的经济竞争就是技术竞争而技术竞争又成为教育竞争"。在这种背景下要求改革不符合日本国情的教育制度，以适应社会发展的需要。1951年，日本教育学会进行了"义务教育结束时的学力调查"；1952年，日本国立教育研究所进行了"全国中小学生水平调查"，日本教职员工会也进行了"学力调查"。这些教育调查都对日本中学基础学力水平的下降做了深入的分析研究并提出了激烈的批评。

调查报告认为：日本教育水平下降的主要原因在于其从战后开始接受了美国"生活中心主义"的教育思想，导致忽视了文化遗产的传授，忽视了语文的基础知识教学等。1958年，日本提出"充实基础学力，提高科学技术教育"的课程改革方案。主要措施如下：①加强基础学科教学：增加国语、数学和理化等学科的教学时数；②增设新的学科：一般学科中增设数学概论、基础理科、英语会话；职业学科中增设农业设施、系统工艺学、电子计算机、环境工艺学和经营数学；③提高教材标准：反映现代自然科学成果，使教材内容现代化；④实行选修制度：设置大量选修课，学生可以根据兴趣和需要选学；⑤重视道德教育：在小学、中学和高中特别设立道德课。

2. 20世纪70年代的教育改革

20世纪60年代中后期是日本经济高速增长的结束时期。追赶型的现代化目标已经实现，同时在世界上形成了超工业化理论，要求对经济社会体系进行改组。日本学校教育虽然在数量上取得了很大成绩，但存在许多严重问题，已不适应时代的需求，必须进行全面改革。1971年6月，坂田文相在中央教育审议会上提出全面改革教育制度的咨询报告——《关于今后学校教育的综合扩充、整顿和基本实施方针》。报告的序言指出：日本曾经进行过明治初年和战后动荡时期的教育制度改革，现在"需要认真地进行开拓国家与社会未来的第三次教育改革"，以推动课程体制的改革，建立更加有效的教育体制。它的总体构想如下：①确立新的教育目标——培养理想的人：即"应当是这样一种国民，即对种种的价值观具有广泛的理解能力，同时能够以民主社会的规范和民族的传统为基础，通过个人对普遍性文化的创造，对世界和平与人类福利做出贡献的日本人"；②推行以培养"天才"和扩充职业训练为重点的教育政策；③进一步改革课程体系：推行课程综合化，使学科相互渗透，精简教学内容，调整学科设置；④继续重视道德教育，加强政治性基础知识教育，其中增设"社会学科"。

这个改革方案在实施中遇到了阻力和困难，改革的进展不大，根本的教育制度和理想并没有发生重大变化。但在改革过程中日本政府也制定了一些具体政策和措施，例如：1974年公布了《为维持和提高学校教育水平而确保义务教育学校教育职员人才的特别措施法》；1973年公布了《筑波大学法》，创办了新型的筑波大学；1978年开始实行国立和公立学校统一的第一次考试制度；1977年、1978年先后公布了小学、初中和高中的新的学习指导要领，并宣布分别从1980、1981年新设兵库、上越两所新教育大学。

3. 20 世纪 80 年代以后的教育改革

1971 年，中央教育审议会提出了《关于今后学校教育的综合扩充、整顿和基本实施方针》的审议报告，日本人称它为第三次教育改革。但由于当时对时代的认识并不很成熟，报告本身也没有从正面探讨教育理想问题，而且由于受到教育界的强烈反对和阻挠，方案未能实施。此后十几年，教育中的问题积重难返并逐渐演变成为社会问题，日本各界要求改革的呼声越来越高。1984 年 9 月，在总理府正式设立了直属总理大臣的"临时教育审议会"，要求用三年的时间对教育以及与教育有关的各领域的各项政策进行全面、综合的调查研究和审议，并提出改革方案。这次改革是学校教育体制的扩充、改革和改组时期，是向终身学习体制转移的具有重大历史意义的教育转变时期，也是日本第三次教育改革的真正开始。

临时教育审议会从成立到 1987 年 8 月 20 日宣告解散，先后提出了四次报告。在最后一次报告中提出了今后日本教育改革的建议：规定了面向 21 世纪教育目标，确定了改革的基本思想，提出了六项具体改革方案。日本把面向 21 世纪的教育目标归纳为三项：即广阔的胸怀、健壮的身体、丰富的创造力；自由、自律和公共的精神；世界中的日本人。作为这次教育改革的指导思想，临时教育审议会的报告提出了"重视个性""向终身学习体系转移""与变化相适应"三项原则。重视个性的原则，主张建立和发展"个人的尊严、对个性的尊重、自由自律、自我负责"的教育；向终身学习体系转移的原则，是要改革学历社会的弊端，打破以学校为中心的观念，综合地组建向终身学习体系转移的教育体系；与变化相适应的原则，是指为了在日本建设具有创造性的充满活力的社会，教育必须积极地、灵活地适应时代和社会的不断变化。六项具体改革方案如下：

（1）完善终身学习体制。为了向终身学习体系转移，要改变过去那种偏重学校教育的状态，而按人生各阶段的要求，以新的观点，综合地完善家庭、学校与地区等社会各领域的教育与学习的体制和机会。具体的措施是：纠正学历社会弊端和提倡评价的多元化，即建设终身学习社会；改革学校教育；改善企业和机关的用人制度；加强家庭、学校和社会的教育作用和互相配合，即学校要完成教育任务，加强社会的各种教育职能，完善终身学习基础。

（2）高等教育的多样化与改革。为了适应面向 21 世纪的国民和社会的多种要求，有利于人才的培养、学术研究的创造和发展以及完成作为终身学习场所的重要任务，要求高等教育个性化、多样化、优质化，加强同社会的合作，向社会开放。改革大学新生选拔制度，使大学入学资格自由化与弹性化，积极振兴学术研究，扩大国立大学财政自主权。

（3）初等、中等教育的充实与改革。具体做法是：改进教育内容；加强德育，重视基本生活习惯、自我控制能力和遵守社会规范态度的培养及人的"生活方式"的教育；进行"基础""基本"的双基教育，发展个性；提高教师的素质，改善教师的培养和证书制度，使其灵活化，加强教师的在职进修；改善教育条件，控制学校规模；改革后期中等教育结构，建立六年制中等学校和学分制高中。

（4）为适应国际化而进行改革。具体做法是：办好归侨子女、海外子女教育，开设新国际学校；完善留学生接收制度，保障各方面的待遇；改进外国语教育。

（5）为适应信息化而进行改革。具体做法是：树立信息道德，充分认识在信息社会里，自己发出的信息对其他人和社会带来的影响，树立新的道德思想；建立信息化社会型系统；完善信息环境，以便建设成理想的信息社会。

（6）教育行政和财政的改革。具体做法是：强化中央教育行政机关的政策职能；改革国家所规定的各项标准和认可许可制度；推行地方分权制，增强教育委员会的活力；使教育行政制度与终身学习体系相适应；对教育、科研、文化和体育进行重点投资，有效分配必要的资源，把教育经费分配重点放在基础研究、提高教育质量、增强学生健康等项目上。

第四节 日语语言文化

一、日语语言概说

（一）日本人起源学说

关于日本人的起源问题，有关学者专家从考古学、人类学、语言学等多方面进行了研究和探讨，诸说不一有"阿伊努说""原日本人说""石器时代人说"等。

根据现代 DNA 检测，日本人一方面有其独特性，另一方面又和中国、朝鲜、东南亚等有相似性或共同性。从 1996 年开始，中国及日本的一些学者组成"江南人骨中日共同调查团"，对中国江苏省发掘出来的春秋至西汉时代（即公元前 6 世纪至公元 1 世纪）的人骨和在日本北九州及山口县出土的差不多同期的绳纹时代至弥生时代的人骨，进行了三年的对比研究。经过 DNA 检测分析，两者排列次序的某部分竟然一致，由此说明两者可能源自相同的祖先。

关于日本人的起源问题的诸多观点中，比较有参考价值的观点是，日本的化石人是由来自西伯利亚及中国东北的通古斯人、南洋群岛的马来人、中南半岛的印支人、长江下游的吴越人及汉人和朝鲜人混合形成。根据地质学的分析，当时曾是亚洲大陆一部分的萨哈林（库页岛）可能与日本的北海道、本州相连，九州可能与朝鲜半岛有陆桥相连，东南亚及中国的华南地区可能由经琉球群岛至日本的九州的浅海相连，猛玛、大角鹿等可以自由往来。因此，北京猿人的后裔在漫长的岁月里，可能经由朝鲜通过陆桥追逐动物来到日本列岛。1948年，在日本长野县的野民湖底发现了猛玛、大角鹿等的骨头和牙齿化石，另外，还发现了刀状的打制石器等，这些考古都支持了这种观点。中日学者通过对比研究，都认为在日本的早水台遗址、星野遗址发现的旧石器的特征属于周口店文化的类型。

另一个比较有价值的观点是，华南化石人从南方来到了日本。持这一观点的日本学者曾进行生物体测试，甚至用血型决定人种的方法测试，其测试结果都表明日本化石人和华南化石人、现代日本人和现代华南人的数据都很接近。由此推测，日本化石人的故乡由南北两方来到日本列岛的推想也有一定道理利用遗物或人骨、血型等进行的研究一直被认为存在相当大的局限性，所以利用基因组研究确认日本人的起源，是现代最有力的研究手段。日本东京大学医学院人类遗传学教授德永胜士领导的基因研究课题组，把基因组研究作为基础，以东亚的日本人、汉族人、满族人、朝鲜族人、蒙古族人等12个民族（集团）的人体6号染色体内的DNA遗传基因为准，进行比较分析，研究结果表明，日本本土人比起冲绳人或北海道阿伊努民族，更接近于生活在朝鲜半岛的居民和中国的朝鲜族居民。此项研究结果是对"在日本弥生时代日本人口的形成中，从朝鲜半岛移居的祖先所占比重最大"这一流行说法的有力证明。另外，从语言学角度来看，日语和汉语虽然被称作"同文同种"，但是在语言体系上并没有亲族关系。根据语言年代学来推测，日语的祖语的原型应该存在于绳纹时代。虽然日语的祖语属于哪种语系目前尚无定论，但是在日本周围的各民族语言中，在语法结构、音韵等方面和日语有一些共同特点的只有朝鲜语和蒙古语。而且，在语言上有亲族关系的只有朝鲜语。根据语言年代学的理论，如果两种语言从共通的祖语分离开，大致需要四五千年时间，那么，正好是日本绳纹时代的中期前后。从地质学的角度来看，恰恰是在绳纹时代，日本列岛完全与大陆脱离，日本人在脱离大陆的日本列岛上形成了现在的日本人固定的生活地区，也是从这一时期开始，日本人就一直在同大陆或东南亚不同的自然环境和文化条件下生活，进而逐渐形成了其特有的语言和人种，也就是今天的日本人和日语的原型。

日本人和日语的起源的问题目前还没有定论，各种观点都值得参考。日本有的学者认为日本人是"万世一系"，但是从现在的 DNA 分析来看，约有 30% 的日本人是从中国去的，30% 是从朝鲜半岛去的，另外还有一些南太平洋岛国一带的血统，所以可以看出日本人是个复杂的人种，一方面有其独特性，另一方面又和中国、朝鲜、东南亚有相似性或共同性。

（二）日语文字的形成学说

1. 汉字的传入及其传播

上古时代的日本列岛居民，只有语言没有文字。平安时代初期斋部广成编著的《古语拾遗》中记载："盖闻上古之世未有文字，贵贱老少口口相传，前言往行存而不忘。"公元一世纪前后，日本人开始接触汉字。据出土文物证明，当时中国的手工业品已传入日本，在许多金石器物上，如铜镜、印章以及货币等，都有汉字铭文。这些铭文虽然只是不成文的单个汉字，但这是日本人最初接触到的文字。公元三世纪前叶汉文已经传到日本。在《三国志·魏志·倭人传》中，保存有公元 238 年 12 月曹魏致日本邪马台国女王卑弥呼的国书，文中采用汉字音译的方法标记了日本人名"卑弥呼""升难米"和"都市牛利"等。

从 4 世纪后期开始，亚洲大陆上有很多居民为逃避阶级压迫和战乱移居日本，也有部分人是通过官方邀请派遣去的，这些到日本定居的外国人在历史上被称为"渡来人"。渡来人大多来自朝鲜半岛，其间也掺杂着很多中国人。当时日本的奴隶制度正处于发展时期，日本朝廷对渡来人十分重视，如财物的出纳、租税的征收以及内外文件的处理等文笔工作均由渡来人来担任。这些人不仅对传播大陆的先进文化、技术，促进古代日本经济、文化的发展作出了贡献，而且把汉字直接带入日本，并传授给日本人。

成书于 720 年的《日本书纪·应神纪》中记载："十五年秋八月，壬戌朔丁卯，百济王遣阿直歧贡良马二匹，……阿直歧亦能读经典，太子菟道稚郎子师焉。于是，天皇问阿直歧曰：如胜汝博士亦有耶？对曰：有王仁者，是秀也。时遣上毛野君祖荒田别巫别于百济，仍徵王仁也。……十六年春，二月，王仁来之。则太子菟道稚郎子师之，习诸典籍王仁，莫不通达。"成书于 712 年的《古事记》应神天皇卷中也有类似的记载，说应神天皇时期，一个名叫和迩吉师（即王仁）的人从百济到日本，带来了汉文《论语》十卷和《千字文》一卷。这是关于日本人系统地学习汉字的最早记载。

史学家以应神天皇命太子师事阿直歧、王仁为日本人学习汉字之始。日本人从四世纪开始学习汉字到掌握、运用汉字大约经历了 300 多年的时间。

曾有人提出，日本人掌握运用汉字大约在公元五世纪左右，其根据是在熊本县船山古墓中出土的大刀和收藏于和歌县桥本市隅田八隅神社的一面青铜人物画像镜上的铭文。经考古学家考证，大刀确为公元五世纪中叶所铸，但提文者张安是汉系渡来人。铸镜铭文中的癸未年为公元443年，铸镜人开中费直，为朝鲜渡来人河内直。因而以上二例不能证明公元五世纪日本人已掌握、运用汉字。另据《日本书纪》所载，570年夏，高句丽国（中国的一古国名）使船到达越国（现石川县一带），次年，敏达天皇接见其使者，并令苏我马子召集诸史，三日内读解其国书，但诸史无一能读，只有王辰尔能读懂。王辰尔是当时新到日本的渡来人。由此可知，在公元六世纪下半叶能读解汉文的日本人还有没出现。公元602年百济僧人观勒到日本，带去历书和天文、地理医学、阴阳道、遁甲、方术等很多汉文书籍，天皇挑选出跟他们学习的砚人均是渡来人。公元608年随同小野妹子到中国的八个留学生中有七人是渡来人。这种情况与当时土著日本人中已掌握汉字的人数量不多是不无关系的。

不过，在公元7世纪初，日本皇族中已出现能使用汉字的人，其代表人物圣德太子于604年亲自草拟了《十七条宪法》，全文为古体汉文，保存在《日本书纪》中。他还在609年至616年间用汉文做了经典注释《三经义疏》。这是经日本人之手出现得最早的汉文体文章，也是日本人使用汉字之始。

从各种史料上看，公元7世纪是日本人大力推进学习和使用汉字汉文的阶段，其成为动力的大致有以下三方面原因：（1）推古朝时期，圣德太子曾多次派遣留学生前往中国学习，他们回国后积极倡导仿唐制，并为此召集各氏族子弟学习汉文，讲授中国情况；（2）在大化改新（645年）后，天智天皇时，仿唐制建立学制，在中央建立大学寮，内置音博士二人，书博士二人，专司教授汉字发音、书写和汉文阅读，在地方设立国学，招收学生学习儒教及经典，使汉文的学习扩致整个贵族阶层；（3）在公元663年百济灭亡时，多达五千的百济人迁至日本，活跃于政治经济等各个领域，对于日本人学习、掌握汉字汉文，以及奈良文化的形成均起了很大作用。

由于这一时期汉字汉文学习的普及，民间的识字人数剧增，并出现了能够熟练使用汉字行文的土著日本人。此种情况从公元681年设立在群马县的"山上碑"碑文即可略见一斑。全文为"辛巳年集月三日记。佐野三家定赐健守命孙黑卖刀自。此新川臣儿斯多多弥足尼孙大儿臣娶生儿长利僧。母为记定文也。放光寺僧。"此文貌似汉文，实际上是用汉字拼写的日本式汉语文章。另在法隆寺五重塔木制结构上发现的文字"奈尔奈尔波都尔佐久夜己"也是一例。五重塔始建于607年，但于670年被烧毁，708年重建，据推测上例文字是工匠在重建木塔时留下的手笔。这证明在当时的劳动者中也有人学会使用汉字了。

从公元 8 世纪初叶开始，陆续出现了由日本人编纂的汉文著作，如 712 年太安万侣编写了日本最古的历史书《古事记》，720 年由舍人亲王等人编写了日本第一部敕撰历史书《日本书纪》，751 年出现了日本第一部汉文诗集《怀风藻》，并于 760 年前后出现了日本最早的诗歌总集《万叶集》。到这时为止，汉字终于为日本人掌握，并广泛地用来记述日语了。

2. 汉字向假名的转变过程

汉字是在作为传播中国文化的媒介的过程中，逐渐成为记录日本语言的文字的。我们知道，在汉字成为记录日语的文字之前，作为日本民族语言的日语是存在的。汉语和日语之间有很大差别，如日语的语音结构简单，音节数量少，而汉语的语音结构复杂，音节数量多；日语属于黏着语，语法关系由助词、助动词或用言的词尾变化来表示，而汉语属于孤立语，语法关系则主要由词序和虚词来表示；汉字又是表意文字，文字数量多，字体复杂，在实际应用中，有很多不便。日本人在学习、理解以及使用汉字记录日语的过程中，进行了种种不懈的努力。当初他们主要采取了两种方法。

首先是利用汉字的字音学习汉文，对所有的汉文都要跟随老师模仿汉语的发音进行朗读。这种模仿发出的音与汉语音并不完全一致，久而久之，每一个汉字上都产生了日语式的读音，后来被称为汉字的"音读"。

由于汉字"音读"的产生，对日语中有，而汉语中无的词，便采用借其音而去其意的方法用汉字书写，也就是借音。如在日本琦玉县、熊本县的古坟以及和歌山县出土的铁剑、大刀、人物画像镜上就铸有人名：多加利足、加差披余、乎获居臣、意柴沙加宫、今州利、斯麻。这些汉字失去了本身的意义，一个汉字只代表日语的一个音节。这种利用汉字表音来书写固有词汇的现象在五六世纪的日本文物中已为常见。

模仿汉语语音可以朗读汉文，但不能代替理解，对于汉文的意思必须用日语进行说明、解释。由于当时日本还没有文字，翻译只能采取口授的方法进行，这样在与日语同义的汉字上便固定了日语的读音。日本人把这种读音称为汉字的"训读"。"训读"同模仿汉字音的"音读"是相对的。前者由朗读汉文产生，后者由解释或理解汉文的需要产生。汉字"训读"的学习和掌握要比"音读"更具有汉字和日语方面的知识。

汉字"音读"的出现使人们能够借用汉字表音书写日语的固有词汇。而汉字"训读"的出现则使人们能够运用汉字按照日语的表达习惯书写文章。虽然原文是用汉字写的，但文中却使用了音读和训读的汉字，并按日语表达习惯颠倒了汉语的语序。这种和化的汉文在后来称为"训书"。

汉字的"训读",以及利用汉字的"训书"是将汉字作为日本文字使用的第一步。它使汉字摆脱了汉语语法结构的束缚,使之能够按照日语语序的需要进行排列。当然,"训读""训书"也有它的局限性,如对日语中没有的汉语词汇只能"音读"而不能"训读",对汉语中没有的日语词汇则不能"训书"。日语是有形态变化的语言,汉字在记录日语时难以完全适应。如果只借用汉字的字音来书写日语,有的词就将由六七个不同的汉字书写,加之汉字字体复杂,写起来相当费力,不利于人们学习和运用。

那么在不丢开汉字的前提下,日语究竟应该如何写记,这在当时是个难题。早在712年太安万侣撰写《古事记》时,就深感语言受文字的限制而不能自由地表达。他在其序言中写道:"已因训述者,词不逮心。全以音连者,事趣更长。"说明了当时用汉字记录日语的苦衷。太安万侣采取的方法是,以能够作为汉文读的"训书"为主,对特别需要明确音读或是训读的汉字,以注的形式注明发音。

为了区别用于表意的和用于表音的汉字,日本人把前者称为"真名",即真正的文字,而把后者称为"假名",即"借名",意为假借来的文字,也就是字母。由于这种假借汉字字音的出现,用以标记日语语音的用法大量地出现于《万叶集》,故而这种用法的汉字被称为"万叶假名"。

"万叶假名"是古代日本人创造本民族表音文字的第一步,因此也存在着不足之处。例如汉字的外表都是一样的,在文章中很难识别表意汉字和表音汉字。为了减少使用汉字的困难,后来产生了一种称为"宣命体"的书写法。所谓"宣命体",是当时用于书写"宣命""祝词"的一种文章书写方法,其主要特点是表意的汉字大写,表音的部分,如助词、助动词、活用词的词尾等用"万叶假名"小写。

"宣命体"的出现,对日语的记述有重要意义,它用大写和小写的方法从文字形式上区分了表意汉字和表音汉字。为了小写方便,选择了一些形体简单的汉字作为"万叶假名"表音。这样,一些汉字便相对固定地用来表示一定的音节。同时,"宣命体"体现了日语的语法形态,更确切地表示了日语的词形特点,是对"万叶假名"的发展。

3. 日本文字的形成

表音文字的"万叶假名"虽然在某种程度上适应了当时日语表达的需要,但其形体毕竟还是汉字。这样,无论选择多么简单的汉字作为"万叶假名",写起文章来都费时费力。因此,在"万叶假名"的使用过程中,作为"万叶假名"的汉字被逐渐简化或省略,最后演变成了具有特色的日本文字——"平假名"和"片假名"。

二、日语语言文化的特征

（一）暧昧性

日语语言文化的显著特点之一就是依赖他人，即把"他人"的想法或观念作为决定自己行为的基准。这种特点反映在人们的交际方式上就是，讲话者在十分注意听话者的前提下，尽量讲得很少或什么都不讲，周围的人们通过推测和经验体察到讲话者想什么或讲话的真正含义，在无言和暧昧的语言表达中达到交流。这种交际方式被日本人称为"以心传心"（心领神会）。为了正确理解这一交际方式，语言学家石井敏提出了一种模式，即"谦逊·体察交际模型"。根据这一模式，讲话者在没有发出交际信号阶段一定要考虑听话者的各种条件，首先要注意变换自己的脸部表情、手势及上下文的逻辑性等非语言信号，其次进入谦逊的过滤装置，最后才向对方发出语言。作为听话者一定要凭自己的体察能力补充讲话者减量化的语言内容，理解对方的完整含义。这一点是日语语言文化及人际交往的最重要的特点之一。

日本的传统文化是"体察"文化，是尽量减少语言交流的文化，是根据对方的心理来确定自己行为标准的文化。即使是坚持自己的主张，如何能够从对方的想法出发，在理解对方的基础上委婉地说服对方才是最好的解决问题的方式。"您的话很有道理，但是……""您的想法很实际，然而……"日本人喜欢上述讲话方式，多数人喜欢以上述方式开始讲话。他们十分注意尊重对方，不伤害对方，不要让对方讨厌或憎恨自己，对对方的请求或要求等轻易不要拒绝，这是日本人坚守的信条。教师批评学生或公布考试、作业成绩时，都特别讲究方式绝不伤害学生的自尊心和感情。因此，在日语里一般避免使用过于直率、过于肯定的讲话方式。尽管近年来，直率讲话的人在逐渐增多，但对于一般日本人来说委婉的语言表达是成功的语言交际所不可缺少的。

日语语言文化的暧昧性特点不仅表现在口语体上，在文章体上也有所体现。日本著名的文学家谷崎润一郎的名文《阴影礼赞》就是阐述这一理论的成功之作。此外，他还在名著《文章读本》中具体论述了自己的观点。他在书中指出："我这本书从头至尾几乎都在阐述含蓄一词，'含蓄'的意思就是避免冗长和啰唆。"按照他的解释，所谓名文就是避免采用过于明了的解释和说明，在字里行间应该给人留有一定回味的余地，让读者欣赏暧昧表达中蕴藏的美的韵味。近年来，日语中的外来语明显增多，甚至可以说达到了泛滥的程度。追究其泛滥的原因，除去日本人喜欢舶来品追求新奇之外，新语言的暧昧性可以唤起一种无法说明的美的感觉也是其理由之一。

（二）吸收性

纵观日本文化发展的历史我们不难看出，古代从中国那里学到了汉字、汉文、佛教、建筑、艺术等中国文化，明治维新以后，在继承传统文化的同时，积极吸收西洋文明，可以说日本文化是多种文化交融的产物，具有明显的多层性。日语作为日本文化的重要内容其多层性表现得也很突出。在吸收外来语的同时，也把各国的先进文化吸收到日本，并将其"本土化"，日语在各种先进文化的滋养下不断丰富发展壮大。这些多层性主要表现在日语的表记、汉字的读音和词汇的分类等方面。

（三）创造性

日本一直喜欢将国外事物和本国事物融合在一起，创造出带有日本特点的事物。日语在吸收外来语时，并不是原封不动地照搬，而是在此基础上有所创造。大约在公元 2 世纪，中国的汉字开始传入日本，这对只有"声音"而没有"文字"的日语来说，无疑是一件天大好事。当日本人意识到汉字的巨大作用时，视汉字为"至宝"，将汉字大量引入到日语中，当条件成熟时将汉语加以"改造"，大胆地将汉语意思加以引申。如：用汉字楷书的偏旁部首创造出"片假名"；用汉字的草书笔画创造出"平假名"；借用汉字的字形创造出"国字"；用汉字的繁简特点创造出"略字"。除此以外，日本人还从汉语中借用了数以万计的汉字和词汇，被借用过去的汉字绝大多数保留了原有的意义或者与原意稍有差别，但是也有许多汉字已经完全"旧化"，失去了现代汉语原有的含义。在丰田公司汽车的工厂内挂有这样一则标语"油断一秒，怪我一生"不懂日语的中国人，可能根据字面意思理解为："若给机器输油间断，会被终生谴责。"

但是，这里只有"一秒"和"一生"与汉语的意思相同，"油断"在日语中意思是"疏忽"，而"怪我"意为"受伤"。这则标语的实际意思应该是"疏忽一时，残疾终生"。再如，汉语中用"虎头蛇尾"来形容做事情只有开始而没有结尾，但是日语却使用"奄颐蛇尾"来表达相同的意思。可见，日本人能够以借其形而望其意的方式，十分巧妙地将外来文字进行地道的日化。汉字已经深深扎根于日本人的语言生活中，对于汉字，日本人丝毫没有"外来"之感，年深日久，已把汉字视为本民族的正式文字。

同样，日本在从欧美语言中吸收大量词汇的同时，也不断整合出新的词汇。"和制英语"就是一个很好的例子，和制英语是日本人以英语词汇为素材创造出的日本式的英语词汇，这些词汇表面上看来源于英语，但在英语中却找不到。可以看出日本人具有极强的创造能力，吸收外来语目的不仅仅是为了丰富自己的语言，更重要的是创造出自己的新语言。

（四）年龄差别性

崇外心理和外来语的不断涌入使日本年轻人在会话中经常使用外来语。铃木孝夫指出："汉字就好像是苦口良药，而用片假名书写的外来语就好像是被甘甜可口的糖衣包裹的毒药。用假名书写的语言简单易读，而实际上能够正确理解其意思的人却很少，这成为人们交流的巨大障碍。"老年人比较喜欢汉字，而年轻人从来不拒绝外来语，甚至更喜欢外来语。年轻人大胆地使用外来语，用日语假名拼出英语单词，几乎将所知道的日语全用英语说出，没学过英文的老年人根本听不懂。日语假名中有些英语中不存在的音节，一些词语形成了极不标准的英语发音，变成连英国人听不懂无法理解的日式语音。

日本大部分的老年人对新鲜的外来语了解较少，年轻人则经常使用新出现的外来语，造成了两代人用语的差别。这种差别因为两代人的生活习惯和兴趣爱好不同而产生，是日语语言文化中一道独特的"风景"。

（五）"内""外"的距离性

无论在任何社会生存，与周围人们的人际关系是至关重要的。这一点在日本社会尤为重要，这种人际关系不仅表现在处事为人的表达方式上，而且在其外在化表现的语言使用上也有十分严格的要求。由于讲话人和听话人的关系、年龄、性别、职务、场合、话题的不同，所使用的语言表达也不尽相同。几乎所有的日本公司、机关和企业对新员工上岗前的严格语言培训就是典型的例子。日本人喜欢"自己"深入到"对方"的心理去理解对方，在对方尚未发话之前尽量感知对方的意图，同时按照周围的情况来采取临时应变的办法，使自己具有调整交际的"柔软结构"。

要认识和理解日本人这种复杂而微妙的讲话方式，必须对日本人所具有的内""外"距离感的语言意识有一个深刻的了解。世界无论任何国家或民族都具有把自己与周围区分开来、划分远近的本能。然而却很少有像日本人那样根据内外之别来变换语言表达并使之成为待人接物的重要内容的。

日本人的"内"的意识是与"我"的存在作为核心的意识密切相关的。也就是观察问题的基点是自身的存在。按照日本著名语言学家山下秀雄的解释，"在以自我为中心的命运共同体中，有几层重叠的同心圆。如果把中心的'自我'用深红色表示，那么，越往外颜色越淡，在最外侧淡红色的边上用一条很清晰的粗线划分开来。在区分'内''外'的线的里侧没有规定的间隔，只是浓淡的差异"。

在日语里关于"内""外"表达方式的典型体现就是敬语。在一般的语言学著作和教材中,敬语主要指年龄小的或职位低的人对长辈或地位高的人讲话时使用的尊敬讲法,但是在现代日本社会特别是年轻人阶层这种意识十分淡薄。现在的敬语首先是"亲近感"的"晴雨表"。关系越亲近越很少使用敬语。也就是在把他人接纳为自己伙伴的过程中,其语言的使用方式也随之改变。

三、日语外来语与日语语言文化特点

(一)外来词介入日语的发展历程

在语言学中,外来词亦称为借词,是一种语言中出于某种需要借用另一种语言的词汇。

众所周知,语言是文化的载体。正如一个人不能孤立地生存于社会一样,一个国家或一个民族亦不能孤立地存在下去。一国和另一国的交往是必然的,其结果,一种语言与另一种语言相互接触亦是历史之必然现象。一个国家的文化不能孤立发展,它必须不断地与外国的文化相交往,并摄取其有益的养分以补充自己的肌体。在此,语言发挥着重要的媒介作用,它在被利用来学习、吸收外国文化的同时,自己也被作为文化现象之一被借用。因此,外来词也是一种社会文化现象,它与接受方的文化体系具有密不可分的关系。

在现代日语中,外来词是极其丰富的,这种现象的存在反映了日本吸收外国文化的积极态度。日语的外来词,溯其源流,可分为东方文化系和西方文化系。前者包括中国语、朝鲜语、梵语和东南亚诸民族语,重点体现了古代日本吸收外国文化的特点;后者包括南蛮文化时代、红毛文化时代、文明开化时代和战后从西方诸国借入的语言词汇,主要反映了近现代日本吸收外国文化的态势。总体上看,以明治维新为界,此前是中国语,此后是欧美语占据日语外来语"市场",中国语和欧美语对日语及其日本文化的影响是极其深远的外来词是社会语言学领域研究的重要课题,是一个纷繁复杂的体系。在日语中,东方文化系和西方文化系的外来词合二为一为广义的外来词,仅西方文化系的外来词为狭义的外来词。然而,现在通常所说的外来词不是广义的,而是指狭义的。进一步严格说来,西方文化系中的外来词加上近现代以来从东方文化国家语言中借用的以及日本人根据自己的语言特点仿西方语言制造的"和制外来词"之和为现代意义上的外来词。这样说来,只有古代利用汉字从东方文化国家借用的外来词被排挤在外了。日本人一般不把它称为外来词,而叫作"汉语"词汇,同为日语几种不同性质的"和语""外来

语""混合语"词汇之一。"汉语"词汇不被视为外来词的原因是多方面的。其一，与欧美语言相比较，"汉语"词汇进入日语的时间非常早，最晚在公元四世纪前后即已开始，一直到西方文化开始传入的室町时代为止，几乎独占日语外来词市场。较之语言价值，其代表的文化价值更为突出。其二，"汉语"词汇是伴同汉字传入日本的，因此它在日本亦代表文字。

原本没有文字的日本人是从使用汉字开始书写日语的，虽然后来创造出了他们自己的文字——假名，但汉字毕竟是"真名"，用汉字书写的"汉语"词汇一直广泛而大量地使用至今。其三，汉字是表意文字，日本人利用汉字的构词法再生了大量的"汉语"词汇，即"和制汉语"，使真正的汉语词汇与日本人创造的词汇难解难分。基于上述原因，日本人不认为"汉语"词汇是外来词，它在日本文化中具有"同文同种"的特殊地位。

外来词介入日语的第一个浪潮始于16世纪前期，即天主教传入日本的时期。1530年，一艘葡萄牙船只在去中国宁波的途中因遇台风漂至日本丰后府内（今大分县），船员随身携带的枝支引起了日本人的兴趣，这是日本人第一次与西方人接触。而后，葡萄牙船只不断在日本南部登陆，开始用拉丁语、葡萄牙语传播天主教，并从事商贸活动。日本藩主为了贸易利益，允许其在自己的领地传教、开设教会学校、医院、养老院等社会福利设施。随着其传教和贸易活动的深入展开，西方文化进入日本，葡萄牙语词汇也作为外来词进入日语之中。1603年日本编辑出版了日葡语对照的《日葡辞典》，收词32,000语，可谓规模巨大。据调查，在当时的日语中，来自葡萄牙语的外来词已达1000语以上。

第二个浪潮是伴随着"红毛文化"产生的。1609年荷兰商船驶入平户，要求与日本通商，获许后在平户开设商馆。此后，在1639年日本发布锁国令之后，荷兰仍具有与日本的贸易权，几乎独占了西方与日本的贸易市场。随着贸易的发展，西方的医学、药学、天文、地理、物理、化学、数学等先进的科学文化以荷兰语为媒介进入日本，激起日本人对此的极大兴趣，迅速形成了一股风靡全国的"兰学热"。由此，荷兰语的外来词亦大量进入日语。

大约从19世纪中叶开始，英美文化进入日本，形成日语外来词的第三次浪潮。1853年6月，美国彼利率军舰叩关，使日本人意识到学习英语、吸收英美文化的必要从此时开始，日本的对外形势发生急剧变化，同年7月俄国特使到长崎递呈国书，翌年1月彼利再次来日缔结《神奈川条约》，1856年美国总领事哈利斯抵下田，1858年荷兰、俄国、英国、法国纷纷与日本缔结通商条约，接着西班牙、比利时亦与之缔约，日本由此迈出了欧化主义的脚步。由此，英、美、法、德、俄等诸两方语言词汇肩负着欧美文化，宛如怒涛一样涌入日语。此间日语中的外来词是多国籍的，但以英美籍的为中心，并且在此基础上，日本人创造出了"和制英语"以及西方各种词相杂交的"混血外来词"，体现了外来词对日语的直接影响。

第四个浪潮是第二次世界大战结束至今，日本接受了美国文化的巨大影响。不言而喻，其他西方语言作为外来词亦丰富了日语词汇，但美式英语的影响之大是其他语言的总和也不能比拟的。这一时期是日本历史上最为开放、接受西方人存在于自己社会最多的时期，在日本人与西方人直接接触这一点上，亦是范围最广的时期。由于政治、经济、社会文化诸方面对美国的"一边倒"，战后日语外来词具有明显的美国文化特征。

（二）外来词与外国文化的传入

1. 外来词与外国文化的关系

在语言学中，外来词也称为借词，即是一种语言由于某种原因借用于另一种语言的词汇。外来语是一种语言现象，是语言学研究中的重要内容，同时，作为一种语言现象，它也属于社会文化的范畴。

众所周知，语言是文化的产物，也是文化的载体、社会发展的工具。语言的发展变化在很大程度上依赖着社会的需要，而社会的需要则往往将语言引向定的方向。在这方面，外来语体现得尤为明显。因为当一种语言缺少某一方面词汇需要借用于另一种语言的时候，恰恰是作为这种语言的母体的社会需要向外界学习吸收语言所代表的那一部分内容的时候。换而言之，词汇的借入是为满足社会——包括政治、经济、科学、文化、技术等发展的需要。外来同作为吸收外来文化的媒介，它的借入与文化的吸收是并行的。通过对语言借用现象的研究，划分不同时代的外来词，区别外来词的不同语源及其种类，可以帮助我们研究民族之间、国家之间的关系史，探讨不同民族文化的相互交流、影响及其渊源关系。

自古以来，日本是一个吸收外来文化极其热心的民族，它在吸收了大量的外来文化的同时，也吸收了大量的外来词汇。日语中的外来词主要来自中国和西方的语言，其数量之多、范围之广是惊人的。这些语言材料为我们研究日本的对外关系史、文化交流史以及社会发展史提供了方便的条件和有力的证据。通过对这些材料的研究，不仅可以使我们了解日本吸收外来文化的概貌，而且可以看到日本吸收外来文化的特点。

2. 汉语词汇与中国文化的传入

日语外来语的历史始于古代日本与中国文化的接触。据史料记载，中国文化最初是通过朝鲜半岛间接地传入日本的。如日本最原始的两部史书《古事记》和《日本书纪》（分别成书于公元712年和720年）均有记载说，应神天皇15年（304年）和16年，有百济学者阿直岐和王仁到日本，带来汉文《论语》10卷和《千字文》1卷。因王仁精于经典，应神天皇派太子菟道稚郎子师之。另外还记载说，中国人弓月君于应神天皇14年率其部民120县人由百济归化日本，传播农业、养蚕和机织技术。史学家认为，这是中国大陆文化系统地传入日本之始，也是日本人全面学习中国文化之始。

上古时代，日本民族只有语言，没有文字，他们在学习大陆文化的时候必须学习中国的语言文字。这样，作为文化载体的语言文字便随着中国文化的传入而开始被日本人所吸收。在中国的南北朝时期，日语中已出现了较多的汉语词汇，其中主要是"五经""礼记""论语"等儒学方面的词语和钱、笔、纸、绘、绢、匙、筑、马、梅、竹、蝉、君等日常生产生活用语。这些汉字词采用的均是中国长江下游的发音，日语中称之为"吴音"，从中可以看到当时朝鲜、日本与中国南朝的往来是密切的。由于传到日本的时间很早，有些词在读音上已经难以辨别出是借用于汉语的了。

钦明天皇13年（552年），即中国南北朝后期，百济圣明王献给日本天皇佛像和汉文经论。由此时开始佛教传入日本，并迅速地博得了圣德太子、圣武天皇以及光明皇后等统治者的信仰。从这时开始，佛教方面的梵语词汇通过汉语进入日语，可见中国的佛教及佛教文化对日本的深远影响。

公元607年，遣隋使小野妹子受圣德太子之命第一次访隋，成为日本与中国直接正式交往的里程碑。继小野妹子第二次访隋之后，从630年开始的历时200余年的13次遣唐使，把中日交往推向高潮。在这期间，有大量的日本学生、僧侣留学于中国，学习中国的语言、文化。当然，也有中国高僧（如鉴真）前往日本，传播大陆佛教和文化艺术。文化交往的高潮给日本带来了吸收汉语词汇的高潮。在中国的唐朝时期，日语中的汉语词汇骤然增多，而且在范围也日益扩大。其中明显增多的是儒教思想和佛教艺术方面的词汇，新出现的有政治、经济、社会、文化、科学、技术、思想、教育、历史、地理、医学、美术、文艺、风俗礼仪以及日常生活等各个方面的词汇。这些词汇的吸收，充分地证明了盛唐时期日本吸收中国文化的深度和广度。

由于种种原因，894年日本中止了遣唐使，进入了中国文化的日本化改造阶段。然而，民间的交往并没有中断。由于中国古老文化的魅力，日本一直没有停止从汉语中吸收外来语，这种状态一直持续到日本明治维新的前夜。但是与中国的唐朝时期相比，无论是在数量还是在范围上，都相差悬殊。特别是在中国的元、明、清时期，日语从汉语中新吸收的只限于和尚、提灯、看经、椅子、蒲团、瓶、铃、烧麦、麻将、馒头等禅宗和日常器物、食物名称方面的词汇。从这一时期吸收的词汇不难看出近世以来中国国力的衰竭，和日本对中国文化需要的下降趋势。

在漫长的历史长河中，日语从汉语中吸收了大量的外来语。据调查，在明治29年出版的《言海》中，汉语词汇已有2.2万余个。在现代日语中，汉语词汇占日语词汇总数的44.3%（其中包括明治时期用汉字翻译吸收的部分西方语言词汇）。这些词汇广泛地分布于政治、经济、文化、社会、宗教、科学技术、历史、思想、教育、地理、医学、美术、文艺、风俗礼仪及日常生活等各个语言领域。从现代日语中关于人体部位的名称、动物名、植物名、矿物名等词的绝大部分均由汉语词汇表示来看，汉语词汇极大地丰富了日语词汇。

3. 西方语言词汇与文化的传入

日本同西方文化的接触始于16世纪中叶。1549年葡萄牙的天主教徒来到日本鹿儿岛后，到1582年，有传教士59人进入日本，建教堂200余所，发展教徒人数达15万之多。

这一时期，葡萄牙语词汇也随之涌入日语，其中以天主教用语和与贸易有关的衣物、食物、器皿等日用品名称占绝对优势，据统计，仅天主教用语就多达500个。继葡萄牙之后，西班牙（1592年）荷兰（1609年）、英国（1613年）等两方国家接踵而来，并与日本建立了贸易往来。由于贸易和传教的结果，特别是1591年活字印刷机和印刷技术传入日本，为日本吸收外来语提供了方便条件，日语中的西方语言词汇不断增加。

与西方的接触给日本带来了贸易利益，但是当发现传教的目的在于将日本置于殖民地时，日本于1639年断绝了除荷兰以外的与西方任何国家的交往，并禁止西方书籍的进入和传播，实行了锁国政策。在长达200多年的锁国期间，荷兰是西方在日本唯一的贸易伙伴，也是日本接触西方文化的唯一窗口。所以当1720年日本解除了对西方书籍的禁令后，荷兰语成了研究和吸收西方近代文明的重要工具，在日本出现了"兰学热"。

当时通过荷兰语吸收的西方文化是多方面的。在现在来自荷兰语的外来语中，以近代科学用语为主，包括医学、药学、天文历学、地理学、物理学、化学、数学、哲学、经济学、法律学等多方面。其次还有海运、衣物、食品及日用品等与贸易有关的用语从中可以窥视到"兰学"留下的痕迹和对日本近代科学的影响。19世纪60年代，美国首先用武力强迫处于封建社会后期的日本打开自己紧闭的门户。随后，英、法、俄、德等国相继涉足日本，并分别与日本缔结了通商条约。1868年明治维新，推翻了统治日本200余年的江户幕府，建立了以天皇为首的个国统政权。明治维新一举改变了日本的局面，在"求知于世界""破除旧之陋习"的主导思想下，日本积极开展与西方先进国家的交往。1871年日本派出"岩仓使节团"，用近两年的时间历访了欧美12国，进行实地考察和学习，之后便大批地聘请外国教师前来讲授和派遣人员出国学习西方的近代思想学说、先进科技成果，组织专人广译群书，介绍、传播西方近代科学和文化。西方文化开始如潮水般涌入日本，同时西方各国的语言词汇也不可避免地被植入日语。

（三）日本吸收外来文化的原因与特点

1. 日本吸收外来文化的原因

一个国家或民族使用外来语非常普遍。日本每天都有大量的外来语传入，是世界上出版外来语词典最多的国家，几乎每年都出版一本外来语词典。日语在吸收外来语的同时，也充分吸收了各国的先进文化和科技，丰富了日语词汇，使外国文化与本国文化融合，促进了经济发展。

（1）语言发展的趋势

现代，国家与国家频繁接触，任何一种语言都不完全封闭。日语与其他国家的语言接触时，经常会出现找不到合适的词汇翻译，或者即使翻译过来也不能完全领会其意思的情况，不得不借用另一国家的语言来表达。随着社会对知识的需求，人们对新事物的渴望非常强烈。在这种追求知识的过程中，外来语所代表的新事物、新概念就被人们吸收接受下来。人们主动接纳自己不了解的信息，追求知识的多元化成为外来语大量涌入日语的催化剂。"语言，像文化一样，很少对他们自己满足。由于交际的需要，使说一种语言的人们直接或间接和那些临近的或文化优越的语言说者发生接触。"四日语正是在与他国语言的不断接触中吸收外来语从而丰富发展壮大起来的。在国际化的今天，日本人为了能够与国际社会更好地交流，必然会将大量的外来语引入自己本国的语言之中，以适应社会发展的需要。日语发展的趋势之一，就是源源不断地从国外吸收外来语，外来语不断增多。

（2）日本人的新鲜心理

日本人有一种心理，认为事物越新鲜越好。由于外来语是新事物，给人一种高雅、新鲜、时尚的感觉。日本人特别是年轻人，有使用外来语的癖好，他们对日本传统文化了解较少，对外面的世界及新鲜事物的兴趣极为浓厚，面对新鲜事物的刺激，容易很快接受。有些年轻人甚至认为越使用外来语就越能表现出自己的个性。另外，日本人很喜欢委婉表达自己的想法。在某些情况下，如果直接用日语表达，显得有些唐突、很不自然；而用外来语表达，听起来比较高雅，没有赤裸裸的感觉，所以对使用外来语情有独钟。

（3）不同方式的外来语传播

现代社会，报纸、电视和网络等各种方式为外来语的传播。报纸是反映社会、文化、科学和国内外政治生活等各个领域的媒体。新闻记者在写新闻报道的时候，为了让读者更容易理解，就必须引用外来语。电视在人们的日常生活中占有重要位置，为人们提供各种信息，同时还供人们娱乐。日本电视广告中的外来语明显多于其他电视节目中的外来语，原因是使用外来语更能吸引人们的眼球，许多国外的品牌商品随着电视节目的宣传而广为人知。

总而言之，语言是文化的重要组成部分，外来语是日语语言必不可少的一部分。而随着时代的发展和全球化的深入，外来语还会不断增多，一些外来语也会消失，或被新的外来语所替代。无论在哪个国家，语言都随着社会的发展而不断变化，这是语言发展的必然趋势。从日语外来语的来源看，日语将全世界众多语言融合到本国语言中，又将本国文化与世界各国的文化相融合，创造出具有本国特色的语言文化。日语语言文化和世界语言文化密不可分，在日语语言文化的世界里，总能找到某个国家语言文化的影子。

2. 日本吸收外来文化的特点

（1）吸取性

有如一位日本学者所说："日本人对于外国的文化，并不视为异端，不抱抵触情绪和偏见，坦率地承认它的优越性，竭力引进和移植。"日本对中国文化、朝鲜文化、印度文化、南蛮（以葡萄牙为主）文化、红毛（以荷兰为主）文化、西欧文化、美国文化的吸收就是如此。其中，大化改新前后对隋唐文化、明治维新时期对西欧文化、二战后对美国文化的吸收，可以说是外来文化吸收的三大高潮，其特点是以整个国家规模进行全方位吸收。像这样"长鲸吸百川"般酣畅的文化吸取，在世界史上并不多见。

（2）混杂性

可以标示其混杂性的最好例证，莫过于日语。在今日的日语中，除汉语外（由于它在日语的创始期就发挥着十分重要的作用，故不以外来语论），包含着数种语言的大量外来语。有人预言，"再过一、二百年，就会有一半，或者七成是欧美语"。还有的人甚至把"遭受外来语蹂躏的日语"称作"无国籍语"。在信仰上，日本人既敬日本的神，又敬中国的、印度的和南方的神。在节日上，日本人既过日本的节，又过中国的、西方的节。在食物、服饰、住宅等生活文化方面，亦莫不如此。战后到日本访问的苏联作家爱伦堡曾说："任何一个日本人，每天要过几小时欧美式生活，也要过几小时传统日本式生活。在日本人中，不同的世界同时共存。"唯其如此，研究日本文化的学者们，使用过各种不同称呼去规定日本文化的性质，诸如二重文化、混合文化、混血文化、杂种文化、合金文化、飞地文化等。尽管各寓褒贬，但有其一致之处，那就是都想"状"出日本文化的非单一性。

(3) 对传统的保守性

虽说日本文化对外来文化具有海绵样吸收能力，但对于自己的传统却也同时具有保而守之的特性。如相扑，直到如今都保持着浓郁的古色古香，吸引着千百万的日本人。又如唐代的雅乐，进入日本宫廷后，代代袭传，以至于今，成了日本传统文化的部分。其中如《太平乐》《兰陵王》等乐舞，在我国早已不存，然在日本虽经历一千余年，仍完璧如初。此外，像俳句、茶道、花道、柔道等传统文化因素，不仅都生机勃勃地存在着，有的还登上了国际舞台，大行其是。昭和初年，一位目睹过昭和天皇登极仪式和大尝祭的德国记者不无感慨地说，日本这个民族不仅爱好新奇，而且还是一个意外严守古风的民族。在外来文化浪潮的不断冲刷面前，日本的传统文化表现出很强的抗"水土流失"能力。

正因为具有这三种特性，日本文化在吸取外来文化时，才表现出类似于明智玉子的既矛盾又完美的举动。既对传统文化作有保留，又能很好地吸收外来文化，最后融合成一种具有自己特色的，适合本国发展的新文化。

四、日语语言的社会文化特征

(一) 文化要素的语言行为

人有个性，人的群体（社会）也有个性，群体的个性称为"文化"。笼统而论，文化是人类在群体中后天创造、保持，并作为传统由群体成员因袭的意识形体和生活方式。具体地说，文化是知识、信仰、艺术、道德、法律、习惯以及人们作为社会成员获得的能力、习性等的复合体。然而，作为保持文化的单位，群体有大小、上下之分，在谈论文化时，最基本的群体单位多指民族。事实上，人类在地球上占据不同的领域，创造各自领域历史的过程中，便生成了民族这样的单位群体，并产生了各自的文化。因此，民族与其文化是同时存在的。民族是最巩固、最根本的群体个性的承担者，即是代表性的文化共同体。

以民族以下的诸群体，如家族、职能集团、地域社会等为单位的文化，称为"下位文化"以示区别。

在文化这个巨大的复合体中，包含着制度、技术及其所产生的文化财产和种种要素，但位于复合体中枢的是民族思想倾向和表现其思想倾向的行为模式。在群体成员的行为中，自然包括语言行为，而语言行为正是人们在社会生活中以其他成员为对象进行交际（社会行为）的最普遍的行为，堪称社会中枢或本体的部分。人类的行为都与特定的环境相联系，语言行为也是如此。环境有自己的系统和规范，这是由民族和社会文化构成的，它约束着人类的一切行为，否则人类行为就会相互不可理解。

文化是民族的文化，语言是民族的语言，"一个民族在人类历史上，当他在语言、居住地域、经济生活、心理状态等方面作为一个稳定的共同体出现时，语言就已被深深地刻上了民族的烙印，成为这个民族和这个民族文化具有的代表性的象征"田。如果说文化要素是行为的形态，而行为的主要项目是语言行为的话，那么，语言行为的模式也正是重要的文化要素。语言行为有其行为模式，这种模式潜在于一个民族的人际交往中并成为一种习惯。这种习惯本民族人习焉不察，但在与外民族人交际中一旦违反了这些习惯，就会使本民族人无法接受，从而使交际产生障碍。"因为每个民族都以自己的文化为中心，都把自己文化对世界的看法看作是人类的常识，因此难以接受他。文化只有语言体系的知识，不一定能采取适当的语言行为，而不适当的语言行为将对社会生活产生某种不利的影响。社会语言学观点认为，交际中犯"文化的"错误比犯语法的错误更使人难以宽容。

因此"你要说一种语言，就必须理解创造那种语言的人民的思想方法和价值观念"，"单凭语言能力并不足以弥补文化隔阂"。语言与文化是互映互动的统一体，文化是语言的基本内容，语言是文化的表现形式。在学习日语时，研究日本社会和文化就不是附加的额外任务，而是必须做的事情，非此无法"达到彼岸"。

（二）日本人与语言交际

语言是民族的语言、社会的语言。使用语言的人也具有民族的属性和社会的属性，这就使语言和人有机地结合在一起。人们在研究民族性时，常常作出西方社会是个体文化、日本社会是群体文化的判定。处于个体文化社会中的人独立意识强，善于交际；处于群体文化社会中的人相互依存，独立意识差，不善于交际。人的社会性如何必然也表现在语言行为上。行为上的特色差异一般产生于不同民族人格结构上的差异，而人格结构的差异又与各自的文化社会结构密切相关，这就呈现出了一幅人格结构、社会结构和语言行为的网络关系。

一般而论，人的性格由生来具有的先天性性格部分和在家庭、学校、社会中形成的习惯性性格部分构成，后者是由文化支配的部分。从一个民族的角度、从语言行为的角度来说，习惯性性格即相当于社交性特点。西方社会的社交层厚，而日本社会的社交层薄。社交层也可称为"对人粘着层"，即与外部接触时容许对方涉入的范围。社交层厚即善于社交，社交层薄即容易受伤害。由于防备受伤害的心理，日本人的语言行为也表现出很多特点，例如力避激烈的言辞、不与人争论、语言间接、表达委婉、含蓄等。日语中秽言、骂人的词语特别贫乏亦与此有直接关系。社交层的薄厚也是独立性强弱的表现，日本人缺乏自信，对别人的评价十分关心，进而形成的所谓"耻辱文化"亦与此关系颇大。

作为一个民族，社交层薄则促成了自我保护的民族心理和文化特征。这就是日本文化的"群体心理"或"群体主义"特征。这种特征不可避免地在日本人的社会生活中投射出各方面的特点，规范着这个民族的行为模式，其中对日本的语言和日本人的语言行为及交际方式亦产生规定性作用。

日本人的群体意识强烈，因此其行为方式的基准是个人所属的群体。正如川岛武宜在《日本社会的家族结构》中所说，家族意识、家族结构使得日本语言中充满了诸如"国铁一家"的独特表达方式。有内必有外，日本人把同一群体以外的人称为"外者"，态度截然不同，视之为应保持距离和排斥在外的存在。在与"外者"交往时，日本人的习惯是鞠躬勤而深，使用敬语。这种行为的文化根源在于与对方保持距离，以保护自己。

在群体主义社会，日本人遵循的另一个行为准则是"序列"。序列有年龄的长幼、地位的高低、身份的贵贱、资历的长短、经历的先后之分，人们严格按序列行事。在语言行为上，后加入者要对先加入者使用敬语，不能直呼姓名，否则则被认为是"不知分寸""不知自量""狂妄"，而遭到排斥。

以群体为中心、以和为贵以及序列意识等道德规范严重地束缚着日本人的思维方式和言行，使日本人形成了很多独特的性格。例如，日本人很注意社会评价，常常为人言所左右，对外界有恐惧感。因此他们善于体察对方的心境和意向，不善于积极的交际，与"外者"交往时总有一种不好意思、害羞的感觉。其次，日本人认为群体是由利益关系结合在一起的，因此十分注重"义理人情"，视"报恩"为美德。人到父母的养育之恩，小到吃一顿饭、喝一杯茶都是恩，因此日本人挂在嘴上的"谢谢"绝非虚伪之谈。再次，日本文化的他律性养成了日本人不善交际的内向性格，这也是由于"克己"的自我压抑造成的。在人际交往中，日本人视"沉默"为美德，崇尚"以心传心"，"饶舌家"和善辩被人看不起。因此，日本人很少与人争辩或论理，与人谈话时亦总是听多言少、随声附和，很少夸夸其谈发表自己的见解。最后，日本人即使有明确的主张，也不用"我认为是这样的""我的意见是这样的"等直接的表达方式，这样做的目的是表示自己不能强加于人，给对方留下思考、判断的余地。这种语言行为往往不能为外国人所理解，认为是暧昧的，也容易被误解。

（三）日语的交际规则

我们了解日本人及其语言交际的社会文化特征，目的在于解决如何跨过文化障碍与日本人进行有效的日语交际这一问题跨过文化障碍进行交际，总是困难的。文化包括交际，交际包括语言，当我们把语言作为一种交际工具考虑的时候，交际便需要具有语言能力，没有语言能力的语言交际是不可想象的。然而要交际，光懂语言还不行，还必须充分了解与之进行交际的人。如果对对象一无所知，就不能成功地进行交际，这类知识可称为文化能力。语言能力和文化能力纠葛在一起，构成语言的交际能力。语言的交际能力是介于语言和文化之间的领域，它包含着"语言"（发音、文字、词汇、语法）研究中通常不加以说明的规则，也包含着一般交际规则的规则，违反这些规则都将使交际受阻。

1. 启动规则

与具有不同文化和操不同语言的人交际，最为困难的是如何开始交谈、怎样交谈。这里面既有文化规则，也有语言规则，在这里权且称为启动规则。用日语与日本人交际，首先遇到的问题是问候。中国人之间常说"吃饭了吗？""上班去啊？"。这些语言的功能都是表示友好的问候、打招呼。日本人则不同，他们问候的注意力不是放在对对方私事的关心上，而是对对方行为的赞誉和群体的融合上。

在这种时候，不管你的实际感受如何，都要随声附和，不能否定回答，不然就阻碍了交际的进行。

人际初交，大致从自我介绍开始。在这方面，日本人的规则是先自报家门，而绝不能先问对方的姓名。自我介绍时日本人关心的不是你个人的姓名，而是你所属的单位和职务，因此必须在自己的姓名前冠以"某某公司的""某某大学的"，不然日本人便无法把握与你交际的尺度。

在一般情况下，日本人在商谈正事之前，都要花费一些时间谈论对方感兴趣的话题或天气情况、热门话题等共同关心的事情，以便相互沟通，奠定感情基础。因为日本人不善于与群体外的人或陌生人交际，所以这个环节是十分必要的。既然是出于这种原因和目的，交谈时禁忌只谈论自己关心的事而不顾忌对方，也要力避口若悬河夸夸其谈，否则日本人将持不信任态度，没有好感。尤其是长者在场的时候，开始说话的权利掌握在长者手中，除非长者开始说话，否则保持沉默是上策。连珠炮般向长者提出问题或把他硬拉进来谈话，是十分不礼貌的。

2. 参与者规则

一个人构不成交际，交际需要有参与者。参与者在交际体系中构成网络，形成参与者规则。

在与日本人交际时，主要应该注意的是上下关系和内外关系，当然有时亦交织着利益关系。关系不同，则举止不同，采用的语言变体也不同。一般来说，对长者、外者或利益下的施予者说话要表示敬意：使用敬语变体、称呼要客气、态度要谦恭、选择话题要谨慎，还要尽可能地考虑到对方的需要和期望。做到这些的前提是善于观察和分析，尤其是两个以上的日本人参与交谈时，要弄清他们之间的相互关系，判断应该将最大的交际注意力放在谁身上，禁忌只照顾下者而置上者于不顾，这实质上是破坏了日本人严格的序列制度，是不能容忍的。

上下、内外的利益关系相互交错，在实际交际中处理起来并不容易。至于在有求于人时，则不论自然关系是上下还是内外，有求于人者都要向对方表示敬意。参与者关系的流动性产生于文化根源。

3. 内容规则

任何语言交际都伴随着一定的目的，而目的常常是通过内容来体现的。从与日本人交际的角度来说，谈论相互熟悉的地方和事物或者共同的经历和兴趣爱好都是很好的话题。日本人对谈论本国的社会、政治、宗教等一般都不忌讳，都乐于发表自己的见解，并且也乐于倾听别人的看法。但是关于天皇问题，一般都避而不论，因为天皇在日本人的心目中是个微妙的存在，是个敏感的问题。一般而言，日本人不太喜欢别人问及自己的收入情况、财产和年龄等，视此为私事日本人不喜欢谈自己，也不习惯直截了当地阐述自己的主张、提出自己的愿望和要求。涉及这些问题时，语言表达则委婉、含蓄，如果对方能意识到这一点，交际则会顺利进行。日本人喜欢当面称赞对方，但期待的是对方对此的感谢和自我否定，而不是欣然认可。实际下，日本人的称赞常常是表示友好的话题之一，而并不一定是基于事实。对日本人一长者的肯定评价，不适合用夸奖和赞许。例如在听完日本教授的讲演之后，不能说"您讲得太好啦！"之类的话，这实际上等于把自己置于优越者的地位上了。应该说"谢谢您！"或"我学到了很多东西。"等。

日本人在交谈中时常不停地进行随声附和或点头，这是一种礼貌的表达方式，意思是"我在认真听您说呢"，而不一定是表示同意你的意见和看法。日本人不直接用"不"来对对方的意见表示否定，而常常是先予以肯定，然后转移话题或以沉默作答，这种语言行为的目的是避免使对方难堪，而影响人际关系。

第六章 日本的饮食文化

第一节 日本饮食文化的发展

如果仅就文化自身而言，不同地域、不同种族的文化之间不应有优劣、先进落后之分，但由于种种因素的影响，不同地域、不同种族生产力的发达程度会有所差别。从文化传播的特点来看，生产力较为发达的地域、种族的文化处于强势，而生产力发达程度较低的地域、种族的文化则处于弱势。虽然不同文化之间存在着相互融合的现象，但强势文化通常被看作主流，受到推崇和效仿。纵观日本历史，日本文化始终处于相对弱势的地位，在中国衰落沦为半殖民地以前，受强势的中国文化影响较大。明治维新以后，脱亚入欧，强势的欧美文化又大量涌入。尽管如此，面对强势的外国文化各个时期也存在着完全不同的态度。当某个时期减少或断绝同外国的交往，纯粹的日本文化就会有长足的发展，反之外国文化的色彩就会多一些。日本料理的发展也遵循了这样的规律，这一节我们将对日本饮食发展历史做一个简单回顾，并从中找出日本饮食的形成轨迹。

一、绳文时代

公元前6000—前200年是日本的"绳文时代"。根据考古学的考证，这个时期的"绳文人"已经使用弓箭打猎、使用鱼叉、渔网等捕鱼并采摘野果。食品中有熊、狐狸、兔子等多种哺乳动物以及山鸡、野鸭等鸟类，水产品中有各种贝类和加吉鱼、鲈鱼等海鱼以及鲸鱼、海豚，植物中有核桃、栗子、葡萄等。在食品加工方面，"绳文人"用一些石器切割、碾磨食物、用火烘、烤、煮食物，并且制造了各种形状的陶土器皿。刀耕火种是采集狩猎时代的一种补助手段，已经向前走了一步。日本刀耕火种的现象大约见于绳文时代晚期，在日本四国的个别山区，至今仍可见到刀耕火种的痕迹。日本称刀耕火种为"烧烟农业"，日本在刀耕火种时代所种植的农作物主要有黍、荞麦、大豆、小豆及薯类。当时的饮食主要以狩猎和渔猎为主，农耕尚不发达。

刀耕火种虽是人类历史上最为简单的耕作方法，但它开拓了具有历史意义的农耕技术，使人类获得较稳定的食物来源，而且给后人的农耕文化打下了基础。日本人甚至赞颂刀耕火种为日本文化的"基底""原点"。不言而喻，刀耕火种在人类文明史上起过重要作用，留下了光辉的一页。

二、弥生时代、古坟时代

公元前3世纪至公元3世纪，日本进入了"弥生时代"。在这个时期，水稻栽培技术和青铜器、铁器传入日本。以水稻种植为主的农业生产普及，大米逐渐成为日本人的主食。稻作文明的传入使人们的生活逐渐固定在一定的土地上面，粮食不仅解决了当时人们的温饱，还出现了剩余，稻作农耕给人们带来了稳定的生活。据此，各个地方开始形成以稻作为中心的祭礼文化和食文化。与稻作文化同时诞生的还有日本人开始使用筷子吃饭，而这之前都是用手抓食的。

从剩余粮食的积蓄开始，产生了个人的贫富差异，出现所谓的"豪族"以及"豪族"统一某一地区的现象，地区势力的扩大形成了国家。在考古学上把公元3世纪末至7世纪日本社会贫富分化、国家形成的这个时期称为"古坟时代"。主食和副食的分离是这个时期日本人饮食上的一大变化。另外，当时还种植了小米、大麦、小麦、荞麦以及甜瓜、葫芦、萝卜、韭菜等粮食作物和蔬菜。肉类中野猪、鹿、鱼鹰、鸽子较多。水产品中深海鱼类有所增加，鲣鱼、鲍鱼、螃蟹以及淡水中的鲫鱼、鲤鱼等都是当时日本人的鱼类食品。在食品加工方面，除了有蒸、煮、烤、炒以外，还有酿造和腌制。最初用糯米发酵的甜酒主要在祭祀活动中饮用，米、麦、豆发酵后做成的"谷酱"发展成现在日本料理中的酱油和豆酱，用盐腌制的果实、植物和海藻逐渐演变成了今天日本料理中品种繁多的咸菜。这个时期，日本人利用海藻加工食盐，在食品中使用糖、干果、姜等作料。

在"古坟时代"佛教传入日本。同中国隋朝、唐朝政府建立交往之后，日本在政治、经济、文化等各个方面发生了巨大变化。律令制的完善没有缩小社会中的贫富差距，农民承担着沉重的苛捐杂税、劳役和兵役，而统治阶层的生活却越发奢侈。

三、奈良时代、平安时代

到了公元8世纪的"奈良时代"（710—784年），在饮食方面出现了贵族和农民的极端分化。日本的文化史学家一般都将奈良时代称之为唐风时代，意即全面接受唐代文化或强烈地受到唐代文化熏染的时期。贵族阶层崇尚、效仿唐朝文化，律令制从材料的栽培、养殖、调拨调配、加工制作到管理等各个方面，满足了贵族阶层的膳食奢求。在贵族阶层的膳食中除了有些日本原有的和唐朝引进的在日本国内可以生产的粮食作物、油料作物、蔬菜、水果以外，还有从各国进口的各种动植物干货、调味品。大米是贵族阶层的主食，而广大农民的主食是小米和稗子以及麦子、荞麦、大豆、小豆。在"奈良时代"政教合一，历代天皇按照佛门规定，下令禁止杀生食肉，动物肉类食品从贵族食谱中逐渐消失，而饮用牛奶、食用奶制品等成为贵族们的一种营养补充。但是在享用不到牛奶和奶制品的百姓中，佛教的影响力还很有限，老百姓仍然会根据需要捕捉自然界中的禽兽用来食用。这个时期酿酒技术提高，制造出"清酒""糟酒"和"粉酒"等，腌制食品、干货的种类明显增加，贵族食谱中出现了多种油炸面点等点心。餐具的质地和品种也丰富多彩，有陶瓷、金属、玻璃、动物角、漆器等。在饮食方面的一系列变化中，佛教和中国文化的影响是不可忽视的重要因素。

另外，在这个时期"精进料理"被引进日本。所谓"精进料理"，通俗一点的解释就是没有荤腥的素斋，它源于不杀生的佛教思想，戒美食、追求粗茶淡饭。但是对于人类而言，没有酒肉的饭食毕竟滋味寡淡，而且从营养学的角度而言，菜食本身缺乏足够的蛋白质。因此这一时期大豆加工技术发达，豆腐等大豆、面制品以及菌菇类食品被广泛食用。

到了公元794年，日本进入长达400年的"平安时代。"在这个时期，政教逐渐脱离。律令制又维持了约200年之后便被废止，公元897年日本停止派遣"遣唐使"，公元10世纪后半期至11世纪前半期，以藤原氏一族为中心的"摄关政治"控制了日本，到了12世纪，武士阶层的势力逐渐扩大。在"平安时代"，贵族和平民百姓的贫富差距进一步加大，贵族生活注重陈规陋习，无休止地举行各种仪式活动。当时不同的仪式活动都配置了相应的食品，而这些食品偏重菜肴的拼摆形式，忽略其营养和口味，成为"观赏性食品"，这一时期开始形成与唐文化不同的平安特有的和风文化，这对后世的日本料理注重色彩的特点颇有影响。

在这一时期较正式的日式料理及生鱼片等出现在人们的饮食中，日常的两餐也改为一日三餐。

四、镰仓时代、室町时代

12—14世纪初是日本历史上的镰仓时代，武士政治代替了朝廷的贵族政治。武士中的大部分是农民出身，他们的生活不追求华丽的形式，朴实而又实际。在饮食方面，他们经常食用狩猎到的兽类、鸟类，摄取丰富的动物蛋白，积蓄能量。"镰仓幕府"在衣食住行方面提倡朴素节俭，无论是武士个人的日常生活还是正式举办的宴会都不追求奢华。随着贵族的没落，对牛奶的需求减少，牛更多地被利用于农耕而不再被食用。饮茶盛行是镰仓时代的一大特点。著名僧人荣西二度到宋朝留学，把茶种带回日本，并介绍中国的种茶、制茶技术和饮茶习惯以及茶的效用。到了镰仓时代末期，举行茶会比赛看谁品出的茶叶种类最多是上流社会常有的活动。荣西等发起的禅宗带动新兴佛教兴起，许多将军、大名都信奉新佛教，禅宗在武士中的感召力很大。被称为"精进料理"的素食在寺院中发展起来，并逐渐传入民间，为日本料理的形成奠定了基础。

14世纪中叶日本进入室町时代。这一时期农业生产水平显著提高，大米不仅是贵族、僧侣、武士们的主食，普通百姓也能经常吃到大米。烹调方法也有了进步，仅副食的加工方法就有"生吃、调汤、蒸、煮、烤、干炒、酱腌制"等多种方法。从室町时代开始，酱腌制食品成为日本料理中不可缺少的内容。豆腐到了室町时代被广泛食用，豆腐和"纳豆"（蒸后发酵的大豆制品）是"室町时代""精进料理"的代表食品。这个时期贵族、武士阶层把鱼类、鸟类的肉食品视为上等食品，蔬菜次之，而兽类食品被视为低级食物。这种饮食观念深深影响了日本料理基本风格的形成。作料的广泛使用也是这个时代的饮食特点。

日式正餐"本膳料理"基本形成，成为日本料理的雏形。举行小型茶会，在这个时期成为上流武士阶层的生活时尚，武士们逃离残酷的现实躲进幽静而狭小的茶室中静心品茶。奈良的禅宗僧人村田珠光将禅宗的精神和百姓的饮茶习惯结合起来，创立了茶道。

16世纪后期（1568年）至17世纪初（1603年）的30多年被称为日本历史上的"安土、桃山时代"。出身低下而实力非凡的织田信长和丰臣秀吉先后统治了日本。当时与葡萄牙、西班牙、英国、荷兰之间开展的所谓"南蛮贸易"非常活跃，西瓜、南瓜、辣椒、马铃薯、甘薯、白菜、西红柿、香蕉等蔬菜、水果被带进日本，丰富了日本人的食物种类。所谓的"南蛮料理"也随之传入日本。其中最有代表性的就是"天妇罗"（裹面油炸食品）。油炸食品在这之前的日本并非没有，平安时代传到日本的唐果子中就有油炸的面饼，但是由于油料的匮乏，油料的用途还是非常有限，特别是对于鱼类或是蔬菜类，几乎不用油炸。食用牛肉也是受到"南蛮料理"的影响而流行起来的，此前的日本人是从来不吃牛肉的。另外，由于"南蛮料理"常用猪油炸制食品，饲养生猪也从这个时期开始普及。"南蛮贸易"还给日本带来了更多的砂糖，随之出现了更多的甜点，大大地丰富了日本饮食的种类。比较著名的就是"加须底罗"，它在日本的发源地是1571年起对西洋人开放的长崎，直到现在"加须底罗"还是长崎非常著名的一种特产。这是一种以面粉、鸡蛋、砂糖为主料，另加上水饴糖、蜂蜜等烤制而成的一种颜色淡黄的蛋糕。对当时的日本人而言，这绝对是一种稀罕食品，其松软甘甜的口感可以说是之前从未有过的。另外值得注意的是，面包也是在这时期传入日本的，当时在长崎一带从事贸易的荷兰商人在当地烘焙面包当作食物，一部分日本人对此也有接触和尝试，不过好像并没有广泛传开。到了1636年左右，随着基督教被彻底禁绝，传教士们经常食用的面包也在200多年中销声匿迹了。

日本料理在吸收外来文化精髓的同时也逐渐步入自身完善的阶段。小型茶会，进一步普及到町人等更加广泛的阶层，织田信长和丰臣秀吉也都对茶道抱有浓厚的兴趣，并设立"茶头"一职专门负责茶道。著名僧人千利休曾任丰臣秀吉的"茶头"，他完善了村田珠光开创的茶道。在千利休风格的茶道中，茶室、茶器、茶会、料理、品茶人的服装等都不再拘泥于复杂的形式，而是更加简洁、清新。千利休使茶道变得大众化、日本化。

室町时代一方面是日本料理的格局初步形成的重要时期；另一方面也是外来食物大量流入的时期，这两者交流，经过江户时代两百多年的积淀和发展，终于形成了成熟的日本传统饮食。

五、江广时代

1603年德川家康建立江户幕府，由此日本进入长达260年的江户时代。这一时期政局相对稳定，社会比较安定，未发生过大规模的战争，一直到近代的大幕开启之前既无内乱也无外患，是日本历史上最为安定的一个时期。江户幕府完全控制了日本全境，实行了日本历史上从未有过的长达220年左右的锁国政策。到了1635年，幕府废除了一切海外贸易，禁止所有的船只离开日本，同时也禁止所有在海外的日本船回国，外国的商船就更不允许进港了。在这样的环境下，日本人得以充分的消化咀嚼已有的传统文化和已经吸纳的外来文化。在200多年的江户时代创造出了灿烂成熟的具有江户特色的日本文化。在耕地面积扩大、农作物品种改良、农业和渔业技术进步的背景下，日本料理也形成了一个独立的体系，并最终完成了日本传统的饮食文化。

日本料理完成于江户时代，这在学界基本已经成为一种共识。中泽正在《日本料理史考》中说："今日被人们称之为日本料理的东西中，平安、镰仓时代的影响几乎没有，室町时代的气息大部分也消失了。今日所说的日本料理，完成于江户时代的中期以后。这是由于出现了街市的料理、会席料理发展起来了的缘故。"这里所说的街市的料理,指的是食摊和料理屋。

由于在江户城市的建设和发展过程中形成了数以十万甚至数十万计的城市居民,必然会形成相应的城市商业经济。另外,由于社会相对安定,人们可以自由旅行,去各地参拜著名的神社,参勤交代制度的实行,五街道沿途驿站旅舍的落成,带来了人们对于餐饮业的需求。日本最早出现的餐饮业,就是起源于寺院和神社门前的各种食摊,随后传播到京都、大阪等城市,最后在江户形成了一个规模庞大的餐饮业。江户餐饮业的兴盛,应该是在明历大火(1657年)之后。这场大火造成的死者据说达到了10万人,三分之二的街区被烧毁。为了重建江户城,从全国各地招募了大量的工人,这些人的饮食成了一个大问题。于是原本兴隆于寺院等门前的料理茶屋,开始在江户遍地开花。所谓的料理茶屋就是指"茶屋"(供人憩息喝茶)和"仕出屋"(只做饭菜,不供应堂吃)功能的合二为一体。自17世纪下半期以后,江户城里陆续出现了不少料理茶屋,以后又演进到真正的料理屋或是高级的料亭,但大都价格不菲,寻常百姓很难侧身其中。倒是在茶屋或是料理茶屋开始兴盛的时候甚至是在此之前,京都、大阪,尤其是江户的街头,陆续有挑着食担的行脚商出现在人口稠密的街区,他们或穿街走巷,沿途叫卖,或在十字街口摆下固定的食摊,吸引各路主顾。因为在江户城内居住着相当数量的各类工匠和手工业者,他们处于社会的中下层,挑着食担的行脚商人或是固定的食摊,主要是满足这阶层的需求。排列在江户街头的食摊的种类主要有这样一些:用酱油的蔬菜或鱼类、天妇罗、炸河鳗、寿司、烤团子、烤白薯、煮鸡蛋、面汤、荞麦面等。这些今天的日本人仍在经常食用的最富有日本风味,或者被外国人当作是传统日本料理的食物,当年就是在这些食摊上诞生的,后来才逐渐发展成荞麦面馆、面馆鳗鱼馆、寿司店等。

与江户时代蓬勃兴起的料理相对应,这一时期是日本历史上有关料理的书刊最为繁荣的时期。一个民族有关饮食的专著或食谱的出现乃至于大量出现之际,往往是该民族的饮食文化发展到相当昌盛的时期。当然,日本的料理书籍并不是始于江户时代。但是进入江户时代,尤其是江户时代的中期以后,随着各色料理的问世和餐饮业的兴盛,各类料理书刊也如雨后春笋般地纷纷登场,与这一时期的各色料理、料理屋和料理形式一起,构成了江户时期成熟的日本料理文化。

说起这一时期著名的日本料理,就不能避开"怀石料理"了。如今日本本土或是海外的日本料理店,每每有挂出"怀石料理"招牌的,也有的写作"会席料理"。无论是"会席料理"还是"怀石料理",如今都已经是典型的传统日本料理或者说是高级日本料理的代名词。其实,这两者之间原本是不同的，到了江户时代后期基本上合二为一，或者说人们已经不再对此细加区分了。"怀石料理"原本应该是"茶怀石料理"，与茶道的最后形成和发展有密切的关系。在小型茶会上，主人要为客人点几道菜，正式品茶之前为客人准备的饭菜就是"怀石料理"。而"怀石"两字则源于佛教，主要是禅宗的礼仪做法。镰仓时代，禅宗正式从中国传入日本，与此同时，禅院的清规和神僧的规诫也逐渐在日本的禅寺中确立。在饮食方面，过午不食几乎已经成了神僧们铁定的规矩。但有时从午后到深夜不断的修业念经，也常常使得有些僧人体力不支，难以维持。于是有些人便将事先烘热的石头放入怀中，以抵挡辘辘饥肠，这样的石头被称为"温石"。后来，寺院中的规矩渐有松懈，有人便制作轻便的食物临时充饥，这样素朴而简单的食物被称为"怀石"，大抵类同于点心，但更具有禅院的色彩。

六、从传统走向近代：明治、昭和时代

1867 年 10 月，江户幕府的第十五代将军德川庆喜在倒幕军队的逼迫下不得不将政权奉还给天皇，翌年的 1868 年改年号为明治"，明治时代的确立标志着日本近代大幕从此正式开启。明治政府实行对外开放政策，制定宪法，在政治、外交等各个领域进行改革，通过学习西欧各国的先进技术，提高日本的科技水平，进而带动经济发展。一系列的变革给日本人的饮食生活带来了很大的变化。这些变化主要表现在：第一，饮食内容的变化。其中最大的变化就是将肉类，尤其是以前完全禁食的牛肉、猪肉、鸡肉等全面引入日本人的饮食中。其他诸如奶制品、面包、葡萄酒、啤酒以及各种新型的蔬菜也陆续进入一般日本人的生活中。第二，烹饪方式的变化。原本日本没有的煎、炒、炖、烤以及大量来自西洋和中国的炊具，拓展和改变了日本人传统的烹调方式。第三，饮食方式的变化。日本人早先的独自分立、没有桌椅的用餐方式，逐渐改变为使用桌椅或是小矮桌的方式，并且也开始使用刀叉食用西餐。第四，调味料上的变化。食用油、辣椒、咖喱、奶酪、花椒、砂糖等以前使用不多或从不使用的调味料的普遍、大量地使用。

这一切变化的最终结果便是导致了日本饮食在内含上的丰富和外延上的扩展，而日本文化本身的积淀，也将外来的饮食逐渐地日本化，注入日本文化的因子，使得日本饮食文化在继承传统的基础上呈现出一个令人惊异的新画面。

七、战时与战后

1923 年关东大地震以后的 10 多年间是日本社会相对比较稳定的时期，国

内的经济和社会整体都处于相对向上的阶段，文化也比较繁荣。反映在饮食上，西洋和中国饮食的比例都在增加，都市的街上随处可见新开的咖啡馆和啤酒馆，舞厅和电影院也在相继增加，整个社会也在由传统逐渐向现代转型。但随着日本当局对外扩张的不断加剧和对内的逐步法西斯化，国民的战争负担日趋加重，食物的供应日益紧缺，往昔正常的民众生活也逐渐瓦解。直到 1945 年，日本民众生活日益艰难，全日本的民众都在这场由日本当局挑起的侵略战争中受尽了苦难。如果说 19 世纪 60 年代开始的明治时代至昭和初年基本完成了日本从前近代社会向近代社会的转型，那么 1945 年战败以后则意味着日本逐渐进入一个现代社会并最终确立了日本现代社会的模式。这一模式的确立并不意味着与传统的完全脱离，恰恰相反它是建立在日本文化的深厚积淀之上的，人们的价值观和审美意识在相当程度上依然延续着数千年的传统，尤其是室町时代以来的文化传统。反映在饮食文化上则是"和洋中"体系的最终形成。

随着日本经济的复苏和增长，大约从 1950 年开始，日本人的饮食也逐渐摆脱了战争期间和战后初期的艰难状态，不仅食物的供应恢复到了战前最好的水平，重新呈现出了昭和初年市面繁盛的景象。战后的日本政治和经济融入西方世界中，人们的生活方式也越来越西化，明治时代开始在日本登陆的西洋饮食在战后获得了空前的发展，各种最新的西洋消费方式也很快传到了日本，在这个过程中，面包、牛奶、汉堡包等大众化的西餐得到普及。尽管如此，米饭、大酱汤、腌萝卜干仍然是大多数日本人每天不可缺少的食物。

第二节　日本饮食文化的特征

日本是一个十分狭长的岛国，温暖多雨的气候环境使日本列岛植被茂盛，种类繁多，为鸟类和哺乳动物提供了良好的栖息环境，在日本的近海水域生活着三千八百多种海洋生物，大自然为生活在这里的人们提供了丰富的食物来源。

日本菜素有"五味五色五法菜肴"之称，概括了其特点。"五味"即酸、甜、苦、辣、咸；"五色"为白、黄、红、青、黑；"五法"乃生、煮、烤、炸、蒸。总之，日本菜是精工细作，一方面不失材料的原味；另一方面讲究色香味，注重春夏秋冬的季节感，注重材料的时令性。另外，盛菜时根据菜肴或季节选用颜色、形状、质地相宜的器皿。

日本地处欧亚大陆最东端的海上，它虽然面对太平洋，但在美洲大陆被发现之前日本列岛几乎没有受到来自太平洋彼岸的文明、文化的波及，日本列岛文明的形成、发展在历史上主要来自中国、朝鲜以及传入中国的印度、中亚、欧洲文明的影响。但是由于日本所处的特殊地理位置，这些文明在其传播过程中，受到了一定程度的阻断。与此同时，不同时期的统治者们对待异文化也采取了不同的态度，因此阻断与传播、抵触与接受、保守与进步、锁国与开放等相互对立的人文因素和日本列岛独有的自然环境因素交织在一起，影响着日本社会的方方面面，创造出今天独特的日本文化。今天的日本料理也同样是在上述环境中产生、发展而来的，它的一些特点，如：新鲜、清淡、精巧、俭约等，在日本的文学、建筑、戏剧等其他方面也可以看到，可以说它们是日本文化特征在人们日常生活中的展现。

根据对日本饮食的演进过程和完成于江户时代的日本传统饮食的考察，这里将其具有文化意味的特征归结为以下五个方面。

1. 讲究原汁原味，清淡鲜美

日本料理的特点自古便用"五味五色五法之菜"来表达，其主旨就是要保持食物原有的味道和形状，以体味食物原本的风味。"原"字体现了日本料理最重要的特色，倾注了料理师对食物原料全部的认知和情感。四面环海，由四千多个岛屿组成的日本列岛，气候温和，四季分明，有着得天独厚的新鲜海产，得以发展自己的海洋菜肴。存在决定意识，在菜肴的发展方向上也不例外，换言之，风土酿就菜系。同时，因为日本是岛国，加之资源缺乏，又无接壤之邻国，这一自然环境使其危机意识浓重，总怕遇有什么天灾人祸难以度过使日本民族灭绝，为此日本尽量不用或少用油烹制菜肴，久而久之发展为以清淡新鲜为主流的日本菜肴。

日本人口味清淡，料理以水产、牛肉、蔬菜为主，选料讲究，口感清爽，吃多了也没有油腻感，淡便是为了把原材料的原味充分的牵引出来。日本料理的一项特色是生食，为了追求原味鲜美，几乎任何食物都可以生食，其极致就是"活鱼料理"，刺身都用活鱼。为了追求原味的鲜美，日本料理讲究节令与食物的搭配，如春吃鲷鱼，初夏吃松鱼，盛夏吃鳗鱼，初秋吃鲭花鱼，深秋吃鲑鱼，冬天吃鲫鱼。为了不破坏料理的原味鲜美，日本料理中很特别的没有炒菜，只有炸的食品和煮的食品，炸制"天妇罗"的油脂以前多为芝麻油、棉籽油、豆油，现在多用花生油、色拉油，因为芝麻油、棉籽油、豆油的香味较浓，会影响原料的风味，而色拉油虽清淡，但香味不足，所以许多料理店都将芝麻油和色拉油混合使用。

2. 追求食物的季节感

日本人有很强的季节感。在古代贵族社会里，隔扇、屏风上画着的"大和绘"中出现最多的就是"月亚绘"和"四季绘了。由此可见，很久以前日本人已经开始重视季节了。因此，做料理用的材料和制作方法也与季节感有很大关系。日本料理的特点之一就是将"季节"巧妙地融入当中。例如：春天到了人们喜欢将蕨菜制作成"天妇罗"来食用，让五脏六腑都感受到春意的到来。还可以将当季的鲜花修饰在器皿周围，这样会使人们开胃。另外，日本料理是从自然中选取材料，大概只有白、黄、红、绿和黑色。这些自然色形成的组合创造出了日本料理的一种独特的美感。日本人实在太喜欢品味"季节"了。他们不仅仅用舌头吃东西，更加注重视觉的享受。如果所做的料理中透露不出季节感的话就令人失望了，就算味道鲜美也不会被人赞扬。

  为什么日本人如此重视"季节感"呢？那就要追溯到日本人的文化信仰了。日本是农耕国家，因此在日本社会中最重要的就是"祭祀"。在日本，民族宗教中的神灵并不像其他宗教样拥有人类的形态。在日本的神社中并没有供奉的神像，这与他们的传统信仰，也就是与"神道"有直接的关系。日本人认为万物有灵"，"神道"思想已经深入他们的骨髓，日本人之所以那么重视自然，与此应该有莫大的关联。《古事记传》中有叙述古代神灵的话：日本的神有贵神，也有贱神，有强神也有弱神，有善神也有恶神。这跟外国宗教所崇奉的佛、菩萨、圣人等有着根本的区别。不管是人、鸟兽还是山川、草木，抑或是其他，世间万物都是不普通的，任何事物都能成为被敬畏尊崇的对象，换言之就是"万物有灵"，不得不说这就是日本神灵的特点。与人类的日常生活息息相关的"蛇""鹿""狼""猿"等动物，"树木""岩石"等自然物，抑或是"镜子""刀剑""玉石"之类的人工制品都是有神力的，都会被看成是能与神对话的媒介，同时这些东西本身也是神灵。因此对于日本人来说，不管做任何事都要首先考虑保护自然，带着尊敬自然的心情生活，日本人把大自然当作神一样敬重。正是这个原因，他们对春夏秋冬有着不同寻常的感情，随着岁月的流逝季节感也渐渐融入他们的起居饮食上了。对于日本人来说，饮食中一旦失去季节感就没有任何意义了。

  3.追求食物的形与色

  对食物形与色的高度讲究是日本饮食文化的第三个特征。具体的体现，是餐食的盛装，日语中称之为"盛付"。将食物装盘时完全不注意它的形状和色彩搭配的民族大概是极少的，而像日本那样对此加以刻意讲究、并将此推向极致的民族大概也是极为罕见的。将食物的形与色置于如此重要的地位，可说是集中地体现了日本人的审美意识。

  日本料理的原则之一，是刀工胜于火工，刀工的好坏决定了料理是否精良，只有刀工完整，才能让某种食材装盘薄厚致，整齐划一。在日本，一个厨师水平的高低主要取决于两点：刀工和一双装菜的筷子。中国的各色菜谱在介绍各款菜肴的烹制方法之后，最后一句话差不多总是千篇一律的"出锅装盘"，而在日本的烹饪艺术中，将锅中做熟的食物直接倾倒在盘中几乎是难以想象的。什么样的食物选用什么样的食器，在碗碟中如何摆放，各种食物的色彩如何搭配，这在日本料理中往往比调味更重要。筷子的功能即在于此。

讲究"盛付"即装盘这种视觉上的美，原因之一是16世纪的战乱，当权者为了炫耀权势，特别注重颜色装饰，构图与配色，狩猎派的画风由此诞生。17世纪的宗达光琳画派更加注重颜色的装饰，从而从艺术的角度深刻影响了料理造型与色彩的形成。发展到18世纪，加入了茶道质朴风的影响逐渐形成带有禅宗风格的料理，色彩并不艳丽，但会有几许鲜艳的颜色，和谐而又引人入胜。

在好的日本料理屋里，面对摆放在桌上的各色料理，犹如欣赏一幅幅立体的绘画作品或是一件件精美的工艺摆设。

4.对食器和就餐环境的高度要求

日本料理中所使用的器具是极为讲究的。日本人把器具看作饮食的一部分，食器的形、色、材质种类繁多，虽然颜色质地都很简洁质朴，但却不失礼仪。与中国人在食器的材质上崇尚金银珠玉、色彩上喜好富华绚烂不同，日本人多用细腻的瓷器或是外貌古拙的陶器和纹理清晰的木器，色彩多为土黑、土黄、黄绿、石青和磁青，偶尔也有用亮黄和赭红来做点缀。会因不同的季节，不同的食材为不同的人来挑选器具。食具不会固定为一种形式，常有叶子状、瓦片状、蔬果状、菱形、六角形等在器具上描绘一丝波纹，几片红枫，风格素雅而简洁。筷子虽是从中国传入，但即使王公贵族也几乎不用金银或是象牙紫檀的材质，只是简素的白木筷而已。现在的高级料亭中依然如此，这里再一次体现出日本人的审美取向。

他们对器具的讲究，一是因为从中国传来的陶瓷技术不断发展；二是因为禅宗茶道艺术的不断渗透与影响。16世纪的古田织部（154—1615）设计出的器具强调不和谐的美，凹凸崎岖中发现质朴的美。由此，日式料理讲究的造型精美，颜色鲜明，加上考究的食器，形成了一场视觉饕餮盛宴。

对饮食环境的考究也反映了日本人在饮食文化的美学追求。茶道是禅宗表达的另一种艺术形式，茶道对环境的要求概括为四个字即"和敬清寂"，体现出"禅茶一体"的意境。茶道的园林设计，茶室的布局摆设，都围绕着"和"，营造出一个和谐安谧的氛围，也形成了闻名于世的枯山水风格。禅宗传达的清静淡雅之风，皆体现在一室的环境中。在室町初期中上阶层饮茶之风兴起，当时以"婆娑罗茶会"为代表的奢华的饮茶风气很讲究室内的环境，以后以"闲寂"为内在精神的"侘茶"虽然纠正了这些奢靡的风习，开创了简朴素雅的氛围,但这简朴素雅,其实也是刻意营造出来的,茶庭和茶室的构建都有非常烦琐的规矩。这种看似素朴实际却非常精致的嗜好,自然会影响到日后出现的料理店,尤其是料亭。在江户的末期和明治初期,日本的饮食环境已经颇为雅致了。如今的日本,经济已经相当发达,物质上的水平与当初自不可同日而语,但仍然鲜见屋宇宏大、楼堂相连的大餐厅,而更多的是那种小巧雅致的店家,对饮食环境整洁干净的追求则一如往昔。即便是地处偏远的小饭馆,也大抵都是窗明几净的。

5. 饮食生活中的节约观念

从古至今,日本人的饮食习惯一直都很朴素。节约观念被日本人认为是一种美德。江户时代下级武士把米饭和一个梅干作为自己的午餐,现在日本的工薪阶层也都很节约,午饭时间,在一些比较便宜的拉面馆门前总是能见到排着长队等候吃面的工薪族。到餐厅吃饭时,不管是高档有品位的西餐厅还是不起眼的小饭馆,日本人总是先点一些,不够用时再继续点餐,即使吃不完也会原样打包。从来见不到客人离开后餐桌上还有大量剩饭剩菜的情景。

另外一个节约的表现在于对鱼的利用,即充分利用鱼的每部分作为烹饪材料。日本人通常把鱼身中央的部分用来做生鱼片,鱼头和鱼尾用来做别的料理,鱼骨头则用来炖汤,整条鱼没有浪费一点。

日本的饮食融入了日本人的精神。日本料理的生冷特征表现出他们反文明的思想。比起世界其他各国,日本人更加崇拜自然,并珍视大自然。由此舍弃文明的日本人把他们的民族特性很好地展现出来。由这个特征可以看出日本人不易顺从的个性,没有进化的野性,还有反文明的内在思想。这些特征都深藏在日本人的内心之中。重视季节感是因为日本人热爱自然,除此之外就是人类的共性:都爱崇拜美的事物,日本人也是一样,他们把对美丽事物的喜爱埋藏在内心深处。从日本料理的食器中能够体验出日本人细腻的内心世界。食材食器的方便与相称是日本人在他们的饮食文化中永远不能停止的追求。日本人珍视自然所产生的反文明思想,热爱美丽事物,拥有细腻的内心等,这些都是日本民族的共同特性。这些特征共同造就了日本饮食的一种特别的美感。

日本饮食是把朴素自然的味觉与升华的文化结合起来,融入了自己民族的特性和精神的一种文化,这就是日本饮食的精髓。

总之,对于日本饮食文化来说,最重要的就是日本人细腻的感情以及对大自然热爱之心。他们经常把料理和自然界紧密地结合在一起。日本人在烹饪的时候一定会将材料切成适合入口食用的大小,从这种细腻地斟酌中可以看到日本人很为对方考虑。如此尊重人类的味觉、视觉与心灵,同样也是在细腻地考虑如何尊重大自然。日本饮食的美感并不在单纯的外表，而是深入内部。这种美源自大自然的规则，因此日本饮食文化之美应该归结为自然之美。

无论是那张小小的餐桌还是餐具，不管是烹调料理的人还是享受美食的人，它们都在创造着一种自己专属的饮食文化。

第三节 日本的酒文化

日本的造酒文化源于中国，日本的风土将其精练，并发展成现在的清酒。它的发展历程是不断总结经验、完善和追寻高质量原料的过程。

一、日本酒的源流

日本酒的酿造史已有近 2000 年，可以追溯到弥生时代中后期，当时稻作技术已传到日本。九州近畿地方就有用嘴咀嚼蒸煮过的稻米数分钟再吐到碗里发酵的咀嚼法（口啮酒）。虽然是很简单的工作，不过却只有巫女才有嚼制口啮酒的资格，可见酒在日本初现即和宗教有所关联。"清酒"一名最早出现在公元 400 年左右编成的《播磨国风土记》中，其中记载过早期日本酒的独特酿造法。其实日本的酿酒深受中国的影响，由"遣隋使"和"遣唐使"带回日本的中国文化中，酿酒便是其中之一。

而根据日本《古事记》记载，中国的酒曲先传到韩国，唐朝时再由韩国辗转传到日本，从此日本清酒原料中才加入了"麴"的成分。日本清酒在得到改良与进化的同时，嗜好清酒的日本民族逐渐将饮酒纳入了文化的范畴，形成了独特的酒文化。

公元 689 年，日本开始形成中央集权的大和政权，朝廷正式设立官内省"酒司"等机构，专司清酒之制造与研发，清酒的酿造体制至此完整。严格说起来，现在日本清酒的酿造法承袭了自公元 927 年所编撰的《延喜式》一书中所记载的方法，该书不仅明载当时的律法与宗教仪礼，也记载了十五种清酒的酿制法。《延喜式》所记载的酿造法，可以说是有正式完整记载流传下来最早的清酒酿制法，当年以《延喜式》酿造法所酿制之清酒，仅限于宗教仪式，一般平民百姓根本享受不到。

清酒变成平民化商品大概始于公元 1150 年，当时日本以促进都市化及商业繁荣为要务，酒是与米有相等经济价值的产品，因此朝廷准许民间酿酒及卖酒，以京都为中心的"居酒屋"也在此时兴盛了起来。不过民间卖酒的时间并不长久，随着政权由朝廷转到幕府，幕府与朝廷对酒的管理意见相左。公元 1252 年幕府下达了禁制令，破坏了所有的民间酒器，禁止清酒在民间贩售，日本造酒史称此事件为清酒发展的大倒退。清酒的禁制令大大阻碍了清酒的发展，不过这段时间日本人发现了以65度清酒低温杀菌的原理，这是清酒制造史上的一大突破。到了江户时代，政府开始允许民间酿酒，这一举措令清酒进入了一个新的发展时期。当时丰臣秀吉在京都建立"伏见城"，"伏见"成为江户时期的清酒酿制中心，现在日本人仍称"伏见地区"为"清酒的故乡"。

随着酿制清酒的放开，日本清酒在江户时代之后于技术上有了很大的进步。江户时代末期（约公元1840年），日本人首度发现水质对酒的好坏有极大的影响，兵库县西宫的泉水是一种富含高磷酸、碳酸钾、铁质及碳酸锰的硬水，这种水正是清酒的理想酿制用水，因此，直到现在为止，西宫市的"滩之宫水"仍旧是最理想的清酒酿制用水，兵库县从此变成与京都伏见地区分庭抗礼之清酒圣地。

明治时代首重富国强兵。酒的税收对当时的财政有很大影响，为了增加税收，明治维新时期下令没有执照的一般民众不准在家私自酿酒。清酒也是在明治时代首度外销。日本政府在接触西方科学之后，开始正视化学原理对制酒过程的重要性。1897年，日本微生物家兼化学家古在由直等人研发了第一种专供清酒发酵用的清酒酵母，让日本政府信心大振，因此于1904年设立大藏省酿造试验所，正式利用化学及微生物学的知识研发清酒的酿造。

科学让清酒在这个时期产生质与量的大飞跃，但是在第二次世界大战期间，日本清酒面临了空前的浩劫。战时的日本发生了米荒，日本政府于1944年下令，在生产清酒的过程中，皆需强制加入由废糖蜜所提炼出的酿酒用酒精以降低成本，由此使得清酒所具有的独特风味黯然失色。因此，日本老人称战时的清酒为"乱世之酒"，而夸赞原来纯正的清酒为"太平之酒"。

如今，日本的清酒已经逐渐恢复到原来的品质，但不添加酒精而用纯米酿造的清酒已经弥足珍贵。

二、日本人和日本酒

有一种说法，酒是日本社会的润滑剂。日本人爱喝酒这似乎已成为定论，日本人常说他们的生活离不开酒，就像机器离不开润滑油一样，日本人缺了酒也会反应迟钝，甚至无法运转。

现在的日本酒一般称之为清酒。至于为什么日本人把日本酒称为清酒，说法很多。从字面来看，清乃是浊的反义词，日本确实也有浊酒，定名清酒是为从透明程度上与浊酒相区分但抑或清字所内含的清冽、纯洁、透明的意义更为日本人所钟爱。据说日本人最喜欢使用的十个字中，清字就占有一席。

日本独有的茶道，就以和、敬、清、寂为其宗旨。日本的国技相扑中力士们比赛前总要撒几把盐，其目的是为了洁身，如此等。由此看来，日本人将他们酷爱的日本酒定名为清酒也就不难理解了。

　　日本人爱喝酒。除了逢年过节，家人团聚要喝酒外，日常生活中也常常离不开酒。一到快下班时，就会有人建议"怎么样？来一杯！"，有的人甚至在嘴边打个手势，对方就心领神会了。于是大家三五成群地走进街头的小酒铺，开怀痛饮起来。在年末的"忘年会"和年初的"新年会"上，酒是少不了的，有同事调出、退休、新职员调进等也都要聚会喝酒，甚至找不出什么理由时，也要小聚喝酒居酒屋"是人们最经常去的小酒馆。说起日本的"居酒屋"，不用说初到日本的中国人，就连来自欧美的那些高消费国家的美国人和西欧人都会为其星罗棋布般地遍及城市乡村而感到惊讶不已。一到城市的闹市区，"居酒屋"一家连着一家，日本人如同鱼儿离不开水一样离不开"居酒屋"，日本人或许是世界上最喜欢喝酒的民族。这里所说的"居酒屋"不是酒店的名称，而是日本式的酒店的通称。其中有一些还是连锁店，比如"天狗""北之家族""庄屋"等，其店铺遍布全国各地。各种居酒屋的风格虽然略有不同，但多是粗木桌椅，布置得像乡村酒店的格局。

　　跨进店门，老板的吆喝声、客人们旁若无人的谈笑声顿时会充斥于耳。这种热气腾腾、喧闹非凡的场面与白日里的公司办公室形成鲜明对照。到了这种"居酒屋"，日本人平日里的斯文劲顿时抛到九霄云外，谈笑风生者有之，醉酒失态者有之。这里，人与人之间绝对平等，上司与下级、前辈与晚辈都统统是"居酒屋"以外的事，这里只有男人与男人，人们当然无需顾忌什么。无怪乎日本男人那么爱上"居酒屋"喝酒，在这里他们能忘记一天的疲劳，消解工作带来的紧张。

　　居酒屋的菜肴也比较简单，却经济实惠，供应的酒类主要是啤酒和日本酒。店里的服务生给你摆碗筷时，不用你吩咐就会先放上一小碗酒菜。有时是腌鱿鱼，有时是腌咸菜，种类繁多。各种居酒屋的菜谱虽然不同，但基本上都是以鱼虾肉类和蔬菜为材料。生鱼片当然是必不可少的，还有炸大虾、烤干鱼、煎牛肉以及洋式沙拉等。近年来，中国风味菜也很受欢迎。

　　如果要的是清酒之类的日本酒的话，服务员就会把酒装在德利"中端上来。"德利"是陶瓷制的酒瓶。"居酒屋"的德利往往是粗陶的，外形粗犷，与"居酒屋"的气氛很相配。喝酒用的酒盅形状与中国的差不多，但稍微大一点儿。日本的清酒，中国人喝起来可能会觉得比较清淡，因为只有十五六度。但是这种以大米为原料的日本酒却有一种稻米的香气，特别是烫过的酒，更是清香扑鼻。不过也有人喜欢喝不加热或冰镇的酒。

日语里也有"干杯"这个词，发音与汉语相差无几。日本人说"干杯"时，并非把杯子里的酒喝干，相当于中国人的碰杯。日本人的干杯叫作"一气"，大概是"一起喝完"的意思吧。而且不是大家一块儿"一气"，而是大家起哄让一个人"一气"，别人在旁边鼓掌助兴。

　　当喝到"德利"见底、杯盘狼藉之后，人们就起身埋单。日本人往往不在一家店泡很长时间，一般以两个钟头左右为限。因为即使喝得晕头涨脑，日本人也会想到还有人在等着入座，而且他们也知道这种便宜的酒店就是靠顾客周转率来维持经营的。

　　没有尽兴的人就会踱入第二家、甚至第三家再接着喝。这在日语里叫"二次会""三次会"。因为有些酒店是通宵营业的，到了周末，有人会喝到"四次会"，直到天明，才晕头转向地摸到车站坐头班车回家。喝酒缺少节制，也就使日本出现了醉鬼多的社会现象。每当晚上十点过后，在公路边、站台上、列车里，喝得东倒西歪的人就多起来了。他们虽然都穿着西装、拎着公文包，却旁若无人、嘴里念念有词，有的甚至昏睡不醒，连车过了站都不知道，直到终点站才被列车员赶出车厢。大概在一醉方休这一点上，中日之间是没有什么差别的。

　　在日本，除了酒铺，各超级市场、副食品店等都可以买到酒。此外，遍布大街小巷的酒类自动售货机也出售各种酒。在日本经常可以看到这样的画面：几个日本人围着自动售酒机，手拿易拉罐，三五成群，热热闹闹地站着喝酒，就像美国人围着售货机喝可口可乐一样。

三、林林总总话清酒

　　正如日本酒叫"清酒"一样，日本民族的酒是一种清冽、醇美、明澈、透亮的佳酿，以米、水等为原料，将其发酵过滤之后而制成的酒，酒精成分百分之十五至十六，糖分百分之三至四，呈微酸，口味丰润。日本酒有着一种特有的香味，酒色呈淡琥珀色，浓郁透亮。至于品味方法，多数人喜欢温热之后再饮。热酒方法是先把酒倒入"德利"内，然后把容器放进开水之中温热。酒温在50℃—52℃时，称之为"烫酒"，42℃—43℃时谓之"中温酒"，38℃—40℃时叫"低温酒"，品饮时将酒注入陶制的酒盅里。近来也有不少人把酒放进冰箱里冰镇之后再注入玻璃杯中饮用。

　　现在日本的清酒，根据其原料和制造法以及1990年日本政府颁布的《清酒的制法品质表示标准》，大致可分为两大类，一类是"特定名称的清酒"，另一类是"特定名称以外的清酒"。第一大类的酒再加以细分，则有吟酿酒、纯米酒和本酿造酒三类。第一大类一般称之为高级酒。第二大类加以细分，还可分为加入酒精后使其增量的酒精添加酒和除酒精之外再加入其他调味液（如葡萄糖、饴糖以及乳酸、谷氨酸等混合在一起的物质）的增酿酒两类。增酿酒目前没有单独销售，它必须与其他酒类掺合在一起才可作为商品上市，目前这一类的酒主要是将用蒸米、酒曲和水酿成的纯米酒再加入酒精和调味液使其量增加三倍，也就是说是一种调和而成的酒。第二大类一般称之为普通酒。现在全日本的酿酒作坊或酿酒厂大约有近两千家，这些厂家大致可以分成两大类：一类是全国性的大酒厂，规模比较大，设备比较先进，生产的清酒面向日本全国市场，每家的产品种类大约有十几种，因为有营销策划和广告宣传，至少有几种知名度很高。比如：宝酒造株式会社生产的"松竹梅"，于大正九年（1920年）问世，被誉为酒中精品；还有菊正宗株式会社酿造的菊正宗系列清酒，在日本闻名遐迩，也是高级清酒的代名词；此外，总部位于京都伏见区的黄樱酒造株式会社生产的黄樱系列的各类清酒，在日本也广受好评。除了这类著名的大酒厂之外，日本更多的是一些中小规模企业，差不多各地都有，口碑较好的大多集中在东北地区（南部杜氏）、新潟县（越后杜氏）、京都和神户一带（丹波杜氏）等。这些地区生产的清酒般被称为"地酒"。生产的量不是很多，一般的酒店或超市未必有售，但都有各自的风格和独特的风味，真正会品酒的人往往对这些"地酒"感兴趣，各地的居酒屋也大都以这些"地酒"为卖点。这里列举几种各地口碑比较不错的"地酒"：秋田酒类制造出品的纯米酒"高清水"，这款酒最大限度地体现出了上等稻米的清香，口味柔和，入口清爽；新潟县菊水酒造出品的有机纯米吟酿"菊水"，这款酒选用有机大米酿造，很少酸味，为好酒者所喜爱；富山县立山酒造出品的纯米大吟酿"雨晴"，这款酒入口清爽，回味甘醇，具有令人陶醉的酒香；长野县舞姬酒造出品的"舞姬"，从酒的名字就令人联想到明治时期的文学家森鸥外写的小说《舞姬》，此款酒酿造的时间比较长，酒香也就更加绵长隽永，经得起仔细的品味；岐阜县千代菊出品的纯米吟酿"藏人气质"，"藏人"在日文中是酿酒者的意思，此酒酒味大气而细腻。

日本各地大抵都有佳酿，日本的酿酒人也大都敬业，对于技术往往是精益求精，不断改良，加之有各种比较权威的评酒机构，促进了好酒的涌现。

日本清酒是典型的日本文化，在日本，每年成人节（元月15日），日本年满20周岁的男男女女都穿上华丽庄重的服饰，所谓男穿吴服，女穿和服，与一些同龄好友共赴神社祭拜，然后饮上一杯淡淡的清酒（据日本法律规定不到成年不能饮酒），在神社前合照一张饮酒的照片。此节日的程序一直延至今日不改，由此可见清酒在日本人心目中的地位。

四、烧酎（烧酒）

烧酎的历史虽然没有清酒那么悠久，但仍可以看作是日本两大传统酒类之一。清酒很适合正规礼节的宴会，而烧酒却比较适合于轻松愉快的场合。就如同中国的绍兴黄酒和白酒的差异一样，虽然同属谷物酒，但清酒是酿造酒，而烧酎是蒸馏酒，制作工艺不同，制成的酒在酒精度数和口味上也有极大的差别。就全世界而言，蒸馏酒技术的出现以及成熟要晚于酿造酒。根据现有的文献和实际情况来判断，蒸馏酒传入日本的途径，应该是来自南方的琉球群岛。日本最早制作和盛行蒸馏酒，也就是烧酎的地区是紧邻琉球群岛的鹿儿岛周边的九州南部，以后慢慢向北部传播，但是进入本州，尤其是关东、关西带则是在进入江户时代以后了。到了明治时期以后，自西方传来了一项比较先进的蒸馏技术，使烧酎的产量大大增加。在鹿儿岛，如果提到"酒"，不言而喻指的是烧酎，当地人对烧酎深爱不已，举杯多为烧酎。大致说来，现在日本的烧酎按原料而言可分为如下几种：

1. 泡盛

泡盛的产地在冲绳，原来是舶来品，冲绳本地原本并无"泡盛"的名称，只是叫烧酒，传到九州后，萨摩藩主为了区分本地的烧酒和外来的烧酒，便命名为"泡盛"。泡盛可谓是日本烧酒的祖宗。

2. 甘薯烧酎

主要制造地为鹿儿岛县、宫崎县和隶属东京都的距离本州颇远的伊豆群岛。

3. 米烧酎

最初的烧酎都是用稻米制作的，因而历史也是最为悠久的。由于日本绝大部分地区都产稻米，所以米烧酎全国都有制造，其中以熊本县球磨地方产的比较著名。

4. 麦烧酎

最初用麦做原料制作烧酎的是地处日本西北的小岛壹岐。明治初年，当地农民将多余的小麦用蒸馏的方式来造酒，于是诞生了麦烧酎。

此外，还有用荞麦、黑糖为原料制造的烧酎，前者1970年诞生于日本宫崎县，后者则出产于早年以榨制黑糖出名的奄美大岛。

烧酎的酒精度一般在25℃—40℃之间，且以25℃—35℃者居多，以中国人的眼光而论，连低度白酒都有点不够格，酒精度数比威士忌还低。但即便如此，在日本几乎没有人直接饮用。一般必须兑水，冷热均有，配兑的比例因人而异。就像清酒一样，日本各地，尤其是在九州，有不少专门品尝烧酎的居酒屋。酒是大自然赐予人类的礼物，既是天地的造化，又是人类酿造的液态艺术。自问世之始，酒就伴随着人类的文明走上了文化的旅程，与人的精神生活结下了不解之缘。任何民族都有自己的酒文化，它让每一个民族为其自豪，它给每一个民族带来憧憬，每一个民族都用浓郁的亲情和神秘的浪漫源源不断地谱写着本民族的酒文化史。酒在日本产生以来，经历了复杂的演变过程，如今的日本，酒已经进入普通百姓的日常生活。在其发展演变的过程中，日本社会形成了独具特色的酒文化模式及其社交礼仪，酒文化作为一种特殊的文化形式，在传统的日本文化中有其独特的地位，几乎渗透到社会生活中的各个领域。

第七章 日本的文化战略

第一节 日本文化战略概述

日本政府于 2010 年提出文化产业大国战略，也就是"酷日本"战略。战略中提出主要抓好几方面的建设，包括要尽力拓宽融资渠道，加大国际业务份量，提高技术革新、合作效益，广纳贤才等。同时提出了促进海外扩张，在投融资、税制、保险等方面加大支持力度。下文从两个大的方面进行论述。

一、日本文化产业大国战略的政策内容

日本在推进文化产业战略的时候，首先非常重视的一点便是重新认识自己并重新评估"日本魅力"。此外，从文化产业的发展角度来看，日本的经济利益与通过吸引其他国家的软实力外交也是息息相关的。日本在《文化产业大国战略》一文中强调："日本应加强与新兴国家的竞争，减少对国内需求不断恶化行业的投资。在目前日本经济衰退非常严重的情况下，可以不再依赖日本传统的产业和经济模式，而改由大规模生产、大众消费和成本优势参与竞争，这样日本才能永远生存。目前日本在全球范围内寻找的与生活和文化相关产业的市场有望迅速扩大，主要集中在新兴亚洲国家，市场规模 2020 年在全球将超过 90 万亿日元。在这种情况下，日本应该促进日本文化产业大国战略的发展，提升日本文化和生活方式的吸引力（食品、时装、生活方式以及各种相关产业，如动画、戏剧、游戏、电影、音乐和旅游业）并转换成附加价值（建立一种机制，将文化融入产业），并创造新的增长产业，从而为中小企业和青年人准备就业机会。"

因此日本文化产业大国战略可总结定义为："日本政府通过本国文化产业的对外输出，来达到提高国家的经济利益和政治利益，为加深受众国对日本文化的了解而制定的一套对外文化交流和宣传的战略。"日本的流行文化和生活方式（日本时装、饮食、动画、日用品、传统工艺等）在国际社会中虽然

受到了广泛好评,也备受推崇。然而日本并没有成为文化产业大国。因此,日本政府必须将文化资源与最新的技术发展和社会发展联系起来,才有可能保持文化产业长久的生命力。在《日本文化产业大国战略》及相关的政策文件中,日本政府提出了许多实践性的政策,本文概括为以下几个主要方面。

1. 打造人才的全球化

日本正在逐步推进支撑创造性产业人才全球化的战略。为了吸引国际型人才,日本政府为外国创作者安排了必需的临时居住资格。同时,与新加坡、印度、中国香港等亚洲国家和地区协作,为创作者提供发展空间。与亚洲的创作者、设计师互相交流,扩大与亚洲、大洋洲的大学及早稻田大学留学生的联合网络。为了让日本的对外交流能尽可能地跨越语言障碍,日本同时在国外开设了很多口语教育机构,派遣日本教师到国外教学,并鼓励大量外国学生到日本留学,使这些留学生成为日后日本与各国交流的传播使者。

2. 在国外开展项目

目前日本在国外开展的项目范围较广,现代企业、分销业联手对流行、饮食、居住、地域产品、传统工艺品等领域的产品进行打造,并将这些领域的产品作为日本海外展项目的主要商品。

日本构筑了进入新加坡中小服饰品牌营销平台,并迎合了消费者对日本流行话题的需求,同时日本还构筑了现代华侨零售商网络,将东北作为饮食关联产业中心并联合新加坡快餐,开设 antenna shop,构筑日本新的饮食品牌。对隐藏大量潜在增长力的印度市场,日本的流行商品、饮食、玩具、文具与印度联合力量相结合,确定了新的日本品牌。2012 年在召开日印建交 60 周年会议时,作为纪念活动的其中一环,日本将登场的动画人物作为日本综合商品展览会的中心。并根据青年创作者的鉴别来评选日本各地的设计产品。此外,日本在巴黎边制作主题边展开销路和试行销售的同时,在国内也销售《365 日 Charming Everyday Things》。伴随着未来型工艺产品的发展,日本将传统工艺分级打造成奢侈品牌,联合最尖端的创作者和美术家,将品牌进行推广,在国内外用当地的出售方式开展前所未有的独特创意,这些着实让世界震惊。

3. 建立相应的机制,实现利润的最大化

日本的计划是获取全球 8 万亿—11 万亿日元的市场,那么如何达到这个目标,日本政府认为应该从以下三个阶段进行调整:首先是广泛宣传文化产业,如通过国外媒体为海外消费者创建一个具有日本热潮的日本原产时尚、食品和旅游业项目。其次是创建一个本地的机制,通过产品销售和提供服务来获得利润，如商店、EC、电视购物等分销项目。再次是在日本建立宣传机制，邀请日本的追随者"meccas"在国外促进消费。

4. 提供足够的风险金——内容基金和创造性基金

"酷日本"的日本电影、动画片、游戏、书籍等受到了国外的高度评价，不过，出口国外的比率仅占5%，没有满足近年来亚洲各国增长的需求。与此同时，美国文化产业的国外出口比率为17.8%，约为日本的3倍，而且出口产业中家用游戏软件的销售额占97%以上。为了进入包括亚洲各国在内的全球市场以及美国电影市场，日本把Gateway作为发展的近路。产业革新机构由100%出资的新公司开始提供足够的基金。

5. 国家政府扮演重要角色，进行必要的战略部署

政府作为国家的领导机构，应该发挥重要的决策功能，为海外的经济扩张进行必要的战略部署。这包括以下几个方面的考量：一是由于股份位居全国重要位置，各部委和机构应合二为一整体开展合作，如加强战略合作，吸引更多的游客并出口日本食品等；二是全面引进日本品牌，文化和生活方式；三是创建一个新的孵化体系，联合中小企业、全球主管人力资源以及提供公共和私人风险货币；四是制定共同的基础设施，如确保当地的广播及分销网络；五是与其他行政服务公司合作，打击盗版和非法传播，放宽入境规定的有关外国政府的需求，支持内容产业本地化，由日本贸易振兴机构提供市场信息，并制定相关的法律和会计程序。

二、日本文化产业大国战略的特点

如今日本的文化产业已经十分发达，2000年度电影和音乐的创收分别列世界第二位。日本业已成为世界游戏软件的第生产大国，其中家用游戏机硬件约占世界的90%，软件约占世界的50%以上。2001年度游戏产业的总产值还突破了1万亿日元。日本的文化产业已经具备以下几个特点。

1. 企业广泛参与文化产业建设

日本文化产业一个突出的特点是企业的广泛参与，无论是大企业还是小企业，其热情都较高。活动的方式有很多，如举办有企业赞助的大型文化交流活动，成立不同级别和不同功能的文化艺术协会（已经有16个府县成立了文化艺术协会等相关组织）。

企业对文化艺术协会的支援作用也不可小视。2001年5月，朝日新闻社文化财团颁发了企业社会贡献奖。日本富士施乐公司获得了2001年度大奖。除富士施乐公司外，综合评价较高的公司还有：朝日啤酒公司、伊藤洋华堂公司、资生堂、电送公司、松下电器产业公司等。

2. 广告业的发展较为完善

广告公司为客户提供优质服务本质上是商业行为，但很多却都与文化产业的发展密切相关。从某种意义上说，广告公司所从事的就是与文化相关的经营活动。日本最大的广告公司是电通公司，它的营业额占日本整个广告营业额的 20% 以上。除了提供优质的广告服务外，电通公司还会举办音乐会和文物展览，参与电影、电视的拍摄制作等。日本的广告公司之所以办得如此成功，是因为它的主要业务都是通过广告媒介展开的，这些广告媒介包括报纸、杂志、广播、电视、文化体育等大型活动。

3. 完善的经纪体系

日本的艺人一般都有自己的经纪人，并属于相关的公司，其业务的开展都是委托经纪公司、经纪人、律师来操作的。一旦出现违约问题，这些经纪人或委托律师可以作为其全权代表解决相关问题。演员和歌手经纪人则不仅要起到培养演员和歌手的作用，还要培育良好的演出市场，使大家都能循规蹈矩地从事文化艺术生产。

4. 注重举办冠以"年"为主题的大型文化活动

近年来，日本注重举办冠以"年"为主题的大型文化活动，是文化产业的一个显著特点。1998 年在法国举办"日本年"，1999 年在德国举办日本年"，2001 年在英国举办"日本年"。同时，作为双方对等活动，1998 年，日本举办了"法国年"，2001 年又举办了"意大利年"。这些以文化活动为主的大型活动，动员了许多观众，取得了巨大的经济效益。2012 年，为庆祝中日邦交正常化 40 周年分别在对象国成功举办了"中国文化年"和"日本文化年"。日本还注重积极参与大型文化活动。2001 年举办的横滨美术三年展，有 38 个国家 109 名画家参展。此次活动是由国际交流基金、朝日新闻社、日本放送协会和横滨市共同主办。对这类大型的活动，日本电视报社广为报道，观众纷纷前来，获得的社会和经济效益十分明显。

第二节 日本文化战略的措施与成果

一、日本文化战略的措施

文化产业战略的实施措施是达到其战略目标的具体方法和保证。政府为达到此目标，对措施的实行必须从宏观到微观都要全面考量。本文作者总结概括相关政策文件及文献，认为日本采取了以下六个方面的措施来保障其战略目标的实现。

1. 制定国策，确定文化产业的发展方向

从"军事立国"到"经济立国"，最终落脚在"文化立国"，这是日本自明治维新以来立国战略的发展轨迹，其变化的原因与日本自然地理环境、人文社会环境及当时内政外交环境有关。

明治维新到"二战"结束，日本狂热迷信军事兴国，军国主义思想蔓延朝野，提出"军事立国"战略，后以可耻的失败告终；"二战"到 20 世纪七八十年代，由于战败，极力奉行实业救国，并在战后满目疮痍的废墟上，创造了世界经济奇迹，这就是他们的"经济立国"战略；从 20 世纪后期，日本环境与资源越来越成为制约其经济发展的瓶颈，必须重新考虑新的增长方式了。日本学者日下公人认为日本的产业结构应该以最终需求为目的而文化产业恰恰是最终需求产业中最重要的组成部分之一，日本开始转向"文化立国"发展战略。该战略认为要创造出新的文化必须以人为主，用我们人的智慧去发掘资源、开辟市场、创造新的文化领域，从而创造出更多的经济价值。

2001 年日本政府提出了《全力打造知识产权立国战略》，2003 年又制定了《观光立国战略》。这些战略的制定，为日本的文化产业大国战略指明了方向，为日本进一步制定相关政策、法规奠定了基础立法施政，为文化产业发展提供可靠的依据。2000 年前后，《形成高度情报通信网络社会基本法》在日本国会通过。该法律是包括"总则""基本方针""'战略本部""重点计划"的完整大法。其实施的基本原则是：首先开展内容丰富的网络智能，提高网络工作人员的能力，并加强两者之间的密切联系，促进互联网业务的发展。其次是提高公共管理信息的多元化，提高服务质量、效率和透明度，并以此来确保信息的准确、安全。此外还要求加强与国外的联系，为国际的协调做出贡献。

日本国会于 2001 年 1 月 30 日通过了《振兴文化艺术基本法》，并于 2001 年 12 月 7 日实施。该法规促进了文艺活动者自主开展活动，并全面推进振兴文艺的政策实施。2003 年 3 月，日本内阁政府依据《形成高度情报通信网络社会基本法》以及 2001 年通过的《振兴文化艺术基本法》，组建"知识财富战略部"，通过了"知识产业推进计划"。经国会批准的《关于促进创造、保护及应用文化产业的法律案》最终于 2004 年 5 月获得了通过。

这些法律法规的制定实施，为日本文化产业的发展提供了有力依据，规范了具体行为，保护和支持了日本文化产业的发展。

2. 通过行政指导引领文化产业发展

行政指导是指政府通过行政主管机构提出劝告、建议、要求、警告、指导等行政裁决的行为。它以相关法规法令为依据促使企业实现政府意图。

为了指导文化产业的发展计划，日本政府通常的做法是研究国内外经济技术的特点以及变化规律，根据国内外经济技术的特点，对包括文化产业在内的新型产业实行更多的扶持。其方式包括信贷、财政补贴、税收优惠等，促使其快速地建立和发展。促进发展也是政府对文化产业进行"行政指导"的有力手段，在日本形成了中央政府推动地方政府和民间一起投入的机制。

3. 政府设置"产学研""产官学"的协作机制

日本政府的文化管理权利在经济产业省和文部省。经济产业省对相关的情报、信息进行调研，提出文化产业政策的课题，并负责有关规划课题的研究。2000年后，教育部也开始关注文化产业的发展，研究和建立文化产业的年度统计系统。日本政府在规划文化信息产业运行中，主要采用的是"产学研"协作体制。这种"官民合作研究"机制可以将有限的技术人员和研究经费集中在一起，并促进科技创新、增加科研成果转化率和实现产业化，对节约重要的科研经费和宝贵的时间具有非常重要的意义。

日本在文化产业的发展过程中，成功地利用"产官学"模式。该模式特点是企业与政府、科研机构联合，一起协作参与文化产业的发展。这种模式整合了三者的长处，效益较高。如政府能为企业提供政策支持，科研机构能为企业提供信息支持。

4. 政府开始建立完善的配套服务

为帮助文化产业发展，政府在文化产业的配套服务方面做出了许多努力来建立服务体制。政府对知识产权的保护主要体现在法律法规的制定和执行上。2003年7月"知识财富战略本部"制订了详细的"知识产业推进计划"，强调要保护知识性、创造性的文化产业。为了加强对动漫版权的统筹管理，同时还成立了全国性的"动漫产权市场化实行委员会"。

为了支援地区性文化活动，政府积极制定了大量不同的规划，提高民众文化活动水平，如为民间艺术团体提供资金和活动场地、举办全国性文化节等。

5. 政府组织并实施面向全球的日本文化推广计划

日本政府面向全球的日本文化推广计划主要通过以下几个方面组织并实施：一是通过日本基金会在全球范围内推广日语教学。首先，直接把外国教师请到日本，让他们参加日语免费培训课程。其次，广泛地在其他国家成立日语中心，培训日语老师，传播日本文化。二是充分利用日本国内的各种大型活动，宣传和推广日本文化。这些大型活动包括大型的国际文艺演出、多国文化艺术交流、政府或企业开展的大型展览交流活动等。在这些大型平台上，日本广泛宣传其多样化的文化产业，如动漫文化、饮食文化、建筑文化、温泉文化等。

为了加强日本的"文化输出",日本政府还采取了一系列有效措施,包括增加国际文化基金数额,在各国设立并大量扩充日本文化研究机构和文化交流设施,给东南亚国家赠送大量书籍等。

6. 鼓励和增加本民众的文化消费

文化消费是推动文化产业发展的力量。为鼓励民众文化消费,日本还采用其他很多方法,如:动员大明星举办多场大型演出会;让音像出版、电影电视及图书出版联手经营;邀请国外专业演员赴日访问演出;引进国外先进文化设备(东京迪士尼乐园是较典型代表);鼓励报社经营主要业务的时候,举办各种文化活动,提高自身的影响力,提高读者兴趣和水平。这些方法大多取得较明显的效果。为了促进文化和教育市场的发展,日本采取了"终身教育"的形式来促使人们关注更多的文化活动,学习更多的文化知识。日本政府建造了各种文化和娱乐中心,举办了各类有趣的讲座,努力扩大企业的市场规模,增加公共支出,同时,加强年轻人之间的交流,提高青年对日本文化的兴趣。如今的娱乐市场总规模达 2 万亿日元

二、日本文化产业大国战略的实施成果

(一)日本文化产业大国战略的实施成果

1. 总体成果

日本文化产业获取了巨大的经济利益,受到多国的认可。日本文化产业统称为娱乐观光业,包括与文化相关的所有产业。日本历届政府都十分重视文化产业,至今文化产业已成为日本经济第二大支柱产业。2002 年其文化产业市场规模达 85.057 万亿日元,约为国内生产总值的 17%。据日本电脑娱乐协会报道,日本电子游戏发展和增长超过了唱片业和电影业的规模。根据 2002 年 7 月发布的"白皮书"中的统计显示,日本的电子游戏业成为最赚钱的行业,其游戏硬件的销售额为 6134 亿日元,居世界第一。日本动画收入(包括影院、电视销售和租金)在 2002 年达到了 1500 亿日元,而日本电影业的年度国内分销收入为 2000 亿日元。日本内阁政府的知识产权战略部在 2005 年发表的报告《促进日本品牌战略》中,呼吁日本国民要大力向世界推广日本的"魅力"以增强日本的"软权利",从而提高日本的国际地位。日本的餐饮业积极响应政府的"软权利"战略,希望作为试点,让生鱼片和寿司及日本料理走出国门,成为比肩中国美食和法国美食的烹饪文化。

日本举办的许多大型文化交流活动的资金都是通过企业、公司的赞助来

完成的。如 2001 年的"意大利年"活动，共计 60 多家日本与意大利的公司和企业参加。在这一系列的商贸和文化活动中，企业的赞助功不可没，同时活动也达到了很好的经济文化双赢的结果。

日本文化产业化的程度高且总量规模大，同时其市场普遍比较规范，这足以表明它已经拥有了完备且成熟的市场体系，如广告市场、文化经纪市场等，这有力地促进了日本文化产业的进一步持续发展。日本的广告业是相当完善发达的。日本的电通公司是目前世界上最大的广告公司。据统计，2000 年日本全年广告总收入 61102 亿日元，而电通公司就占 242% 份额。

2. 主要成果——动漫产业的蓬勃发展

日本是世界上最大的动漫制作国和输出国，素有"动漫王国"之称。目前全世界有 60% 以上的动漫产自日本，在欧洲这个比例更高，达到 80% 以上。日本国民喜爱漫画，漫画文化有非常广泛的观众群。据日本三菱研究所的调查，在日本约 87% 的人喜欢看卡通片，全国一共有 430 多家动画制作公司，有许多国际顶级的漫画家和动画导演及大量辛勤工作在第一线的动画制作者。电视和网络媒体的普及发展为推动日本动漫市场的发展和文化市场的提高奠定了坚实的基础，并使风靡世界的日本动漫越来越出色。

目前，日本动漫产业是日本的第三大产业，年收入已经达到了 230 万亿日元，动漫行业的市场份额超过日本国内生产总值十几个百分点。日本动漫产业在国际市场取得如此骄人的成绩，其主要原因在于不断开拓发展动漫产业以及与之相关产业的市场。

根据"中国大学生最喜爱的动漫作品调查"统计，日本作品占 8267%，欧美作品占 8.8%，中国作品占 8.53%。从全国调查结果来看，日本动漫作品的影响力在中国当代大学生中占有无可争议的绝对优势，TOP10 的作品全部为日本动漫。日本动漫还带动了游戏软件产业、出版业、数字电视等产业的发展。日本游戏软件业的迅速发展，可以说大部分是站在动漫产业的高起点上发展的。近几年的数据显示，日本虽然国土面积狭小，却独享了整个亚洲游戏业所创造利润的 90%，并以亚洲游戏产业代表的身份自居，与整个欧美游戏产业分庭抗礼，这一成绩从根本上讲就是市场定位的成功。日本的音乐大都很难走出国门，但唯一一个例外便是动漫音乐，这显然是受到了日本动漫的影响，体现的是日本动漫产业的辐射力。在书籍销量方面，日本世界排名第二。据相关部门 2016 年的统计显示，日本一年的出版书籍大约为 60 亿册，其中漫画期刊就超过总体的 30%，而从销售的数量计算，则占到总数的 50% 以上。日本在游戏软件领域，已经是当之无愧的世界第一生产大国了。20 世纪 60 年代开始就开设了大量的街边游戏机厅，20 世纪 70 年代又普及了家庭游戏机，到20世纪8090年代又开发了掌上游戏机，日本始终引领游戏机发展方向，并把电子游戏这一娱乐产业培育成"摇钱树"。

在日本，兼营软硬件的游戏制造商只有任天堂和索尼两家，但却在世界上占有绝大多数的市场份额，并在海外设立了当地法人从事销售业务。软件专营制造商中的大型企业也在海外设立了当地法人，销售自我品牌的软件。没有在海外设立当地法人的软件制造商，通过向拥有海外基地的软件专营制造商或软硬件兼营制造商销售权利以及委托进行商品化，从而获得相应的收益。软件专营制造商或软硬件兼营制造商的海外当地法人，是通过批发商或直销方式将商品提供给大型零售店。过去在软件开发方面，往往是将为日本市场开发的作品原封不动地变成海外版，但随着市场规模的扩大和用户群的多样化，为迎合日本、北美和欧洲等各地区用户的喜好，也逐渐开始采用在世界各地同时开发的模式。

日本动漫盛行的原因主要有以下几点：一是动漫的直观效果适应日本快节奏生活。在竞争激烈的日本，每天都在上演快鱼吃慢鱼的故事，因而每个人都必须学会快速地学习、高效率地工作，养成快人一步的竞争意识。即使是娱乐活动，也喜欢消费直接的快餐文化，不愿做慢慢的、深层次的思考，甚至是不爱看文字。而动漫正好具有形象、直接、生动的特点，省却了读者阅读的"麻烦"，结果是小孩和成人都很喜欢。二是丰富多彩的现代动漫题材吸引人。日本动漫的题材丰富多彩，从教育励志题材到历史、娱乐题材等适应了不同年龄、不同文化层次人们的精神需求。"总有一款适应你"是其动漫题材丰富的生动表述，而这也是其成功的原因之一。三是拥有世界顶尖级的动漫大师和优秀人才。近年来风靡世界的日本动漫扬名天下的主要原因之一就是它拥有一批高技术的动漫大师。从20世纪60年代始，日本的动漫产业就初具规模，动漫的流行迅速赶超美国。四是产品品位和风格能顺应国际市场的需求。日本动漫公司能区别对待国内市场和国际市场，不断调整产品品位和风格，迎合外国大众的喜爱风格，把外国的流行风格与日本本民族的风格糅合在一起，使日本动漫能较快地进入国际市场。

第三节 制约日本文化战略发展的因素

日本的文化产业尽管获得了如此大的经济效益，但仍有些难以解决的问题和负面影响制约着战略的进一步发展和实施，具体表现在以下几个方面。

1. 对历史问题的反思态度制约文化战略的发展空间

在历史上日本对中、朝、韩等亚洲国家的侵略造成了民族间仇恨，加上战争清算问题也没有得到圆满解决，这些严重阻碍了对象国在情感上接纳日本的进程，并使世界各国对日本产生有争议的评价，进而影响其文化产业大国战略的发展空间。19世纪中叶后，日本开始策划侵略中国与朝鲜，走上侵略东亚的道路。通过明治维新，日本迅速走上国富民强的道路，并开始侵略、掠夺邻邦中国和朝鲜。二次世界大战，日本给东南亚各国造成了惨重的损失，但最终以可耻的失败告终。但至今日本经常美化侵略战争、否认曾加害各国人民。1982年以来，日本文部省审定教科书时频频篡改侵略中国的历史，否认侵略中国，否认其无条件接受投降接受战争犯罪制裁的"波茨坦公告"。其政府官员屡屡参拜供奉"二战"甲级战犯的靖国神社。

其中，2003年日本有60多个国家内阁政客极其傲慢地参拜靖国神社，反对承认侵略中国。2013年4月23日日本国会168名议员参拜供奉"二战"甲级战犯的靖国神社，人数为1989年以来最多。日本这种不顾受害国人民感情，将历史恩怨与现实问题交织在一起的行为，使其走向世界的文化产业大国战略实施最终变得更加困难。

2. 狭隘的民族主义思想影响文化战略的跨文化认同

狭隘民族主义在当代各国还有一定的市场，如果表现在文化上就是民族文化中心主义。民族文化中心主义主要特点是以本民族的文化特色、价值取向、意识形态、生活习俗等作为唯一标准来判断其他民族文化，其一切以自我为中心的特色非常鲜明。狭隘民族主义不符合现代社会交往的普遍规则，阻碍了各民族文化的平等交流。在国际交往中，它往往站在非双赢的立场处理国际事务，有时甚至宁可自己不发展也不让别国发展，在国际合作中过度地担心他国的发展。

日本在发展文化产业过程中带有强烈的政治意图。日本经济发展到一定阶段后，国内政府也开始呼吁要建立与之相对应的政治大国地位，特别是中曾根康弘提出"战后政治总决算"，以此拉开了日本"由经济大国向政治大国迈进"的序幕。

日本政府为减少外部阻力，就借助文化产业来掩饰其政治意图，并通过文化的导向作用来引导对象国国民对日本的好感。日本的部分动漫作品中往往也包含了"正义殖民化""优秀的大和民族"等观念，曾经遭受过日本侵略的国家对这类题材的作品深恶痛绝。这充分说明了日本的文化产业带有浓厚的政治色彩，也表现出文化民族主义的极大缺陷，本民族文化价值观的大量推广和民族文化独占鳌头的意识。这些固有的危害阻碍了日本文化产业大国战略的向前发展，也使得其他国家不得不时刻去提防日本，进而影响了日本文化产业的跨文化认同。

3. 大量不正当文化产品的输出影响文化战略的可持续性发展

日本文化产业中有不少优秀的作品，但也存在各种各样的问题，特别是那些不正当文化产品在各个读者群里都存在，包括成人阅读作品和青少年阅读作品。不正当文化产品在日本广泛存在的主要原因是出版商为追求最大的利润，往往在作品题材和价值取向上突破文化的界限。而日本出版法对出版物的内容要求不多，这就导致一些对社会有危害性作用的作品出版。大量不正当文化产品的输出唯利是图。当然这严重影响了其文化产业大国战略的可持续性发展。这些不良的文化产品包括以下几种类型。

（1）含有暴力血腥、色情的作品：为了追求商业利益，日本的有些制作人创作了以打斗为主要题材的作品，其中有一些内容过于暴力和血腥，并冠以美名"暴力美学"。所谓的"暴力美学"其实是摧毁了德育教育，改变了我们传统的道德观，使未成年人的伦理观和价值观都发生了扭曲，给未成年人尚未成熟的心灵造成了负面的影响。有的甚至给未成年人灌输军国主义思想。在商业市场上，色情也是文化产业商业家们所热衷推出的东西，如一个有名的日本期刊《性画》，将黄色内容文化推广到了市场。该刊主编在序言中还宣称："性"是日本喜剧文化的部分。让人感觉离谱的是，一些不良的动漫，甚至还包括些令人震惊的乱伦、虐待、犯罪和其他不良因素。

这股从日本漫画中流出的"黄祸"并没有给一些国家丝毫的心理准备，所以这些国家更没有提前出台相关的应对措施，因此，很多家长眼看着自己的孩子成为日本成人漫画的俘虏都头痛不已。随手去翻一本日本漫画，你就可以发现有许多下流的文字。如一本名为《百无禁忌》的日本漫画，里面充满了性爱画面，这些不良作品不是每个国家都适合广泛传播的。

（2）背离主流文化的伦理道德观：日本有些文学作品完全是歪曲史实，偏离了主流文化的伦理道德标准，从而导致军国主义、民族主义，甚至新纳粹主义的倾向。其中一部分右翼分子宣扬自己的暴力学说，改变人们的思想观念，并凭借文化产业的发展来推广。2008年日本动画片《记忆女神的女儿们》在网络上大肆流传，这部以希腊神话为名，却集暴力与色情于一体的商业动画片，受到了众多动漫影迷的批判。最令人担忧的是，日本的右翼军国主义势力连年抬头，而国内的民族主义势力也波涛汹涌，加上这些不良文化产业对中日两国青少年的影响，两国之间的正常邦交也受到了诸多阻碍。还有些文化产业中存在着鬼神和宗教之说，这使未成年人变得逐渐相信迷信，崇尚唯心主义的世界观，而学校所教的唯物主义思想渐渐受到极大的冲击。

4. 实用主义态度影响文化战略核心的内含建构

在日本现代化建设中，不少学者都思考过文化融合、文化核心建构的问题。虽然从长期的历史结果上看，日本在文化建设中确实也实现了"和洋并举"，做到了东西文化的某些融合，但是从现代化进程中的文化建设问题上看，日本政府往往采取的是实用主义的态度。

这种实用主义态度首先是没有把西方文化看作是一个有机的系统，而是把西方文化限定于技术和实用领域，对其政治制度、社会制度、文化思想抱着抵触心理，直至战后才开始对西方政治、社会制度和文化思想全面移植。其次是重视经济、军事的现代化，而轻视社会文化的现代化，这导致了经济、军事和政治、文化发展的不协调，现代文化建设相对滞后。再次是学习西方文化时的狂热性，使现代文化发展呈现出了明显的周期性。虽然这样结果最终达到了某种程度文化的融合，但在文化建设过程中却走了许多弯路。由此可以看出，日本在现代化进程中只把文化发展和文化建设作为手段，并没有将其本身作为目的，换句话说是轻视文化建设。文化建设问题上的现实主义，给日本文化的现代化带来了深刻的影响，导致了文化发展和文化建设的滞后。近代的日本走上对内专制、对外侵略扩张的军国主义道路，与这种现实主义文化建设思路也是有关系的。

现代化建设是一个各方面综合起来的有机系统的建设，包括政治、经济、社会和文化等几个方面的现代化建设。只有各个方面协调、平衡地发展，才能实现真正的现代化建设。当然，日本作为亚洲国家，由于其现代化的发散性和紧迫性，由于现代化与其文化传统的巨大断裂，而使其现代化具有特殊性，难以像西方国家那样在经济工业化、政治民主化、社会和个人自由化等方面保持相对协调的发展。但是问题的关键就在于，在日本，无论是当政者还是知识分子，都很难发现有人真正地用现代化是一个有机系统的观点来认识文化问题，不是把文化发展和文化建设作为目的而是作为手段来看待，并在此基础上制定文化政策。在现代文化建设中的这种实用主义态度，使日本某个时期狂热追随西方文化，热心于"全盘西化"，而另一个时期又热衷于对待传统文化，大力提倡国粹，排斥外来不健康的文化内容，摒弃传统文化中的糟粕，给文化融合留下了久远的课题。

在近代，日本政府为了迅速实现现代化，一方面积极鼓吹和推进文明开放，大力地移植西方文化，另一方面又为调集民众的能量，强化民众对国家的凝聚力而推崇传统文化。这种忽冷忽热、左顾右盼的文化政策，明显地缺乏对文化建设问题的深入思考（特别是由此涉及的日本文化核心的建构问题），不是长远的发展文化战略之举。在20世纪70年代，日本文化政策主要是从教育的视点、用国民个人的价值观来看待文化问题的。从20世纪80年代起，"经济已经赶上了欧美""今后是文化的时代"等被许多审议会频频谈论，但日本文化问题依然是通过国民个人的价值观来看待的。直到冷战结束后日本才开始摸索和构建长远的文化发展战略，并使得这种状况得到改善。

由于缺少长远的文化战略，使得日本在对待外来文化时，主要依据与其他国家的实力对比来作为出发点。当日本自身实力弱小时，就狂热吸收西方文化，而一旦自己强大起来了，就开始排斥西方文化，强调自身的独特性。其结果最终没有逃脱把西方文化当作"工具""手段"的局限，而不是把西方文化当作"思想"和"意识"，从异文化的角度来看待西方文化。另外，对待以中国文化为首的东方文化的态度亦是如此。在近代，以中国文化为首的亚洲文化渐渐淡出了日本人的视野，与日本文化有着亲缘关系的东方文化也开始受到日本的蔑视与排斥。对于缺少文化发展和文化建设长远战略的日本，是不可能创造出融汇东西方文化，对世界文化发展做出重要贡献的新文化来的。而受此影响的日本文化内核的合理建构对于其文化产业大国战略的实施发展也有着非常深远的影响。

第八章 日本文学与日本文化相互影响

第一节 日本文学视域下的日本文化研究

一、日本文学的发展与日本文化

人们发现日本出现得最早的拥有书面证据的书面文学大约距今 2000 年。日本是一个善于吸收和借鉴的国家，它的文学也不例外，尤其是早期对中国文学的吸收。严绍先生说"在日本古代文学史上，有一个现象应引起注意。日本古代书面文学的形成如果以《古事记》《怀风藻》和《万叶集》等为代表，大约是在公元 8 世纪左右。"而我们众所周知的是，那个时期中国正处于盛唐，是中国封建文化繁衍 1000 多年来才出现的巅峰，在《诗经》等为代表的文学作品已经发展了很久的时候，日本的文学反而才刚刚起步。但是，在经历了 10 个世纪左右，也就是 19 世纪时期，日本的文学就已经发展到可以和中国平起平坐的地位了。当它又进一步吸收了西方的百年工业思想、超前的文化观念，也就是明治维新之后，日本的文学已经走到了中国的前面，站在了世界文学的舞台中央大放异彩。日本每一种新的文学形式的产生都来自于与其他文化的杂糅和融合，而其中起重大作用的自然是它的邻国中国。观察日本的文学，我们能发现日本所使用的文字即假名是来源于中国，但是日本只是让其成了其字体的偏旁部首进行再次创造，而不是盲目地照搬照抄。中国的大文豪白居易、苏轼等诗人在日本也是备受青睐，无论是诗词歌赋，还是小说杂曲，日本都有浓重的借鉴中国文学的色彩，无论是像《怀风藻》那样的借鉴，还是蛇女真女子的翻拍，抑或其他文学的移花接木，"复合形态的变异体文学"是人们给这个文学迅速崛起的小岛国领先文学的敬称，而在其变异的过程中，其实我们就可以窥见日本文化的特征之一——兼收并蓄。日本的文化是在兼收他国的优秀的、先进的文化并为自己所用，同时还发挥它无限的创造力把吸收过来的文化进行杂糅再创造，最后变成了拥有自己特色的文化底蕴，散发出独特的文化魅力。

二、日本文学的特征与日本文化

我们可以从日本文学的特征来浅谈日本文学史的大致框架结构。日本文学的特征之一是：在近代以前的日本文学大都篇幅短小精炼，结构单纯，思想易懂。在日本的古时期，以短歌的文字出现的文学最为普遍，后来慢慢发展成更多的形式，有连歌、俳句等。日语的音节单调，不具备我们中国古代文学所必须具备的押韵条件，所以很多人读日本的诗歌总感觉和散文是差不多的，但也因此形成了它独特的散诗文化。日本的诗歌、散文的发展促进了日本短篇小说的发达，最后日本的长篇小说也受其影响，大多由短小的篇章组成，小说的前后链接不严谨，时间等缝隙之间没有必然的联系，如日本的长篇小说之初的《源氏物语》、江户时期的《好色一代男》，还有近代文学作品《雪国》等，都具有这种结构特征。日本文学特征之二是：日本文学表达的感情以含蓄、细致为特征。日本文学是众多文学里唯一一个不涉及或很少涉及政治、党争的文学，读日本的文学尤其是现代以来的文学作品，可以发现日本的文学作品仅凭描写细腻的人物情感、优美的自然风光，还有作者敏感的笔尖，就可使其作品在世界多个国家热销，为人们所熟知。与其他文学相比较，尤其是中国文学，单纯地描写人物之间质朴、无任何添加背景色彩的文学作品在中国几乎可以说是找不到，其一很大可能与中国的文化背景有关，从士大夫活跃到如今人人皆可为作家的年代，人们在编撰一篇文学作品时往往都出于一定的讽刺或表达对社会对生活的不满与赞美。其二就是国人的思想境界，人们不喜欢看没有任何风波的、平铺直叙的故事，所以无论是真看不惯社会，还是无病呻吟，总要写出一点时代背景下的不为人知的心酸。所以对于日本文学作品这种简单，纯纯的美文，如《挪威的森林》《伊豆的舞女》等为何能畅销世界而感到大惑不解，深究背后的原因，可能于其文化有关。

三、以文化角度解读文学的基本倾向

"真正认识日本文化"应该是深入研究日本文学的永恒命题。了解文化背景和作者，是理解文学作品的最初步和最基本的手段。研究者可以通过了解写作时的社会文化状况，探求作者的写作意图，通过对作者本人的了解，去分析作者的写作手法和文学理念，以进一步深入解构作品。文学作品写作的时代有所不同，作家经历的人生也是全然迥异的。的确，在大的文化背景下产生了不同样式的文学作品，但不可否认的是，这些文学作品均是应时代而生的，均是文化发展的产物。日本文化的发展和进步，很长一段时期都在以中国文化为蓝本进行文化的构建，因此中国文化与日本文化在很多实质性问题上是基本一致的。以文化为切入点，寻找日本文化与中国文化的共通之处，能使研究者更好地理解文化的实际，从而探求日本文学意义之所在。

这里还要特别提出关于"永恒主题"的问题。很多经典文学的主题或主题之一是建立在人类最原始最根本的思想及情感上的。这些思想和情感为普罗大众所普遍拥有，绵延于人类几千年的文明史中。从文本分析角度来看，"永恒主题"是构成故事的最基本要素，而从文化角度来看，"永恒主题"正是一个民族文化最精华的部分。这个部分在不同的时代被赋予不同的外衣，这也可以理解为：旧文化在新思想的影响下产生新文化表象，但其核心——"永恒的文学主题"则并未消失。需要强调的是，"永恒主题"在不同的文化背景下所反映出来的表象不尽相同，理解表象下的内里，所需要的就是对当时文化的透彻理解。

第二节 日本文学发展中的日本文化独特性研究

一个文化，包括日本文化，是有很深的内涵与多样性的，在历史的发展中也总是在"变"。也就是说，文化是特定社会的文化，不一样的社会会产生不同的文化，文化具有鲜明的时代性，某一时代具有某一特征。而作为文化一个重要组成部分——文学，则具有人类的共性（世界性），同时也具有民族的特定性（民族性），还具有历史的延续性（稳定性），在历史的不断演变中也在吸收不同时代的特点（变异性）。本文挖掘出了日本文学潜在的特征，以此来研究日本文化的独特性。

一、日本文学发展历程

日本文学的发展历程十分漫长，因此具有独特的特征。在一个时代中，日本文学可以作为主流文学被人们所认可，也能够随着时代的进步被传承下去，而不被新型的文学所淘汰，因此现在的日本文学身上还有许多旧的文学形式，并没有被新文学全部代替。例如日本的抒情诗，在古代的抒情诗格式中，短诗是主要的形式，而室町时代的俳句则可以看作是短歌的演化产物。俳句中也包含日本的传统文学特征，符合人们的审美情趣，能够让人们感受到浓浓的"闲寂感"。其中的集大成者就是被人们称为"俳圣"的松尾芭蕉，他将这种"闲寂感"进一步扩大，形成了一种别致的风雅美，拓宽了日本诗歌美学范围。历史进入 20 世纪，日本接收了大量的欧洲文化，因此日本文学又呈现出了另一种形式，这些多种多样的日本文学形式，例如平安时期的"物哀"、江户时代的"风流"等不仅没有跟随旧时代一通消亡，反而被新时代所接受，继续传承与发展。总而言之，日本文学的发展特征是新旧共存而不是新文化代替旧文化，具有较强的历史统一性。

二、日本文学产生的社会背景概述

我国的文化不受城市的约束，而日本不同，文学活动只集中在较大的城市中，尤其是京都。公元9世纪以后，日本多数文学活动都活动于京都，其他城市则逊色很多。18世纪以后，江湖文学兴起，江户与京都逐渐成为了文学中心，也就是说，无论怎么变，京都一直都是文化的中心，直到明治维新，东京才逐渐成了文学的中心。

另外，文学的阶层随着时代的变迁也发生着不同的变化。在平安、镰仓时代，文学阶层主要是贵族、僧侣等人；江户时代的文学阶层主要集中在武士、町人、商人和农民。文学阶层的不同自然导致了文学形式、素材的不同。

日本文学还有一个特点就是文学家都会被编入一个封闭的集团内，例如平安时期的贵族集团、德川时期的武士集团等，会得到该集团内部人员的支持。

三、日本文化的独特特征

（一）倾向"物哀"，远离政治

世界上大多数文学作品都与政治有着或多或少的联系，尤其是中国的文学，与政治联系很密切，我国诗人白居易就曾经说过：文章合为时者而著，诗歌合为事而作。许多作品也与当时的政治有很大的联系，例如范仲淹的《岳阳楼记》等。但是日本却不是如此，日本文学呈现出了很强的脱离政治性，明显区别于世界文学。下面本文就对日本文学产生这一特征的原因加以探讨。

1. 日本文学脱离政治的原因浅析

上文我们分析了不同历史时期日本的不同文化阶层，这些文化阶层都对政治不感兴趣，例如古代的贵族、中世纪的武士、近代的农民等，另外还有自然主义文学、浪漫主义文学、现实主义文学等，从事这些文学的人也同样不关心政治，犹如局外人一般。正是这个原因导致了日本文学原理政治的独有特征。

2. 日本文学的倾向——物哀

所谓"物哀"就是指人们受到客观事物的触动而产生的或悲或喜的优美、纤柔的情绪，是日本传统审美观的主要组成部分，这一点也与世界文学有着较大的区别。例如传承了日本文化与传统的《源氏物语》中,"物哀"一次出现了十四次,使"物哀"成了独具一格的日式浪漫。日本文人在遇到一些事物后用语言文字将心中所想书写出来,就形成了"和歌"或"诗歌"。所以说"物哀"是日本文人表达心境的一种方式,把人类最真实的感动表达了出来,对日本后世的人生观与审美情趣有很大的影响。可以说,崇尚"物哀"是日本文学家的普遍特征,他们一般看中柔美的情绪,特别重视腼腆、文雅等风格。再者,女性的情感普遍比男性细腻,这使得古代的文人中有一部分都是女性。女性以自己独特的视角描写了自己的所思所想,使日本文学的哀怨、惆怅等风格更加明显和深刻。甚至有学者说,是女性造就了日本文学惆怅的基调。

总而言之,日本的文学家都比较认可艺术必须要与政治保持一定的距离,甚至要高于政治和现实。他们认为,一旦文学与政治有了联系,那么这种艺术将不再是高雅的,沦为庸俗了。所以,尽管日本文化受中国文化的影响很深,但是崇尚"物哀"这一特点却始终没有改变,"物哀"也成了评价日本文学作品优劣的重要条件。

(二)既注重继承沿袭,又注重吸收变异

从整个日本文学发展史来看,日本文学融合了多种民族文化,并且将这些文化化为己用,形成了自己的风格。

日本的古代文化与中国一脉相承,汉朝以来,中国各个朝代的文化对日本都有不同程度的影响,甚至于日本的文字都是由汉字演化而来的。古代的日本文学家对中国的文学都非常熟悉,例如《源氏物语》就是从白居易的《长恨歌》中挖掘了很多素材,才使得文中的贵族生活描写的如此细腻,再例如日本的一些神话和故事,都能从中找到中国的影子。这些文学家对中国古籍的借用不仅限于文字方面,他们往往能抓住文化的内含,将之不露声色地运用到自己的作品中。中国的一些文学大家在日本也是享誉盛名,诸如白居易、苏轼、罗贯中等,中国的文学作品同样受到了日本人的追捧,像《三国演义》等通俗小说的流行,对日本的读本创作就有很大的影响。

汉诗作为日本文学的主要形式在日本已经有一千三百年的历史了,其风格的转变都受到了中国很大的影响,例如其最初的汉诗集《怀风藻》中的诗篇就可以看出是受了中国古诗从六朝到唐诗转变的影响,内容也受到了中国宗教观念的影响。日本的小说也有许多"翻案"文学,这些作品对于日本形成自己的风格有巨大的推动作用。

19世纪,日本发动了明治维新,一些政治家和思想家开始把眼光放到全世界，开始向世界追求知识，这促进了那个时代的新文化运动。在这一运动推动下，欧洲的文化传到了日本，迅速渗透到了日本社会的各个层面，推动了日本的近代文化活动，使日本文学也加入了世界文学行列。传入日本的欧洲文化中，有英国的功利主义、法国的自由民权以及美国的实用主义，后来还有德国的国家主义，这些文化对日本人民的思想造成了较大的冲击，造成了日本文化的重大转变，使日本只用了几十年时间就完成了欧洲文学的发展过程。这一时期内，日本的文学流派逐渐增多，无论是哪个流派都有借鉴西方的审美和美学理论。例如川端康成创建的新感觉派，这一流派强调把日本的传统文化与西方文化相结合，在日本古典文学"物哀"的基础上，引入了西方的现代流派观点，在变现形式和手法上也对西方文学多有借鉴，例如乔伊斯的意识流和弗洛伊德的精神分析等。而当代的日本文学对西方文学的借鉴就更为明显，例如三岛由纪夫等人的创作等。通过对外来文化的借鉴与吸收，日本文化变得更加多元化。关于日本文化的多元化，日本学者加藤周一将日本融合的文化分成了四类：（1）大乘佛教中的哲学；（2）中国的儒家学说，尤其是朱熹的观点；（3）西方的基督教；（4）马克思主义思想。加藤周一还说：在日本文化背后，可以看到三种世界观，即外来世界观、传统世界观、文化的外来世界观。

（三）具有较强的连贯性

纵观日本的文化史，日本文化一直在不断融合外来文化并变为己用，不断为日本文化注入新鲜的血液，使日本文化能够经久不衰，延续至今。另外，日本文学还有另一种特征——盆景趣味，这是日本文学抒情性的一种表现形式。如果将中国的文学与日本的文学结合来看，两者都具有阴性特征，也就是说中日两国人的思维方式更偏向于细腻、多愁善感的女性思维。在接触了西方文学后，日本文化并没有将这一特点摒弃，而是在与西方文化对抗中不断寻找能够壮大自身的元素，使文化的发展具有相当的连贯性，这也可以看作是日本文化的独特特征。

综上所述，日本文化是独立发展的，在独立发展的过程中又受到了不同文化的冲击，于是日本文化便将这些外来文化加以融合，丰富、壮大了自身，从而传承至今。从历史角度看，日本在大发展时期，其民族文化也是最传统的，例如第一次世界大战前后，日本文化就一直在回归东洋文化，近些年的日本文化热也说明了这一特征。

第三节 日本文学发展的内在动力与文化矛盾性研究

一、日本文学的内在动力与文化矛盾性特征分析

（一）内在动力

文学作为以语言文字为工具，是形象地反映客观现实、表现作家心灵世界的艺术，是文化的重要表现形式，既有纵向的稳定性，也有横向的变异性。日本文学的稳定性体现在日本文学发展过程中始终坚守的文学传统性特征，而变异性则体现日本文学在发展过程中对东西方文学的融合。日本文学这种传统性与融合性并存的特征正是日本文学发展的内在动力。事物因矛盾而运动，因运动而变化，因变化而发展。日本文学这种传统性与融合性正是一对既对立又统一的矛盾，为日本文学的发展提供了不竭的动力和源泉。

（二）日本文化矛盾性特征分析

首先，统一性与多样性的矛盾追求。每一种文化代表自成一体的独特的不可代替的价值观念，因为每一个民族的传统和表达形式是证明其在世界上的存在的最有效的手段。欧文·拉兹洛的这句话告诉我们：一个民族的独特文化是这个民族存在的重要价值体现，而这种独特文化则是一种纵向和横向的统一。日本文化的这种统一主要体现在心理素质和神道崇拜上，日本人的心理素质与其他民族相比，更加具有"怀疑性"。大量研究日本文学作品都表达了这样一种观点：日本人的极端礼貌，其实是一种拒人千里之外的含蓄表达，他们很难做到与人推心置腹，这一点在日本人身上异常的统一。在神道崇拜上，日本人表现得也相当顽固，外来的宗教流派的传入，如中国的儒家和道家的传入，却没有使日本的神道瓦解，反而武装了它，并使其迅速地壮大。但日本文化发展也不是完全单一，还具有鲜明的多样性追求，这主要表现在对外来文化的借鉴和吸收上。从古至今，日本文化始终以一个开放的态度面对外来文化，远的有古时候对中国文化的细嚼慢咽，近的有明治维新后"求知识于世界"的快速吸收，都体现了日本文化的多样化追求。

其次，自卑感与优越感的矛盾心态。在古代的日本，由于地域的封闭、文化的落后、资源的匮乏，使日本文化暴露出强烈的自卑感，尤其是在日本

文学形成的初期,面对强大的邻国——中国,这种自卑感更是强烈。《汉书》记载:"天乐浪海中有倭人,分为百余国,以岁时来献见云。"这说明当时还很落后的日本已开始来向中国皇帝示好。近代日本这种自卑感也未完全消退,当西方国家凭借先进的"坚船利炮"叩开日本的国门后,他们又拜倒在西方列强的淫威下。极端的自卑必然产生极端的骄傲,日本文化的这种根深蒂固的自卑性,也导致了其文化本身的自我优越感。古代的日本,尽管对中国的先进文明极端的渴慕,但我们也能看到其骨子中竭力爆发出来的优越感。如"东天皇敬启西皇帝"这一两国交往的国书措辞,就表现出日本想尽力达到平等的用心。至于日本的神道,更是自称为"万法之根本",民族文化优越感膨胀到令人不可思议。

最后,内聚性和排他性的矛盾规范。由于日本文化心态的自卑感和优越感,使日本文化规范不自觉地表现为内聚性和排他性,这又是一个对立统一的矛盾。内聚必然排他,排他又促成了内聚,这一点在对本土文学的坚守和对宗教思想的笃信上体现得尤为突出。在对本土文学的坚守上,日本文学比任何国家都要重视传统、坚守传统,诞生于11世纪的紫式部的《源氏物语》是日本长篇写实小说的鼻祖,其影响力纵贯日本的文学史,由它开创的日本文学独有的柔美、幽情的风格,至今仍被沿用。对于外来文化的入侵,本土文化也以将其拆解融入自身的办法达到抗衡的效果,其内聚性和排他性可见一斑。在神道信仰上,日本人深信自己是"太阳神"的儿子,即使佛教与基督教的传入,也丝毫不会削弱日本人这种对神道崇拜的热情。相反,佛教等其他宗教文化迅速地被其"日本化",成为天皇的统治工具,这让我们充分领略了当日本文化遇到外来文化时表现出的那种强烈的内聚性和排他性。

二、日本文学发展的内在动力与日本文化矛盾性的关系

(一)文化的矛盾性是文学发展内在动力的源泉

一是本土文化与外来文化的抗衡刺激日本文学的发展。日本文化的内聚性和排他性使日本文化呈现出一定程度的保守性,这种保守性使日本文化在遭遇外来文化时显现出明显的警惕性。不论是早期传入日本的中国文化,还是近代强势入侵日本的欧美文化,都在日本遭遇日本本土文化的较大抗衡。这种抗衡并不是对外来文化的坚决排斥,而是对外来文化谨慎的接受态度和改良型的接受行为。任何先进文化加入都不能完全替代日本的本土文化。哪怕再先进也要成为日本文化发展的工具,最终为日本的本土文化服务。如公元5世纪,中国的《论语》传入日本,儒家学说在日本得到盛传,但日本并

没有对其全盘接受，日本文化对其谨慎的加工，既要吸收其精华的部分，更要使其能适应日本的实际需要。日本儒学家山畸斋大力为此做出了巨大的贡献，他建立了日本儒学，极大促进了日本儒学的发展。至于对日本文学的发展促进的实例更是俯拾皆是，如成书于8世纪的《浦岛子传》，作为日本最早的汉文小说，其"遇仙"的观念、故事的结构、散文化的叙事及带有骈文式的语言特色都能明显看出唐代文风的痕迹。但这显然已不是中国的小说，而是日本的文学，这种对中国古代文学有批判的接受正是日本文化对外来文化抗衡后的发展结果，也极大地辅助了日本文学的发展。二是本土文化与外来文化的融合促成日本文学的飞跃。创新是一个民族发展的不竭动力，日本文化在面对外来文化时的态度也不是一味地抗衡，融合发展也是其重要的选择。尽管日本最早的汉文小说《浦岛子传》可追溯到8世纪，但这与中国文学的开端《诗经》相比，已落后了一千多年，但发展至19世纪中叶，中日两国的文学发展水平已不相上下，日本明治维新后，已然超过中国。是什么力量促使日本文学的飞速发展呢？日本文化对外来文化的融合是一个重要的因素。在日本文学的发展过程中，几乎每一种文学样式都或多或少地融入了外国文学的影响。古代日本文学样式较多地融合了中国古代文学的巨大成果，日本的文字也是在汉字的基础上创造出来的，很多汉字沿用至今，至于中国的小说等文学形式更是在日本文学中随处可见。这种融合不仅涉及文学的形式，更升华到文学内含的吸收和融合，这种融合在日本的很多著名作家的作品中有所体现，包括日本的经典之作《源氏物语》。19世纪后，西方先进文化的渗入也给日本文化带来巨大的冲击，一批文学家如夏目漱石等较早在作品中融合了先进的文艺理论，包括自然主义，功利主义、国家主义等。日本文学在这多种外来文化的影响下获得了新生，这种对外来文化的融合有力地促成了日本文学的飞跃。

（二）内在动力驱使下的文学发展推动了文化矛盾性的加深

日本文化的矛盾性形成了日本文学发展的内在动力，从古至今为日本文学的发展提供了不竭的动力。那么日本文学的发展又对日本文化自身的矛盾性产生怎样的作用呢？日本文化有没有在日本文学的影响下走向简单化呢？事实上，这种文化的矛盾不仅没有缓和，反而呈现出越来越大的趋势。一方面是文化的保守性坚守。保守性是日本文化固有的文化性格，这是由多种原因形成的根深蒂固的，难以撼动。日本文学的发展，特别是对外来文学的借鉴和吸收，不但没有使日本文学丧失自己的本色，反而使之对本民族文化的继承和发扬更加坚决。在文学发展内在动力的驱使下，日本更加珍惜自己民族的传统文化，更加深刻地体会到民族特色文化对一个国家的文学发展的重要性。我们知道日本的文字中包含很多汉字，这是日本文化对中国文化的借鉴造成的，而进入近代后，日本文字中又添加了很多欧美的词汇，甚至有越来越多的趋势。这并没有使日本放弃对本民族语言中的平假名、片假名的坚守和运用，日本文化中对樱花的喜爱更是从未间断，从古至今，日本文学中对樱花的赞美处处可见。另一方面是文化的时尚性转变。日本文化又表现出极端的时尚性，对新生事物具有极强的适应性和接受力。日本近现代对新技术和新词汇的接受已是不争的事实，而在古代文体形式变化上，与其他国家的艰难蜕变相比，其迅速的程度就足以令人刮目相看。古代日本在向中国学习先进文化的时期，无不体现着这种向先进文化转变的时尚性，这种转变从政治体制到宗教文化、文学形式等方面随处可见。甚至在服饰、茶道等生活的琐事上也能看到这种时尚性的华丽体现，如日本的和服就吸收了唐装的制作工艺，日本的茶道更来源于中国。近代日本文学对西方国家的学习和吸收更超乎寻常，不仅对西方的先进工艺快速地消化，在对西方的思想解放上更是突出，尤其是对西方性文化的接受，大有青出于蓝而胜于蓝之势。

三、日本文学发展的内在动力与文化矛盾性的关系的发展

日本文学的快速发展，必然尽力宣扬日本文化的民族特征，这在一定程度上加大了日本人的优越感，表现在文化追求上则更加趋向统一和保守，更加坚守本民族文化。这与日本迫切与外来先进文化融合的开放态度相矛盾，并且这种矛盾会随着文学的发展而壮大。作为文学发展内在动力的文化的矛盾性，其壮大自然影响着文学的发展，日本文学必将在这种矛盾的激烈碰撞中不断地擦出火花，使日本文学始终具有饱满的驱动力而不断地向前发展。

第四节　日本茶文化对日本语言文化的影响

日本的茶文化虽然来自于中国传统茶文化，但是由于和日本当地的民族文化相互融合，经过一代又一代日本人的改革创新，随后产生了具有日本本民族文化特色的茶道文化，它是集合美学、宗教和伦理等等于一身的完整体系，是茶道文化和其他形式文化之间的相互交融，成为日本文化的象征。了解日本语言文学，就要对日本本土特色的文化有所研究，熟悉该民族的思维模式，在对日本文化的内含诠释的基础上，融合日本茶文化的具体理念内含，从而真正地读懂这一民族的语言文学作品，了解这一民族的深刻内含。

一、日本茶文化的起源发展以及具体理念内含分析

日本与我国同属于东亚文化圈层体系的国家，同时也是我国传统文化体系的重要辐射地区，可以说，从先秦开始，我国文化就对日本文化产生了重要影响，尤其是在唐朝时期，随着中日交往不断成熟，我国的各项文化要素都积极融入日本地区，并且在这一过程中，形成了具有日本特色的文化元素，日本茶文化就是其中重要的一种元素。

（一）日本茶文化的起源发展分析

日本茶文化是一种具有仪式感为客人奉茶的仪式，发展的基础是"日常茶饭事"，随着茶文化与其他形式文化之间的相互交融，最终成为一个综合型的艺术形式，对百姓来讲，茶文化不仅仅是一种物质上的享受，通过学习茶道的相关内容和深刻内含，来不断陶冶自己的情操，从而可以形成正确的审美价值观，日本茶文化起源于中国传统茶文化，随着海上丝绸之路而传入日本，经过无数茶道大家对茶文化的补充改进，逐渐展现出茶道文化的雏形，随后在 16 世纪经由日本茶道大师千利休对茶道文化删繁就简，才成就了日本茶文化现代的模样。当然，我们必须看到日本茶文化，实际上是我国传统茶文化体系与日本自身社会文化之间的有效结合，同时在整个日本茶文化体系中，也包含了诸多元素和内容，尤其是形成了一系列以茶和茶文化为基础的文学艺术素材，而这些素材内容是当前我们传承和认知日本茶文化体系的基础和关键。日本茶文化与日本的语言文学之间相互影响，相互作用，通过对两者的深入分析，能够让我们进一步的了解日本这一民族的文化内含。

（二）日本茶文化的具体理念内含分析

从日本的知名茶道大师，千利休大师认为"和、敬、清、寂"是日本茶文化的根本内含，"和"是人与人之间的和谐相处，包括隐藏在茶室布置、茶具选择之间的协调性都可以称之为和，它是人与自然之间经过数百年相处而流传下来的美感，加之主人和客人心与心之间的沟通，"和"发展成为相处沟通的真谛，"和"还有人与自然之间和谐相处的含义；"敬"则指的是对长辈的敬重，对同僚的尊敬，它是茶文化发展的起始；"清"代表清净清洁，这一点在日本茶文化之中是非常强调的做法；而"寂"是日本茶道内心修养的最高境界，通过对自己内心的了解，达到对人生的沉淀，这也是日本茶文化与宗教相互结合的体现。想要对日本茶文化理念的具体内含进行分析，可以看到日本茶文化理念的理解认知，需要选择合适的传承要素。

二、日本茶文化对日本语言文学的具体影响

日本的文学作品体型是整个日本文化体系的重要体现和直观表现，通过一系列的文学作品的创作内含，能够很好地感受日本文化体系的价值。同时日本文化体系对于日本文学作品的创作也是有着极其深远的影响的，可以说日本文学作品体系与日本文化体系两者是相互影响相互作用的，通过大量的文学作品，能够很好地感受日本文化体系的内含，通过对日本文化体系的研究，又能够发掘日本文学作品的创作灵感与创作价值。日本的文学作品深入的文化体系的根本基础，文化体系在一定程度上能够很直观地反映文学作品的具体创作。不同的文学作品在创作过程中都会融入不同的时代内含，经过相关的作者通过融入自己的主观态度以及主观精神，从而创作出全新的文学作品。通过对日本茶文化以及日本文学作品之间的关系进行更深层次的探析，我们能够发现，日本的茶叶对于人的日常生活和工作学习来说，都有着一定的影响，茶文化深入到社会大众日常生活的各个领域和方方面面，成了社会大众日常生活中必不可少的一种元素。不管是茶文化的具体要素，还是茶文化的具体内含，对于相关学者来研究日本的茶文化，都有着一定的影响价值和必要意义。

三、日本茶道文化与日语语言文学的融合分析

日本茶道文化与日语语言文学有着极为深刻的融合，一方面，作品借茶道文化极大地丰富了文学语言；另一方面，文学作品利用茶道文化充分展现了创作理念；此外，文学作品借茶道文化全面透视了社会现状。

（一）以茶道文化丰富文学语言

日本茶道文化已经深刻融入日语文学语言之中。首先，在日语文学语言中涉及大量茶名。日语文学语言发展的初期并无"茶"字，其是随着茶叶的出现而形成的，随着日本茶道文化的发展，茶逐步成为社会大众日常生活必不可缺重要组成部分，最初的"茶"字是由"茶"字演变而来，唐朝时期依循茶的生长环境与加工工艺逐步演变出"茶"字，而日本茶道发展过程中对于茶名的选取与中国大相径庭，往往更多考虑的是本土独特的地域文化与特有的人文情怀，因此，日本所用茶名大多深受本土民众的生活影响。关于茶名的命名，可以根据采茶时间而定，如首批所采的茶叶可称为"一番茶"，第二批茶叶即"二番茶"，第三批则为"三番茶"；还可依循制茶工艺进行命名，如制茶中需热蒸，则可称其为"煎茶"，若需石墨碾压，则称为"抹茶"；还可依循茶叶形状加以命名，如茶芽尖端、茶青下端形状各异，因而尖端部分

可称之为"芽茶",茶青底端则为"茎茶";此外,依据茶叶属地特色及文化差异也可进行命名,以凸显文学作品的民族特色与文化特征。其次,茶在文学语言中寓意颇多。在不同文学语境中,茶的意蕴并不相同,这与日本茶道文化的创新发展关系密切。随着茶道文化的发展,茶已成为日本民众生活的一部分,这也使其衍生出诸多意思、产生很多与茶有关的词语,这些词语既有原意,又有社会意蕴,即可作为名词,又可充当动词,无论词性还是词意均有丰富变化。在文学语言中,茶常常以不同词语出现,既有捣乱、宠溺之意,又有玩笑之意,如常见词汇茶番,既有烹茶者、茶房之意,又有说俏皮话、出洋相、滑稽短剧之意,还有浅薄的花招、一眼看穿的把戏之意;而"茶坊",既有给客人上茶者之意,又有乐于讨好别人者之意;"茶碗",既可指代盛放茶水的碗,又可代指相处不够和谐的人。在文学作品中,茶如此丰富的语义赋予作品高度的文化内含。再次,茶谚语在文学语言中多有体现。对于语言文化而言,谚语乃是其中一个重要组成,谚语的使用极具民族特征,同时还渗透着丰富的人生哲理,是一种极具艺术特色的语言表达方式。日本茶道文化的盛行使茶谚语不断发展,并被广泛运用于语言文学作品之中。例如,寓意茶幸运的谚语:"睁开眼睛的一杯茶是添福的";以"肚脐上煮茶"意指"笑破肚皮";以"屋顶上喝茶"代表"心不在焉"等,在文学语言中,茶谚语犹如一种特殊的存在,令作品活色生香。

(二)借茶道文化表达创作理念

日语语言文学体系乃整个日本文化体系的重要体现,借助一系列文学作品的创作理念、创作内含,可使读者深刻感受日本文化体系的独特价值。日本茶道文化对日语语言文学作品的创作影响深远,可以如是说:日语语言文学作品体系与茶道文化体系相互影响、相辅相成,借助大量语言文学作品,读者可以感知日本茶道文化的内含与意蕴,而借助日本茶道文化的研究,又可深度挖掘语言文学作品的创作灵感、创作理念与创作价值。一方面,日本茶道文化以"和、敬、清、寂"为指导思想,这同时也是很多语言文学作品的创作理念,作者借茶道文化即可为文学创作提供丰富的素材,又可借茶道文化的修炼感知日本文化的独特内含,将其贯彻整个作品的始终,使之呈现出卓然而丰富的表现形式。另一方面,日本茶道文化乃日本文化体系的根基,作者可借茶道文化融入自身主观态度与精神,赋予其独特的时代内含与价值,直观反映在文学作品之中,从而充分发挥茶道文化的传承意义,深层次挖掘文学作品与文化之间千丝万缕的联系。小到茶叶,大到茶道文化都是日本人生活的必需品,也是日语语言文学作品的必要元素,因此,无论是从日本茶道文化的具体要素为创作起点，还是从茶道文化的内含为创作起点，对于文学家而言，都有着极为重要的价值和必要的意义。

（三）借茶道文化透视社会现状

在日本，不同历史时期的茶道文化内含并不相同，具体茶道仪式、茶礼流程也不尽相同，通过日语语言文学的表达，读者可充分了解各时期、各阶段日本社会的大致现况，这对于读者研究日本文化历史发展具有十分重要的价值。例如，平安时期的日本茶道无论是形式抑或精神方面多体现中国茶文化，特别是《茶经》的精髓，该阶段日语语言文学也多受唐诗影响，文学家多效仿唐诗格式以俳句创作为主。此外，日本茶道文化还是众多日语语言文学作品的创作基础，读者要想明晰不同历史阶段日本文化思想的转变，必须深入了解日本茶道文化的发展。对于早期日语语言文学作品而言，其所受茶道文化的影响、受中国文学作品的影响尤为深刻，随着茶道文化在日本本土的创新与发展，日语语言文学方随之逐步形成自我风格，除了更加深刻反映现实现状以外，还有众多旨在传承茶道文化的社会性作品，这不仅极大地促进了日本文坛的发展，还使更多人认识和接触日本茶道文化、喜爱并传承茶道文化。日本茶道文化固然魅力弗边，但要传承与发展，关键还是要写入日语语言文学作品中，找到与时代发展的契合点、融合点，如此方可使其长久留存下来。

参考文献

[1] 薛曦. 日本古典文学"真实"传统探析 [J]. 大众文艺（理论），2008（12）：4-8.

[2] 吕汝泉. 儒家思想与日本古典文学的融合 [J]. 青年作家，2014（12）：37-39.

[3] 尾崎秀树，李德纯，董昉. 关于战后日本文学的对话（节译）——从中国的观点出发 [J]. 世界文学，2007（02）：5-11.

[4] 蔡二勤. 新媒体时代日本古典文学中的美学理念——评《日本古典文学》[J]. 新闻战线，2017（20）：68-75.

[5] 孙静冉. 日本古典文学选读课程建设实践与思考 [J]. 文学教育（上），2016（11）：3-14.

[6] 孙宏. 浅析松尾芭蕉的自然观 [J]. 北方文学，2017（14）：115-118.

[7] 刘江宁. 日本古典文学中的植物美学——从"花""草""木"诞生的文学 [J]. 日语教育与日本学，2018（01）：61-68.

[8] 陈永岐. 日本古典文学与樱花 [J]. 明日风尚，2017（09）：94-102.

[9] 潘静惠. 日本古典文学意识的研究 [J]. 吉林广播电视大学学报，2016（05）：8-12.

[10] 李光贞. 物哀：日本古典文学的审美追求 [J]. 山东社会科学，2005（05）：47-58.

[11] 何云波，杨开润. 《徒然草》中的围棋观及其历史过渡性 [J]. 湘潭大学学报（哲学社会科学版），2017（05）：28-35.

[12] 王向远. 日本的"侘""侘茶"与"侘寂"的美学 [J]. 东岳论丛，2016（07）：77-84.

[13] 王向远. 日本古代文论的千年流变与五大论题 [J]. 北京师范大学学报（社会科学版），2014（04）：106-114.

[14] 何云波. 围棋思想史：意义生成与棋论话语 [J]. 体育学刊，2014（01）：35-39.

[15] 王向远. 论日本美学基础概念的提炼与阐发——以大西克礼的《幽玄》

《物哀》《寂》三部作为中心 [J]. 东疆学刊，2012（03）：74-82.

[16] 王向远. 论"寂"之美——日本古典文艺美学关键词"寂"的内含与构造 [J]. 清华大学学报（哲学社会科学版），2012（02）：30-38.

[17] 王向远. 释"幽玄"——对日本古典文艺美学中的一个关键概念的解析 [J]. 广东社会科学，2011（06）：91-99.

[18] 何云波. 玄象与数理——围棋思维与中国艺术思维 [J]. 汉语言文学研究，2010（02）：14-19.

[19] 徐扬尚. 中国文论意象论话语的"他国际遇"——意象论话语在日本、朝鲜、美国 [J]. 华文文学，2010（02）：7-15.

[20] 唐月梅. 世阿弥的能乐理论构建 [J]. 日本研究，2008（03）：24-29.

[21] 王静. 论《松浦宫物语》中的"蓬莱"想象基础 [J]. 汉字文化，2018（23）：15-22.

[22] 董佳佳，任洪玲. 日本文学中"长安"意象的美学意蕴研究 [J]. 东北师大学报（哲学社会科学版），2017（04）：101-108.

[23] 许晓娜. 关于日本文学中樱花观变迁的研究 [J]. 青春岁月，2019（03）：24-28.

[24] 周玮. 从日本文化和语言看两者变化 [J]. 南方农机，2018（01）：205-211.

[25] 易洪艳. 日本语言文化的特征及成因分析 [J]. 黑河学院学报，2017（12）：3-9.

[26] 梁思敏. 基于日语的语言表达特征探讨日本文化 [J]. 戏剧之家，2017（23）：74-82.

[27] 陈至燕. 文化视角下日语语言文化特点研究 [J]. 黑龙江教育学院学报，2017（06）：2-9.

[28] 郑香花. 浅析日本文学中的"物哀" [J]. 北方文学，2016（19）：101-112.

[29] 朱翊叶. 从日本文学的发展历程来看日本文化独特性的研究 [J]. 文存阅刊，2016（05）：55-62.

[30] 孙小惠. 东方主义在大正日本文学中的探讨 [J]. 青年文学家，2016（32）：1-9.

[31] 张雪. 从赠答习俗解析日本文化 [J]. 现代交际，2017（07）：50-58.

[32] 姜雨昕. 浅谈中国与日本之间的跨文化交际活动——以分析中国文化对日本文化的影响为依托 [J]. 名家名作，2019（07）：154-162.

[33] 宁英豪. 浅析日本文化的特点 [J]. 农家参谋，2017（18）：124-130.

[34] 曾恬. 日本文化传播对我国青少年社会化的影响——评《日本文化》[J]. 青年记者，2016（35）：8-15.

[35] 彭曦.论九鬼周造的日本文化观[J].郑州大学学报（哲学社会科学版），2016（06）：8-14.

[36] 李琳.中国儒学对日本文化思想的影响[J].才智，2017（09）：88-95.

[37] 吕晋.探究日本文化中的「おもてなし」[J].文化学刊，2017（09）：5.

[38] 杨航.浅议日本文化产业的主要特点[J].才智，2016（05）：24-29.

[39] 王小齐.透过生活习俗看日本文化的兼容性[J].科教导刊（下旬），2015（02）：47-50.

[40] 刘德有.我与日本文化研究[J].南开日本研究，2017（00）：2-6.

[41] 文佰平."译文学"理论视阈下日本现代诗歌的汉译研究——以日本"三行情书"为例[J].兰州教育学院学报，2019（02）：35-40.

[42] 李伟华.翻译文学之"体"与"学"——论从《翻译文学导论》到《译文学》的学术道路[J].东北亚外语研究，2018（03）：7-11.

[43] 薄娇娇，高存.国内诗歌可译性研究概述[J].英语广场，2018（02）：15-21.

[44] 王向远.《古今和歌集》汉译中的歌体、歌意与"翻译度"[J].日语学习与研究，2017（06）：14-20.

[45] 文佰平.三行情书，源起日本——中日"三行情书"对比研究及翻译初探[J].北方文学，2017（29）：50-55.

[46] 王向远."翻""译"的思想——中国古代"翻译"概念的建构[J].中国社会科学，2016（02）：108-112.

[47] 王向远.正译/缺陷翻译/误译——"译文学"译文评价的一组基本概念[J].东北亚外语研究，2015（04）：258-263.

[48] 王向远.从"归化/洋化"走向"融化"——中国翻译文学译文风格的取向与走向[J].人文杂志，2015（10）：156-162.

[49] 刘利国，董泓每.接受美学视阈下的日本诗歌翻译[J].日语学习与研究，2015（03）：40-45.

[50] 王向远.以"迻译/释译/创译"取代"直译/意译"——翻译方法概念的更新与"译文学"研究[J].中国语言文学研究，2015（01）：12.

[51] 孙立春，连永平.高校日本文学课教学现状调查和对策研究[J].文学教育（上），2015（01）：16-25.

[52] 丁跃斌，宿久高.国内日本文学教材出版现状与开发策略[J].出版发行研究，2014（11）：28-32.

[53] 胡定荣.教材分析：要素、关系和组织原理[J].课程·教材·教法，2013（02）：1-6.

[54] 孟庆枢. 小森阳一关于《浮云》的新阐释 [J]. 外国问题研究, 2009（03）: 7-9.

[55] 刘吟舟. 志贺直哉文学的魅力——『城の崎にて』简析 [J]. 日语学习与研究, 2007（06）: 111-115.

[56] 何辉斌. 谈外语界外国文学教学与研究的若干缺憾 [J]. 外语研究, 2004（04）: 65-71.

[57] 宿久高. 中国日语教育的现状与未来——兼谈《专业日语教学大纲》的制定与实施 [J]. 日语学习与研究, 2003（02）: 10-15.

[58] 龚娜. 软实力视阈下的日本动漫外交 [J]. 日本问题研究, 2014（01）: 33-38.

[59] 平力群. 日本国家品牌战略的演化: 从"日本的品牌"到"日本品牌化" [J]. 南开日本研究, 2013（02）: 84-89.

[60] 黄忠, 唐小松. 日本软实力外交探析 [J]. 日本研究, 2011（01）: 10-12.

[61] 胡备, 李欣. 三岛由纪夫在中国的接受与研究 [J]. 河北工程大学学报（社会科学版）, 2009（04）: 63-68.

[62] 韬光. 日本文学史概述（十三）[J]. 日语知识, 2005（01）: 25.

[63] 骆为龙. 勇于探索和创新——读《日本文学史》（近、现代卷）[J]. 日本学刊, 2002（04）: 44-48.

[64] "日本文学史研讨会"在京召开 [J]. 外国文学评论. 1998（01）: 32-36.

[65] 张正军. 浅谈武者小路实笃和周作人的人道主义文学 [J]. 现代日本经济, 1989（02）: 85-88.

[66] 庞在玲. 关于日本人略称的实际调查——以日本文学史相关书中出现的作家名为中心 [J]. 陕西教育·理论, 2006（12）: 118-122.

[67] 回颖, 曾妍. "微课"的"翻转课堂"教学模式在日本文学史课堂中的应用 [J]. 科技资讯, 2017（31）: 75-79.

[68] 冯时. 文化视野下日本文学作品中女性形象分析 [J]. 才智, 2016（02）: 23-25.

[69] 冉红芳. 大和民族的核心结构"耻感文化"——读《菊与刀》[J]. 文教资料, 2007（17）: 49-52.

[70] 杨丽英. 日本文学教学中存在的问题及解决策略——评《概说日本文学史》[J]. 中国教育学刊, 2017（03）: 132.

[71] 闫方洁. 马克思恩格斯关于文化的界定及其当代意蕴探微 [J]. 创新, 2010（05）: 7-12.

[72] 丁兆中. 战后日本文化外交战略的发展趋势 [J]. 日本学刊, 2006（01）:

125-130.

[73] 朱珠. 谈日本文化的"素朴"性 [J]. 开封教育学院学报, 2016 (10): 31-36.

[74] 杨本娟. 生命诚可贵死亡亦美丽——论日本文化中的生死观 [J]. 黑河学刊, 2011 (11): 4-6.

[75] 王向远. 日本文学民族特性论 [J]. 烟台大学学报（哲学社会科学版）, 2009 (02): 20-25.

[76] 高姗. 日本文化与日本文学之解读 [J]. 考试周刊, 2011 (45): 1-3.

[77] 李晓媚. 日本文学与中国文学的文化差异分析 [J]. 新课程（教育学术）, 2011 (10): 61-65.

[78] 彭曦. 文学视角下日本文化论的"光"与"影"——评中西进《日本文化的构造》[J]. 日语教学与日本研究, 2013 (00): 132-136.

[79] 刘静. 从日本文学的发展历程来看日本文化的独特特征 [J]. 教育教学论坛, 2016 (11): 40-47.

[80] 王旭. 唯美化、女性化——从《源氏物语》看日本文学 [J]. 北方文学（下半月）, 2011 (10): 5-11.